高等职业教育"十二五"规划教材

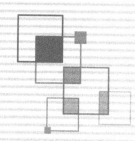

基础统计及应用

主编 谭维奇

参编 程 锦 汪秀兰
 高 飞 汪全报
 王 浩 周 萍萍
 查金莲

$$\overline{K}_p = \frac{\sum p_1 q_1}{\sum \frac{1}{K_p} p_1 q_1}$$

$$\overline{K}_p = \frac{\sum p_1 q_1}{\sum \frac{1}{K_p} p_1 q_1} = \frac{\sum p_1 q_1}{\sum \frac{p_0}{p_1} p_1 q_1} = \frac{\sum p_1 q_1}{\sum p_0 q_1}$$

$$\overline{K}_p = \frac{\sum p_1 q_1}{\sum \frac{1}{K_p} p_1 q_1} = \frac{\sum p_1 q_1}{\sum \frac{p_0}{p_1} p_1 q_1}$$

西安交通大学出版社
XI'AN JIAOTONG UNIVERSITY PRESS

内容简介

本教材是按照我国当前高职教育专业基础课程教学的基本要求,在总结编者多年的统计教学实践经验的基础上编写而成的。充分体现了高职统计教学"必需"、"实用"、"够用"的特色,构建了适应高职学生知识层次的统计基础知识及应用的框架。全书共11章,包括统计总论、统计调查、统计整理、综合指标、抽样推断、相关分析、统计指数、动态数列、统计图、统计分析报告和Excel在统计中的应用。除每章后有习题外,书中还附有基础统计及应用的课程标准供参考。

本书适用于高职经济类和管理类专业,也可作为其他相关专业的教材。

图书在版编目(CIP)数据

基础统计及应用/谭维奇主编. —西安:西安交通大学出版社,2015.2(2020.1重印)
ISBN 978-7-5605-7004-4

Ⅰ.①基… Ⅱ.①谭… Ⅲ.①统计学-高等职业教育-教材 Ⅳ.①C8

中国版本图书馆 CIP 数据核字(2015)第 012126 号

书　　名	基础统计及应用
主　　编	谭维奇
策划编辑	张　梁
责任编辑	张　梁
出版发行	西安交通大学出版社 (西安市兴庆南路1号　邮政编码 710048)
网　　址	http://www.xjtupress.com
电　　话	(029)82668357　82667874(发行中心) (029)82668315(总编办)
传　　真	(029)82668280
印　　刷	北京虎彩文化传播有限公司
开　　本	787mm×1092mm　1/16　印张 16.125　字数 393千字
版次印次	2015年2月第1版　2020年1月第4次印刷
书　　号	ISBN 978-7-5605-7004-4
定　　价	35.00元

读者购书、书店添货,如发现印装质量问题,请与本社发行中心联系、调换。
订购热线:(029)82665248　(029)82665249
投稿热线:(029)82665127
读者信箱:lg_book@163.com

版权所有　侵权必究

前　言

　　本教材是按照我国当前高职教育专业基础课程教学的基本要求，在总结编者多年的统计教学实践经验的基础上编写而成的。充分体现了高职统计教学"必需"、"实用"、"够用"的特色，构建了适应高职学生知识层次的统计基础知识及应用的框架。与其他统计教材相比，具本教材有以下显著特点：

　　(1)通俗易懂。用日常生活中的实例验证的方式介绍有关的统计理论，考虑到高职学生的数学基础，尽量回避复杂的数学推导和数理统计的有关定理和公式。

　　(2)教学内容体系结构更为完善。本教材以培养统计应用技能为主线，强调统计的基础知识、基本分析方法，按照统计工作全过程的各环节顺序构建教学内容，突出课程教学专业的针对性、内容的实用性、技能的操作性，培养学生的搜集、整理和分析调查资料的能力，为高职学生学习其他专业课程和从事经济管理，提供数量分析的方法。

　　(3)介绍了当前实用的统计技术。本教材集中在最后一章介绍了Excel在统计中的应用，内容图文并茂，讲解细致，具有很强的可操作性和实用性。

　　本教材适用于高职专科经济类和管理类各专业，也可作为其他专业的公共选修课教材。国家教育部统计职业教育教学指导委员会委员、安徽省省级教学名师、安庆职业技术学院谭维奇教授担任本书主编，设计全书内容框架，拟定编写大纲，并对全书进行了统稿、审核。安庆职业技术学院经济贸易系长期从事统计教学的骨干教师参加了编写。具体为：谭维奇教授编写第1章，程锦副教授编写第2、3章，汪秀兰会计师编写第4章，高飞副教授编写第5章，汪全报副教授编写第6章，王浩讲师编写第7、8章，周萍萍副教授编写第9、10章，查金莲讲师编写第11章。

　　在本教材的编写过程中，我们参考和借鉴了一些同类教材(具体见书后参考文献)，也得到了安庆职业技术学院教务处和经济贸易系的大力支持，在此一并表示谢忱。由于编者水平和能力有限，书中不妥之处在所难免，敬请同行和读者批评指正。

编者
2014年12月

目 录

第1章 统计总论 (1)
　1.1 统计的产生和发展 (1)
　1.2 统计学的研究对象和方法 (3)
　1.3 统计的基本概念 (8)
　习题一 (12)

第2章 统计调查 (14)
　2.1 统计调查的基本任务和要求 (14)
　2.2 统计调查的种类 (15)
　2.3 统计调查方案 (16)
　2.4 统计调查方法 (18)
　习题二 (20)

第3章 统计整理 (22)
　3.1 统计整理的概念和内容 (22)
　3.2 统计分组 (23)
　3.3 分布数列 (26)
　3.4 统计表的构成和种类 (30)
　习题三 (32)

第4章 综合指标 (34)
　4.1 总量指标 (34)
　4.2 相对指标 (36)
　4.3 平均指标 (43)
　4.4 变异指标 (54)
　4.5 综合指标的运用 (60)
　习题四 (62)

第5章 抽样估计 (69)
　5.1 抽样推断的意义及特点 (69)
　5.2 抽样推断的几个基本概念 (70)
　5.3 抽样误差 (72)
　5.4 抽样估计方法 (75)
　5.5 抽样调查的组织形式 (80)
　习题五 (85)

第6章 相关分析 (88)
　6.1 相关分析 (88)
　6.2 回归分析 (91)

习题六 ·· (97)

第7章　统计指数 ·· (100)
　7.1　统计指数概述 ·· (100)
　7.2　综合指数 ·· (103)
　7.3　平均指数 ·· (107)
　7.4　因素分析 ·· (113)
　　习题七 ·· (129)

第8章　动态数列 ·· (135)
　8.1　动态数列概述 ·· (135)
　8.2　动态数列的水平指标 ··· (139)
　8.3　动态数列的速度指标 ··· (148)
　8.4　长期趋势的测定 ··· (155)
　　习题八 ·· (168)

第9章　统计图 ··· (173)
　9.1　统计图的概念、作用和种类 ·· (173)
　9.2　绘制统计图的要求和程序 ··· (176)
　9.3　条形图、面积图、曲线图、象形图和统计地图的绘制方法 ······················ (176)
　　习题九 ·· (180)

第10章　统计分析报告 ·· (181)
　10.1　统计分析报告的意义和特点 ·· (181)
　10.2　统计分析报告的写作要求与写作程序 ·· (183)
　10.3　统计分析报告的选题 ··· (185)
　10.4　统计分析报告的写作技巧 ··· (188)
　10.5　统计分析报告的类型 ··· (188)
　　习题十 ·· (193)

第11章　Excel在统计中的应用 ·· (194)
　11.1　Excel在统计分析中的应用 ·· (194)
　11.2　Excel在整理和显示数据中的应用 ··· (199)
　11.3　Excel在计算描述统计指标中的应用 ·· (205)
　11.4　Excel在相关与回归分析中的应用 ··· (210)
　11.5　Excel在时间数列分析中的应用 ·· (218)
　　习题十一 ··· (223)

附录1　正态分布概率表 ··· (225)
附录2　基础统计及应用课程标准 ··· (227)
附录3　习题参考答案 ·· (237)
参考文献 ·· (252)

第1章 统计总论

【教学目的和要求】
本章从总体上对统计学提供基本的认识,要求学生通过本章的学习,了解社会经济统计学的学科性质、研究对象和国家统计的职能、统计研究的基本方法,重点掌握统计学中的几个基本概念。

1.1 统计的产生和发展

1.1.1 统计的产生和发展

统计一词最早来源于拉丁语 status,意思是指各种现象的状态和状况。统计是适应社会政治、经济的需要而产生,随着生产力的发展和科学技术的进步而发展。统计产生和发展的历史主要指统计实践史和统计理论史。统计实践,特别是社会经济统计实践,作为人类社会活动的一部分,至今大约有四五千年的历史,而统计的理论只有三百多年的历史。

统计的起源很早。在原始社会后期,人们由于生产和生活的需要,产生了数的概念和要求。例如,有谷子多余的人要与有兽皮多余的人进行交换,就要计算这种交换是否合算,需要花费多少的劳动时间才是等价。这种自发的、简单的数数,就是统计的萌芽。进入阶级社会,出现了国家,就更需要用统计作为工具来理清人口数量、土地面积、居民财产等。随着社会的发展,统计的范围逐渐由人口和土地扩大到社会经济生活的各个领域。在资本主义经济发展阶段,由于社会分工日益发达和机器大工业的出现,统计相应得到空前的发展,逐步形成了各种专业统计,如工业、农业、商业、交通、银行、邮电、海关、等等。在现代经济管理中,统计的作用越来越重要。

1.1.2 统计学的形成和发展

在长期的统计实践活动中,人们开始概括总结统计工作的经验,逐步形成了比较系统的统计理论知识,发展了统计学的基本理论,形成了独立的统计学。一般认为,统计学(statistics)产生于 17 世纪中叶,被认为是关于国家领土、人口、组织、军队、居民职业、自然资源等方面的学问。在统计学三百多年的发展过程中,正是由于各种统计学说同时并存,互相影响,互相争论,统计学才得以从一个幼芽成长为枝叶茂盛的大树。由于对统计实践的理解和侧重点不同,因此在早期就形成了以下四个主要的统计学派。

1. 国势学派

该学派又称为记录学派、国家学派、记述学派,创始人是德国赫姆斯特大学教授赫尔曼·康令(Hermann Conring,1606—1681),其重要继承者是哥廷根(Gottingen)大学教授高特弗里德·阿亨华尔(Gottfried Achenwall,1719—1772)。这个学派用大量的实际资料,采用记述的方法,用文字罗列各国的状况,对各国有关情国力的知识进行系统记述和研究,但没有采用数量对比的分析方法。尽管阿亨华尔第一个提出了"统计学"这个新名词,但他讲述的国势学与后来意义上的统计学相比有截然不同的区别。国势学是用文字而不是用数字描述现象的客观存在,因此国势学徒有统计学之名,而无统计学之实。

2. 政治算术学派

该学派的创始人是英国的威廉·配第(William Petty,1623—1687),他的代表作是《政治算术》。"政治"是指政治经济学。"算术"是指统计方法。配第在书中用算术方法和大量的统计资料,对英、法、荷三国的国情国力从数量上进行了系统的对比分析和论证,预测英国的经济实力完全有可能够超过其他两个国家,指出了英国经济发展的发展方向。他在对比时使用了过去没有用过的方法,即主张用"数字、重量和尺度"来分析问题的方法,为统计学的创立奠定了方法论基础。因此,马克思评价他是"政治经济学之父,在某种程度上也可以说是统计学的创始人"(《资本论》第1卷,人民出版社1975年版,第302页)。威廉·配第的《政治算术》一书的问世,标志着统计学的诞生。

上述两个学派的共同特点是以社会经济现象作为研究对象,它们的本质区别就在于是否把数量方面的研究作为学派的基本特征。正是由于这样的共性和个性,使两个学派共同发展和相互争论达二百年之久。它们在资本主义世界产生了很大影响。应社会经济统计实践的要求,随着社会科学的发展和分工,统计学逐步被公认为是一门研究社会经济现象数量方面的社会科学。显然,这两个学派都为统计学的产生和发展作出了奠基性的重要贡献。

3. 数理统计学派

19世纪中叶,随着资本主义发展到一个新的历史阶段,统计学作为一门社会科学又有了突飞猛进的发展,"数理统计学派"也应运而生,使统计学发生了一次质的飞跃。该学派的创始人是比利时著名统计学家阿道夫·凯特勒(Adolphe Quetelet,1796—1874),他对统计理论的最大贡献是第一次把概率论和数理统计方法应用于社会经济统计,对法国、英国和比利时的犯罪统计资料进行分析研究,从中发现了一些社会现象的规律性。他把概率论引进了统计学,使统计学的研究对象、研究方法、学科性质发生了质的飞跃和根本性变化。凯特勒开创了数理统计和应用的新领域,1867年定名为数理统计学,标志着近代统计学的产生。因此,凯特勒被称为"近代统计学之父"。

4. 社会统计学派

德国的经济学家克尼斯(Karl Knies,1821—1898)是该学派的先驱者,他的《作为独立科学的统计学》一书,平息了国势学派和政治算术派对统计学研究长达200年的争论,最终确定了政治算术为统计学。代表人物还有德国的乔治·冯·梅尔(Georg Von Mayr,1841—1925)和恩斯特·恩格尔(Ernst Engel,1821—1896)等。社会统计学派认为,统计学是用特殊方法研究社会经济现象的数量方面及其发展规律的一门社会科学。该学派的观点在德国和日本有较大的影响。

18世纪时,法国有一个传教士在中国传教,见到中国的书经禹贡篇,其中有九州表。回国后翻译了这本书,欧洲人见了很吃惊,认为这就是中国的统计,原来中国早就有了,比他们早得多。

俄国十月革命胜利后,在列宁、斯大林领导下,建立了具有鲜明阶级性的社会经济统计学。1954年苏联全国统计科学大会决议提出:统计学是一门独立的社会科学,它在与质的方面密切联系中,研究大量社会现象的量的方面,研究社会发展规律在具体时间、地点条件下的数量表现。

我国的统计学理论,解放前先受日本社会统计学派的影响,后受欧美数理统计学派的影响。新中国成立后,则受前苏联社会经济统计学的影响,全盘接受了前苏联1954年统计科学大会决议的观点。一直到1978年党的十一届三中全会以后，我国的统计科学才获得新的生机和活力。经过近30年关于"什么是统计学，怎样发展统计学"的理论争鸣，对社会经济统计学的学科性质趋于认同，对借鉴数理统计学的有用成果，丰富并发展社会经济统计学的内容，取得了比较一致的意见。广大的统计工作者都在积极总结和探索具有中国特色的统计实践和统计理论。

今天统计科学已经发展成为相互独立而又相互联系的两种科学体系——自然科学技术统计学、社会经济统计学，前者的研究领域主要指自然科技领域，后者的研究领域主要是社会经济领域。本书所介绍的主要内容是社会经济统计学的理论和方法，人们通常所说的统计，也多指社会经济统计。

1.1.3 统计的涵义

"统计"一词在不同场合可以有不同的涵义，统计学界普遍认为一般有如下三种涵义。

1. 统计工作

统计工作即统计实践，是对统计业务部门统计活动的总称。社会经济统计工作是指利用科学的统计方法，搜集、整理、分析和提供关于社会、政治、经济、文化等现象的数据资料，研究数据的内在特征，并预测事物的发展方向等一系列工作过程的总称。统计实践包括数据收集、数据处理（包括数据整理、传输和存储等细节）和数据分析三个基本的工作环节。

2. 统计资料

统计资料即统计工作的成果，是统计工作过程中所取得的各项数字资料，用以反映社会经济现象的规模、水平、结构、比例、速度等方面的基本情况。它的表现形式有统计表、统计图、统计报告、统计年鉴及其他信息载体等。统计资料包括观察、调查的原始资料和经过整理加工的系统资料。

3. 统计学

统计学是统计工作的经验总结和理论概括，它阐明了统计工作的基本理论和方法，是收集、分析数据的方法论科学。社会经济统计学是关于国民经济和社会现象数量方面的调查、整理、分析的原理原则方式方法的科学。在《大不列颠百科全书》上，统计学是指"收集和分析数据的科学和艺术"。

统计就是统计工作、统计资料和统计学三者相互结合、密切联系的有机整体。统计工作是统计的实践过程，其成果就是统计资料。统计学是对统计实践经验的科学总结，是统计工作发展到一定阶段的产物。统计工作要以统计学为指导，并检验和发展统计理论。统计学为搜集、整理和分析统计资料提供方法和理论指导。理论高于实践，统计理论并不等于统计实践，它要高于统计工作。统计资料的积累可以丰富统计学的内容。因此，可以认为统计就是统计实践与统计理论相互促进、辩证统一发展的过程。

1.2 统计学的研究对象和方法

1.2.1 统计学的研究对象

统计学的研究对象是指统计研究所要认识的客体。社会经济统计的研究对象就是社会经济现象总体的数量特征和数量关系，并通过这些数量方面反映社会经济现象规律性的表现。

统计工作与统计学是实践与理论的关系,所以它们所要认识的研究对象是一致的。

社会经济现象的数量方面所涉及的内容是广泛的,除了对社会经济现象的基本数量和数量关系认识以外,还研究社会生产发展对社会生活、自然条件的影响,研究自然、技术因素对社会生活变化的影响。例如,研究新技术、新工艺对社会所提供的经济效能和经济效果的影响等。

社会经济统计研究经济现象数量关系,是通过统计自身特有的方法实现的。具体地说,就是用科学的方法对反映社会经济现象的实际数据进行搜集、整理和分析,用统计特有的统计指标和指标体系,表明经济现象的规模、水平、速度、比例、结构和效益等,最终体现社会经济发展规律在一定时间、地点条件下的作用。

在运用统计资料数据时,有的以横断面(静态)的数字,反映同一时间的现象总体的规模和结构分布情况。例如2000年第五次全国人口普查资料,我国总人口为129533万人,大陆地区31个省、自治区、直辖市和现役军人的人口中,男性为65355万人,占总人口的51.63%;女性为61228万人,占总人口的48.37%。性别比(以女性为100,男性对女性的比例)为106.74。又如全国国土面积960万平方公里,其中33%为山地,19%为盆地,12%为平原,10%为丘陵。这些数据显示了我国地广人多的基本情况。再如2009年全年国内生产总值335353亿元,按可比价格计算,比上年增长8.7%,增速比上年回落0.9个百分点。分季度看,一季度增长6.2%,二季度增长7.9%,三季度增长9.1%,四季度增长10.7%。分产业看,第一产业增加值35477亿元,增长4.2%;第二产业增加值156958亿元,增长9.5%;第三产业增加值142918亿元,增长8.9%。这些数据具体描述了我国国民经济生产的规模和结构。

有的以时间序列(动态)的统计数字,反映同一现象总体在不同时间的发展速度和变动趋势。1996年到2005年的十年,是我国经济高速发展的十年。国内生产总值从1996年的6700亿元,增加到2005年的18200亿元,提高近3倍。还有的以历史的、现状的统计资料来预测现象未来可能达到的规模和水平。

利用各项统计数据说明社会经济发展情况,发扬成绩,揭露矛盾,不仅具体生动,而且雄辩有力。如果不能准确、及时、全面地掌握现象的数量及其变化信息,就不能制定出正确的政策和计划,就很可能导致决策上和行动上的失误,给经济建设造成损失。

1.2.2 社会经济统计的特点

不是任何一种数量都可以作为统计学的研究对象,在社会学中也不是只有社会经济统计学研究数量。社会经济统计学所研究的数量方面具有如下特点。

1. 数量性

统计学是研究数据的科学,数量性是社会经济统计最基本的特点。社会经济现象的数量方面包括:①数量的多少,研究现象的规模、大小、水平等;②现象之间的数量关系,研究现象的内部结构、比例关系、相关关系;③质量互变的数量界限,研究现象的质与量互变的界限。例如完成计划与未完成计划是质的差别,计划完成程度100%是这两者之间的界限,也就是质与量互变的界限。

2. 总体性

统计研究的数量是总体的数量。统计要对总体中各单位普遍存在的事实进行大量观察和综合分析,得出反应现象总体的数量特征。例如,工业普查是为了反映和研究一个国家全部工业企业发展综合数量的特征,而不单是为了了解个别企业的活动情况。再如,要研究某城市居民的收入水平,目的不在于了解个别户居民的收入状况,而是要反映全市各区、各部分居民收入水平的数量特征,也就是了解现象总体的数量特征。只有这样,才能对该城市居民的收入状况有一个总体的了解。

统计研究要认识现象的总体,但又是必须从认识个体开始。统计研究是从个别事物的具体数量归纳出社会经济现象的总规模、总水平,以及由此决定的比例关系和发展趋势,以达到对社会经济现象总体规律性更深刻的认识。

3. 具体性

社会经济统计所要研究的是具体事物的数量方面,不是抽象的量。统计研究的量是在具体时间、地点、条件下的量,总是与质紧密联系在一起的。而数学所研究的量是抽象的量,两者存在明显的区别。

统计学与数学相结合是近代统计学和现代统计学的基本特征,也是统计学发展过程中的总体趋势。同样是研究数量关系,但统计学与数学研究对象的区别也是十分明显的。数学是研究客观世界中数和形及其规律的科学。数学中的数理统计也研究统计数字,但侧重于方法论、数学推理和运算规律的探讨,数理统计可以帮助我们通过偶然性发现必然性,认识现象的规律性的表现形式,但它并不能说明现象的本质,也不能解释现象的规律性。统计学研究的虽然也是数,但统计学涉及的内容不是单纯的数量计算方法,而是强调经过人类社会活动,在社会发展过程中产生,又受到社会各种因素互相影响、互相制约的数量关系。统计学理论中涉及的对各种统计方法、统计内容的认识,既受到社会历史发展局限性的影响,也受到人们对客观社会不同认识的影响。人们对社会现象认识观点不同,对统计学理论与方法的认识也会有很大差异。因此,社会经济统计学在总体上归属于社会科学的特征是比较明显的。

4. 社会性

统计是人类一种有意识的社会活动,其数字总是与人们的利益有关,反映着人与人之间的相互关系。社会经济统计的数量总是反映人们社会生产生活的条件、过程和结果,是人类有意识的社会活动的产物。例如,从生产发展中看国家、集体和个人的关系,从收入分配中看职工与农民的关系,等等。

1.2.3 统计工作过程

一个完整的统计活动全过程,大体可分为五个基本环节,依序为统计设计、统计调查、统计整理、统计分析、统计服务。

1. 统计设计

统计设计是根据统计研究对象的性质和研究的目的,对统计工作各个方面和各个环节,进行通盘的考虑和安排。它的主要内容有:规定统计工作的目的和任务,并据此制定相应的统计指标和指标体系,统计分组和分类的设计,统计调查表和搜集资料方式的设计,数据处理程序和一般分析软件的设计,统计工作的进度和统计力量安排,等等。

无论是大范围的统计工作,还是小范围的统计工作,都会涉及到相互联系的各个方面和各个环节。因此,对于统计对象的范围、指标口径、分类指标、计量单位等,必须统一制定,统一执行。统计设计就是要从纵、横两个方面对整个统计工作作出总体规划。这是统计工作有秩序地、协调地、顺利地进行的必要条件,是保证统计工作质量的重要前提。

2. 统计调查

统计调查是统计工作的基础环节，它要求所搜集的反映社会经济现象的原始数据资料必须准确、及时、可靠，否则将直接影响统计工作的最终成效。从认识论的角度来讲，统计调查在统计工作中处于从个体认识开始的感性认识阶段，这对最终认识社会经济现象是十分重要的。

3. 统计整理

统计整理，就是对调查阶段获得的第一手资料经审核后加以科学的归纳、汇总和综合，也就是从个体的资料过渡到反映总体的综合资料的过程。在此阶段，也要按照规定的分组或分类设计要求，进行汇总，使经过加工的资料便于进一步分析。统计整理是统计工作全过程中承上启下的一个中间环节。

4. 统计分析

统计分析就是对统计综合资料进行加工对比和综合研究的工作过程，统计分析利用统计综合指标，研究社会经济现象的数量方面，用以揭示现象的比例关系和发展趋势，表明现象发展的过程和规律，并据以分析研究，作出科学的结论。从认识论的角度来讲，统计分析是理性认识阶段，是定性与定量相结合的阶段。因此，统计分析是统计工作的决定性阶段。

5. 统计服务

统计服务是将统计调查、整理和分析得出的资料作为统计信息，以计算机网络、广播电视、报刊等各种适当的方式，向社会提供服务，使统计信息变成社会共享的财富。目前国家统计部门已对统计信息建立了数据库和信息网络，并用多种形式为社会提供资料与咨询，及时发布相关统计信息，为政府管理和决策服务。统计服务是统计工作实现自身价值、实现统计信息社会化的重要阶段。

统计工作全过程的五个环节相互联系，密不可分。社会经济统计工作的过程就是经过统计设计（定性）到统计调查和统计整理（定量），最后通过统计分析达到对事物本质和规律性的认识（定性）的。这种质—量—质的认识过程就是统计工作的一个重要特点。本书的内容安排也是按照统计工作全过程各个环节的顺序，逐一介绍的。

1.2.4 统计的研究方法

就社会经济统所研究的数量方面而言，在统计工作过程中，使用了许多专门的研究方法。具体有大量观察法、统计分组法、综合指标法和统计推断法。

1. 大量观察法

大量观察法是指对社会经济现象进行调查时，要从总体上加以考察，并就现象总体的全部或足够多数的单位进行观察，加以综合研究的方法。由于个别现象往往受特殊因素或偶然因素的影响，如果任选其一个单位或少数单位进行观察，其结果往往不足以代表现象总体的一般特征。只有观察全部或足够的单位并加以综合分析，才能使影响个别单位的偶然因素相互抵消，使大量社会经济现象的数量特征在借助平均数的情况下，显示出现象的客观规律性。例如，通过对人口出生资料的大量观察，大致确定男女婴儿出生数的比例为105∶100，这是运用大量观察法所得的结果。大量观察法主要用于统计调查阶段的统计报表、普查、抽样调查和重点调查等。

2. 统计分组法

统计分组法是根据统计研究的任务要求和现象的内在特点，将大量统计资料按一定标志区分成若干个性质不同的组的一种统计方法。将资料分门别类，把总体中那些性质相同的单位归并在一起，把性质不同的单位区别开来，使组与组之间有明显的差别，而每一组内的单位具有相对的同质性，进而揭示现象的特征及其规律性。对于统计指标来说，有了科学的分组，才能计算出实在的而非笼统的统计指标，才不至于掩盖现象内部的矛盾和差异。例如，全班同学按性别分为男生组和女生组；国民经济按所有制形式分组可以研究国民经济中的国营经济、集体经济、个体经济以及合资经济的性质特点和效益等。

3. 综合指标法

在统计研究中，任何研究对象的具体项目，都是以统计指标来表示的。综合指标法就是指运用各种统计综合指标来反映和研究社会经济现象总体的一般数量特征和数量关系的研究方法。对大量的原始数据经过整理汇总，计算各种综合指标，可以显示出现象在具体时间、地点条件下的总量规模、相对水平、集中趋势和变异程度等。常用的综合指标有总量指标、相对指标、平均指标和变异指标。在综合指标的基础上展开统计分析的具体形式有：对比分析、平均分析、变异分析、动态分析、指数分析、相关分析、回归分析等。

4. 归纳推断法

归纳法是指由个别到一般，由事实到概括的推理方法。统计中计算各种综合指标的过程实际上是归纳。以一定的置信标准要求，根据局部或有限的样本数据来反映总体相应数量特征的归纳推理方法称为统计推断法。统计推断是逻辑归纳法在统计推理中的应用，因此也称为归纳推断法。归纳推断法既可以用于总体数量特征的估计，也可以用于对总体某些假设的检验，因此可以广泛应用于统计研究的许多领域。可以说，归纳推断法是现代统计学的基本方法。

我们认识社会经济现象的方法是多种多样的，而且各种方法都各有所长。因此在运用这些统计研究方法时，要考虑将多种方法结合起来，以便取得更为有效的统计成果。

1.2.5 统计的职能

社会经济统计是人们认识社会的有力武器，是治国和管理的重要手段，是科学研究的有效工具。统计的重要性可以用我国著名学者马寅初先生所说的一段话加以概括。他说"学者不能离统计而研学，政治家不能离统计而施政，实业家不能离统计而执业"。

国家统计系统是社会经济统计的主体，也是国家管理系统的重要组成部分。随着社会经济的发展，国家管理系统的分工和完善，特别是社会经济信息对于国家决策、生产经营以及社会生活各方面都具有日益显著的地位，国家统计职能也逐步扩大。现代国家管理系统包括决策系统、执行系统、信息系统、咨询系统和监督系统五个组成部分，国家统计兼有其中的信息、咨询、监督三种系统的职能。

1. 信息职能

信息职能是指统计具有信息服务的功能，也就是统计通过系统地搜集、整理、分析得到统计资料，再经过反复提炼和筛选，提供大量有价值的、以数量描述为基本特征的社会经济信息，为社会服务。信息职能是最主要的职能。

2. 咨询职能

咨询职能指利用已经掌握的丰富的统计信息资源，运用科学的分析方法和先进的技术手段，深入开展综合分析和专题研究，为各部门科学决策和管理提供各种可供选择的咨询建议与对策方案。统计咨询分为有偿咨询和无偿咨询两种,应更多地走向市场。

3.监督职能

监督职能指统计具有揭示社会经济运行中的偏差,促使社会经济运行不偏离正常的轨道功能,即统计部门以定量检查、经济监测、预警指标体系等手段,促使社会经济决策及其执行按客观规律要求又好又快地发展。如果说国民经济机构是一架不断运转的大机器,那么,统计就是这个大机器的"仪表",这架大机器的运转是否正常,是否发生故障,可以从统计这个"仪表"中全面地、准确地、及时地反映出来。

上述三种职能是相互联系、相辅相成的。统计信息职能是保证咨询和监督职能有效发挥的基础;统计咨询职能是信息职能的延续和深化;而统计监督职能则是在信息、咨询职能基础上的进一步拓展,并促进信息和咨询职能的优化。

1.3 统计的基本概念

1.3.1 统计总体

统计总体就是根据一定的目的和要求所确定的要研究的事物全体,它是由客观存在的、具有某种共同性质的许多个别事物构成的整体,简称为总体。

例如,研究我国的工业企业,全国的工业企业就是一个总体,因为全国的工业企业是客观存在的,同时每个工业企业的经济职能是相同的,即都是生产工业产品的基层单位,具有共同的性质。如果要研究某一城市的职工情况,则该市的全体职工构成一个总体,其中每一职工都是该城市的企业中从事生产或工作的人员,就这一点来说,全市职工都是同质且客观存在,而在该市的农民、学生都不是总体的单位,因为他们是非同质的。

由此可见,统计总体的范围,可大可小,是随着统计研究的目的和要求来确定研究对象范围大小的。统计总体同时具有大量性、同质性、变异性等特点。

(1)大量性是指构成总体的总体单位数要足够多,总体应由大量的总体单位所构成,大量性是对统计总体的基本要求;

(2)同质性是指总体中各单位至少有一个或一个以上不变标志,即至少有一个具有某一共同标志表现的标志,使它们可以结合起来构成总体,同质性是构成统计总体的前提条件;

(3)变异性就是指总体中各单位至少有一个或一个以上可变标志,即至少有一个不同标志表现的标志,作为所要研究问题的对象。变异性是统计研究的重点。

1.3.2 总体单位

构成总体的单位叫总体单位,它是各项统计资料最原始的承担者。根据研究的目的不同,可以是一个企业、一个人或一个物品,上例中全国每一个工业企业或某城市的每一个职工都是总体单位。

总体和总体单位的概念不是固定不变的,它是随着统计研究目的的不同而变化,可以相互转化的。从各省市的分布来研究全国工业企业基本情况时,全国所有工业企业就构成一个统计总体;从地区的构成来看,每个省、市的工业企业是一个总体单位。如果研究某一省、市的工业企业基本情况,则该省、市所有工业企业就成为一个总体了。

【例1】单项选择题。

（1）设某地区有670家工业企业，要研究这些企业的产品生产情况，总体单位是（　　）。
A．每个工业企业　　　B．670家工业企业　　　C．每一种产品　　　D．全部工业产品
答案：C
（2）要了解100名学生的学习情况，则总体单位是（　　）。
A．100名学生　　　　　　　　　　　B．每一名学生
C．100名学生的学习成绩　　　　　　D．每一名学生的学习成绩
答案：B

1.3.3　统计标志和标志表现

统计标志是说明总体单位所具有的属性或特征的名称，通常是每个总体单位有许多属性和特征，如一个职工有性别、民族、文化程度、年龄、工龄、工资等特征。

统计标志按性质不同可分为品质标志和数量标志。品质标志，是表示事物的特征，其具体表达是不能用数值表示的，例如人的性别、文化水平、民族等。数量标志，是表示事物量的特性，其具体表达可用数值表示，例如人的年龄、身高、体重，工厂的产量、产值等。

标志表现是标志特征在各单位的具体表现。标志表现分为品质标志表现（只能用语言文字来表示）和数量标志表现（可以用数值来表示，又称为标志值）。

总体单位是标志的承担者，标志表现是标志的实际体现。

例如：小李，回族，男，年龄：45岁，身高：1.75米。回族——品质标志表现；男——品质标志表现；年龄——数量标志；45岁——数量标志表现（标志值）；身高——数量标志；1.75米——数量标志表现（标志值）。

注：品质标志没有标志值，只有数量标志才有标志值。

【例2】（判断题）男性是品质标志　（　　　）。
答案：错误。男性是性别这个品质标志的标志表现。

【例3】（填空题）产品的等级在标志分类上属于（　　　）标志。
答案：品质。

1.3.4　变异与变量

标志又可分为不变标志和可变标志。

不变标志是指同一总体中各单位的标志表现相同；可变标志是指同一总体中各单位的标志表现不一定相同。可变标志的属性或特征由一种状态变到另一种状态（总体单位之间的同一标志的不同表现），统计上称为变异，它是统计的前提，正因为存在单位间的差别，才需要调查，才需要用统计方法去分析这差异，进而找出事物间的发展变化规律。可变的数量标志称为变量。变量的具体取值称为变量值，又称标志值。例如职工的工资是一个变量，如果四个职工的工资分别是65元、70元、90元、100元，这四个数值叫做变量值，不能说是四个变量。

变量按其取值可分为：

（1）连续变量。指变量的取值是连续不断的，相邻两值之间可做无限分割，即可取许多位小数。如身高、体重、产值、等等。年龄一般虽按整数计算，但严格按出生时间计算也带小数出现的，因此亦应作为连续变量。

（2）离散变量。离散变量的取值是不连续的，相邻两值之间是以整数位断开的，不可能有

小数。如人口数、企业数、机器台数、次品疵点数、等等。

综上所述,统计总体具有的同质性和总体单位的差异性是进行统计核算的条件,而可变的品质标志和可变的数量标志是进行统计分组和一系列统计计算与统计分析研究的基础。

1.3.5 统计指标

1. 统计指标的概念

统计指标是反映实际存在的社会经济现象总体某一综合数量特征的社会经济范畴。具有以下三个特点:

(1)具体性。统计指标是现象在不同时间、地点、条件下的具体反映,是一定社会经济范畴的具体表现。如:安阳市2009年国民生产总值为530亿元。

(2)可量性。统计指标都可用数量表示。

(3)综合性。反映总体的综合数量特征,是总体单位同质数量综合的结果。

这种综合性的数量反映最重要的特征是:每个统计指标既说明现象的同质总体,它是由同质的总体单位构成的综合体;又说明现象和过程的某一方面特征的具体数值,这些数值是把总体单位的变量综合汇总的总体数值。例如安阳市2009年国民生产总值530亿元,比上年增长8%;国民收入460亿元,比上年增长7%。这几个指标综合说明了安阳市经济现象的总体特征,而又分别说明安阳市经济现象总体的某一方面,使我们获得了安阳市在2009年经济发展状况的概貌。

2. 统计指标的构成

一项完整的统计指标是由总体范围、时间、地点、指标数值和数值单位等构成的。例如:2009年安庆职业技术学院毕业生总人数为2128人。时间:2009年;地点:安庆职业技术学院;名称(总体范围):毕业生总人数;数值:2128;单位:人。

3. 指标的种类

统计指标按反映现象总体的数量特点不同可分为数量指标和质量指标。

(1)数量指标:反映现象总体规模大小、数量多少特征的统计指标。一般用绝对数表示,并具有实物的或货币的计量单位,是表示现象的工作总成果。如总产量、总产值、企业总数、等等。

(2)质量指标:反映现象总体特质的属性的量,表示现象内部数量关系或总体某一标志水平的统计指标。是表示经济质量指标和技术经济指标,前者是反映经济活动成果、经营管理的质量、生产或工作的效率,例如产品优质品率,劳动生产率等指标;而后者则反映生产和经济活动过程中的技术水平和经济效果指标,如生产机械化、自动化程度和设备利用率等。

【例4】多项选择题

(1)在全国人口普查中,(   )。

    A. 全国人口总数是统计总体   B. 人的年龄是变量

    C. 每一户是总体单位   D. 人的平均年龄是统计指标

答案:B、D

(2)下列指标中,(   )是质量指标。

    A. 工资总额   B. 单位产品成本   C. 出勤人数

    D. 人口密度   E. 合格品率   F. 总产量

答案：B、D、E

4. 统计指标的作用

(1)反映现象的本质及其规律性。统计指标使用数字表明现象的某一特征,各个有联系的指标能说明现象的发展规律性及其本质。

(2)进行管理和科学研究的依据。统计指标能提供具体时间、地点、条件下的数量资料,作为决定政策、制订计划、经营管理、科学研究和统计分析的研究出发点。

5. 统计指标与标志的联系与区别

(1)概念明显不同。标志是说明总体单位的属性,一般不具有综合性;指标是说明总体综合数量特征的,具有综合性质。

(2)指标都可以用数量来表示;而标志不是都可用数量来表示的,品质标志只能用语言文字表示。

(3)指标数值是由各单位的标志值汇总或计算得来的,指标是在标志的基础上形成的,又是确定标志的依据。例如一个工业局的总产值是从所属各基层企业总产值汇总而得的;一个市的总产值是从该市各工业局的总产值汇总而得的;一个县的粮食总产量是从所属各乡、村粮食产量汇总出来的。

(4)随研究目的的不同,指标与标志之间可以互相转化。随着统计研究目的的不同,原来的统计总体如果变成了总体单位,则相对应的指标就变成数量标志了,反过来也一样。例如上面所举例中,研究某一工业局的生产情况时,该局所属各厂总产值是总体单位的标志,各厂总产值总和是该工业局的统计指标;而在研究全市各工业局的生产情况时,则每一个工业局就成为全市工业局中的总体单位,每个工业局的总产值就成为一个数量标志,而全市的工业总产值就是统计指标。

6. 统计指标体系

单个统计指标只能说明现象总体的某一侧面,如果要全面观察和反映现象总体的各个侧面和特征,就得用一系列相互联系互为补充的统计指标来全面反映现象总体。统计指标体系是各种相互联系的指标群所构成的整体,用以说明现象各方面相互依存、相互制约的关系。

被研究现象之间的联系是多种多样的,所以被选出的统计指标之间的联系也是多种多样的。例如要研究和反映工业企业的经济现象,就得采用人力、物资、资金、生产、供应、销售等一系列有联系的统计指标才能反映出企业经济现象的全部活动;又如要反映商品销售额变动,就得采用"商品价格×商品销售数量"的指标去研究;要研究粮食总产量的变动就得用"粮食总产量=亩产量×播种面积"的指标去研究;等等,这都是统计指标体系。

统计指标体系一般可分为两大类:基本统计指标体系和专题统计指标体系。基本统计指标体系是反映国民经济和社会发展及其各个组成部分的基本情况的指标体系。其中又可分为三层,最高层是反映整个国民经济和社会发展的统计指标体系,这是核心;中间层是各个地区和各个部门的统计指标体系;最低层是基础统计指标体系,从经济体系上组成以国民经济综合平衡统计指标体系为中心的横向分支和纵向分支。专题统计指标体系则是针对某一社会或经济问题而专门设计指定的统计指标体系。例如,经济效果统计指标体系、能源问题的统计指标体系、物价问题统计指标体系、人民物质生活水平统计指标体系、等等。

统计指标与统计指标体系相比,统计指标只反映现象个别侧面,而统计指标体系可反映现象全体各个方面联系的概念,因此统计指标体系应用比统计指标更为广泛、更为有力。其重要作用有：

(1)能全面反映现象之间的有机联系和发展过程。例如整个国民经济是由三个部门组成的生产、分配、流通、消费诸领域有机联系的总体,反映这个总体发展和扩大再生产过程,就得建立国民经济综合平衡的指标体系才能观察和反映。例如工业部门是由许多有联系的企业所组成的整体,要观察、认识这个整体,就得利用部门统计指标体系,单凭一两个指标是不能达到认识目的的。

(2)利用统计指标体系研究对象,做出分析判断可避免因片面性而耽误工作。因为单靠少数几个指标只能反映总体现象的一个或几个侧面,这样做出的分析判断必然容易产生片面性,产生对社会发展不利的副作用而耽误工作。

习题一

一、判断题

1. 社会经济统计的研究对象是社会经济现象总体的各个方面。（ ）
2. 标志是说明总体的,指标是说明单位特征的。（ ）
3. 女性是品质标志。（ ）
4. 某同学的《经济数学》期末考试成绩89分,这里的成绩就是统计指标。（ ）
5. 一般认为威廉·配第的《政治算术》一书的问世,标志着统计学的诞生。（ ）

二、填空题

1. "统计"一词包含_____、_____和_____三种涵义。
2. 社会经济统计的研究对象就是社会经济现象总体的_____和_____,并通过这些_____反映社会经济现象规律性的表现。
3. 统计工作与统计学的关系是_____和_____的关系。
4. 社会经济统计的研究方法具体有大量观察法、_____、_____和统计推断法。
5. 一个完整的统计活动全过程,大体可分为五个基本环节,依序为统计设计、_____、统计整理、_____、统计服务。
6. 当我们研究安庆市居民户的生活水平时,该市全部居民户便构成_____,每一居民户则是_____。
7. 性别是_____标志,标志表现则具体为_____。
8. 一项完整的统计指标应该由_____、时间、地点、_____和数值单位等内容构成。
9. 国家统计兼有_____、_____和监督三种系统的职能。
10. 我国的统计学理论,解放前先受_____社会统计学派的影响,后受_____数理统计学派的影响。新中国成立后,则受_____社会经济统计学的影响。

三、单项选择题

1. 工业企业的设备台数、产品销售额是（ ）。
   A. 连续型变量 B. 离散型变量 C. 前者是连续型变量,后者是离散型变量
   D. 前者是离散型变量,后者是连续型变量
2. 几位学生的年龄分别是14岁、15岁、16岁,则"年龄"是（ ）。
   A. 品质标志 B. 数量标志 C. 变量值 D. 数量指标

3. 数量指标一般用（　　）表示。
   A. 绝对数　　　　B. 相对数　　　　C. 平均数　　　　D. 整数
4. "参加某工程设计的全体技术人员都是高级工程师"的不变标志是（　　）。
   A. 技术人员　　　B. 技术职称　　　C. 高级工程师　　D. 工程设计
5. "安庆职业技术学院09级市场营销专业全体男生的身高"的可变标志是（　　）。
   A. 年级　　　　　B. 专业　　　　　C. 性别　　　　　D. 身高

四、多项选择题

1. 对安庆市所有的教师进行统计调查，则（　　）。
   A. 全市所有的教师为统计总体
   B. 安庆市的每一位教师为总体单位
   C. 具有高级职称的教师总人数是数量指标
   D. 全市教师的平均年龄是变量
   E. 每位教师的年龄是数量指标
2. 一项完整的统计指标应该由（　　）构成。
   A. 总体范围　　B. 时间　　C. 地点　　D. 指标数值　　E. 数值单位
3. 下列（　　）为品质标志。
   A. 年龄　　　　B. 性别　　C. 民族　　D. 学历　　　　E. 职业
4. 下列指标中，（　　）为质量指标。
   A. 人均粮食产量　　B. 职工出勤率　　C. 产品合格率
   D. 国民生产总值　　E. 人口密度　　　F. 学生总数
5. 对于一个技术级别为二级的工人总体，可以确定（　　）。
   A. 统计总体——全体二级工人
   B. 总体单位——每一个二级工人
   C. 不变标志——技术级别
   D. 可变标志——技术级别以外的所有标志
   E. 标志表现——二级

五、简答题

1. 品质标志与数量标志有何区别？
2. 统计指标与标志有何区别与联系？

第 2 章　统计调查

【教学目的和要求】

本章阐述统计调查的意义、种类、调查方案及调查的各种方法等问题，要求学生通过本章的学习，了解统计调查的基本任务和要求，重点掌握统计调查的方法和调查方案的制订。

2.1　统计调查的基本任务和要求

2.1.1　统计调查的含义

上章我们已经介绍了，统计工作一般包括五个过程：统计设计、统计调查、统计整理、统计分析和统计服务，五个过程既相互对立又相互依存，任何环节出现问题，都会影响统计工作的质量乃至统计政策，其中统计调查是统计工作的基础环节，承担着提供基础资料的任务，它的工作质量好坏影响整个统计工作的质量。

统计调查，就是按照统计研究的目的和任务，运用科学的调查方法，有计划地对调查对象搜集各种真实可靠的统计数据资料的过程。这里所指的统计数据资料是原始资料。原始资料又称第一手资料，是指调查者直接搜集的尚待整理、加工的初级资料，如会计核算中的领料单、销货发票等原始凭证、新同学入学时由个人填写的学生简明情况登记表等。

2.1.2　统计调查的基本任务和要求

统计调查的的基本任务就是通过对原始资料进行加工整理，使其成为从描述事物特征过渡到描述事物总体特征的数据资料。

为了更好地完成统计调查工作，保证统计调查基本任务的落实，统计调查应做到准确性、及时性、全面性三个基本要求。

1. 准确性

准确性，亦称真实性，是指保证统计调查得来的数据真实可靠，对数据不做修正和修饰，保持调查数据的原貌，能如实反映客观事实。真实是统计的生命，如果统计数据不真实，必给各阶段的统计工作带来不良影响，给企业乃至国家带来不良影响。作为统计工作人员，不仅要提高业务水平，还应该具有高度的责任感，坚决执行统计制度，遵守各项统计法规，把如实反映情况，维护统计资料真实性作为自己的光荣职责。

2. 及时性

及时性，亦称时效性，是指在统计调查方案规定的时间内搜集到符合调查要求的资料，如果不按规定的时间提供资料，耽误统计整理分析的时间，将会影响统计工作的进程，最终会使整个统计工作失去指导现实的意义。要保证统计调查的及时性，调查人员不仅要遵循统计调查方案安排和统计制度，还需要树立全局观念，培养团队协作精神。

3. 全面性

全面性，亦称完整性，是指对被选中的所有调查单位不重复、不遗漏，所有调查项目的资料搜集齐全，以保证研究对象的全貌和社会经济现象的总体特征。如果统计资料残缺不全，就难以对客观事物的发展规律做出正确评判，甚至会得出错误的结论。要保证统计调查的全面性，调查人员不仅要对调查方案有较好的理解，还要树立良好的职业道德。

统计调查的准确性、及时性、全面性是相互联系、相互依存、辨证统一的，其中准确性是核心，力求做到"以准为先，准中求快，快中求全"，尽可能用低成本取得完整系统的资料。

2.2 统计调查的种类

社会经济现象是错综复杂的。在进行统计调查时，我们应根据具体调查目的和调查对象，选择不同的调查方法，调查方法有许多不同的种类，下面我们主要介绍常见的三种不同的分类。

1. 统计调查根据被研究总体的范围，分为全面调查和非全面调查

全面调查是指对调查对象所包括的单位全部进行调查。例如要了解全国人口情况，就需要对全国人口进行调查；要了解某学院学生性别结构情况，就需要对所有学生进行调查。全面调查面广，调查的数据相对准确，同时也会耗费大量的人力、财力、物力和时间，所以这种调查方法一般适用于有限总体或总体单位相对较少等情形使用。它主要包括统计报表和普查。

非全面调查是指对调查对象中的部分单位进行调查。例如要了解某产品的质量，我们可以抽取部分产品进行检验；要了解我国钢铁企业情况，可以对占全国钢铁产量80%的十大钢铁企业进行重点调查。与全面调查相比，非全面调查单位较少些，因此人力、财力、物力和时间消耗少些，它主要包括抽样调查、重点调查和典型调查。

2. 统计调查按调查登记的时间是否连续，分为经常性调查和一次性调查

经常性调查是指对被调查对象的发展变化进行连续不断的登记。如学生每天的出勤人数统计；企业每天的库存量情况统计等；也可以表现为对具有周期性或定期性特点的事物每隔一个相对固定的时期进行调查。例如产品产量的日报等，其目的是为了取得被研究对象一定时期内发展变化过程中所积累的总量。

一次性调查是指对被调查对象在某一时刻的发展变化进行的一次性登记的调查方式。其目的是了解被调查对象在某一时点的发展变化，例如1990年的人口普查等。

3. 统计资料按所搜集资料的来源分为直接调查，凭证调查和派员调查

直接调查是指调查人员在进行现场调查时，对调查对象进行直接清点、检验、计算、测量，取得资料的一种调查方法。直接调查可以保证所获得资料具有真实性和准确性，但需要消耗大量的人力、物力、财力和时间，而且在某些条件下，无法获得所需的历史资料。

凭证调查是以原始凭证为依据逐级向有关单位提供统计资料的方法，统计报表就属于这种方法。该方法的特点是以所需各项原始记录为依据填报，具有统一调查项目、统一表式、统一填报要求和上报程序，可以保证资料的准确性，但同时也需要花费大量的人力和物力。

派员调查是指调查人员依据调查项目向被调查者逐一提问，再根据被调查者的回答来搜集统计资料的一种方法，具体包括采访、问卷调查等。这种调查方法可以对实际情况进行深入了解，取得比较可靠的资料，但需要有更多的调查人员和调查时间。

【例1】如下表。

调查名称	调查范围	时间状况	资料来源
产品破坏性质检	非全面调查	不连续调查	直接调查
全国人口普查	全面调查	不连续调查	派员调查
商场销售额核算	全面调查	连续调查	凭证调查

2.3 统计调查方案

统计调查是一项复杂而细致的工作,需要多部门,相关人员配合。规模大的调查项目,往往需要成千上万的人员协作才能完成。因此,进行统计调查时,必须全面地计划,严密地组织,事先设计调查方案,以便在调查中统一思想,统一认识,统一步调,统一内容,顺利完成统计调查的任务。统计调查方案主要包括以下内容:

2.3.1 调查目的

调查目的不同,调查的内容和范围也不同。只有明确目的,才能有的放矢,确定向谁调查、调查什么、搜集哪些资料、怎样调查等一系列问题。确定调查目的是任何一项统计调查方案首先要解决的问题。调查目的应尽可能规定得具体明确,突出中心,避免工作陷于误区、盲区,有利于调查根据需要,从不同方面,不同角度来搜集资料。例如第五次全国人口普查是准确查明 1990 年第四人口普查以来全国人口在数量、结构、分布和居住环境等方面的变化情况。由于目的明确具体,中心问题突出,就不需要面面俱到,有利于搜集到真正需要的资料,为科学地制定人口政策,统筹安排人民的物质和文化生活等提供可靠的依据,减少人力、物力和时间浪费,提高统计工作的质量。

2.3.2 调查对象

确定调查对象,即明确了向谁调查,由谁来提供统计资料。调查对象是根据调查目的和任务所确定的某一社会经济现象的总体,是调查中指标的承担者。调查单位是指总体单位,是构成该总体的个体单位,是调查项目的承担者。例如调查目的是搜集工业企业生产情况的资料,则调查对象为所有工业企业,每个工业企业为调查单位。

在统计调查中,有时还需要规定统计资料的报告单位。报告单位又称填报单位,是指按规定时间、表式,负责向上报告调查内容,提交统计资料的单位。调查单位与填报单位有时一致,有时不一致。在上例中,两者是一致的,即每个工业企业既是调查单位又是填报单位。如果调查目的是了解工业企业职工基本情况,则调查单位是每个职工,填报单位是工业企业,两者不一致。

【例2】如下表。

调查名称	调查对象	调查单位	报告单位	两单位是否一致
工业企业设备普查	企业所有工业设备	每一台工业设备	每个工业企业	不一致

续表

调查名称	调查对象	调查单位	报告单位	两单位是否一致
全国人口普查	全国人口	每个中国人	每个家庭户主	不一致
职工居住条件调查	全体职工	每个职工	每个职工	一致
进出口商品的检验	所有进出口的商品	进出口的每种商品	商检部门	不一致

2.3.3 调查项目

调查项目是指在调查过程中向调查单位进行登记的内容，即为标志。调查项目就是一份在调查过程中应该获得答案的各种问题的清单。调查项目直接关系到调查资料的数量和质量。

2.3.4 调查表

调查项目确定以后，应按照合理的顺序呈现在表格上，就构成调查表，它是容纳调查项目，搜集原始资料的基本工具。调查表的内容通常由表头、表体、表尾三部分组成，它有单一表和一览表两种形式。单一表是指在一张调查表上只登记一个调查单位，可以容纳较多的标志，便于统计分类汇总整理，如学生简明情况登记表；一览表是指在一张调查表上登记若干调查单位，表达方式简便，表中有关单位的资料可以互相核对便于检查填报的正确性，如全国人口普查登记表。

2.3.5 确定调查时间和调查时限

调查时间是指调查资料所属的时点和时期。如果调查的是时期现象，则需要明确反映调查对象的起至日期，如要了解甲企业三月份销售情况，销售额是指3月1日—3月31日的合计数；如果调查的是时点现象，则需要按统一的标准时点，例如第六次人口普查标准时点确定为2010年11月1日零时。

调查时限是指整个调查工作的起至时限，包括搜集资料以及报送资料所需要的时间。为了保证统计资料的时效性，应尽可能缩短调查期限。例如在1990年7月1日零时至1990年7月10日24时进行第四次人口普查期间，调查人员于1990年7月2日8时，登记某家庭截止7月1日零时的人数为5人，其中1990年7月1日零时是调查资料所属的时间，1990年7月2日8时是对调查单位标志进行登记的时间，1990年7月1日零时至1990年7月10日24时是调查期限，也就意味着普查工作从1990年7月1日零时开始至1990年7月10日以前结束。

2.3.6 调查的组织工作

调查的组织工作包括下面各项内容：
(1)确定调查的组织机构和调查人员。由于统计调查需要许多单位和人员参加，所以在调查的组织工作中要有严密的组织计划和工作安排,即调查工作谁主管、谁负责、谁实施、哪些人员参加等都要有明确安排。

(2)确定调查的方法。调查目的和调查任务决定调查的方法方式。因此,在调查工作开展前,应根据调查目的、任务、对象等方面综合评估,确定具体的调查方式。

(3)确定调查经费。调查经费是指在开展调查工作过程中所需支付的费用,如会务费、补助费、等等。为保证调查工作正常进行,需要确定项目开支,作出经费预算,确定费用筹措办法及报销的有关规定。

(4)做好调查的准备工作。调查前要做好各种准备工作,如宣传教育工作、干部培训工作、文件印刷工作等。

(5)确定调查资料的报送方式和调查结果的公布时间。在调查工作开展前,应事先确定调查资料的报送方式和调查结果的公布时间,以便做好调查工作的整体计划。

2.4 统计调查方法

2.4.1 普查

1. 普查的含义

普查是为某种特定目的而专门组织的一次性全面调查。如人口普查、教育人员普查、农业普查等。通常情况下是一次性调查,用来查某一时点社会经济的总量,用来反映国情、国力和资源状况,为国家制定相关政策或决策提供依据。

2. 普查的特点

(1)一次性或周期性。普查作为专门组织的一次性全面调查,涉及面广,量大,需要投入很多的人力、物力和才力,因此不可能采取经常性调查。为了便于普查资料的动态比较和分析,通常需要间隔较长的时间举行一次。例如我国人口普查每十年举行一次,每逢年份的末尾数为零的年份进行,第四次人口普查在1990年,第五次人口普查在2000年等。

(2)统一性。即统一标准时点和统一调查项目。标准时点是指普查人员对调查单位标志进行登记规定的统一时点,其目的是为保证普查登记结果的准确性,以避免调查数据重复和遗漏。例如第五次人口普查的标准时点为2000年11月1日零时,第六次人口普查的标准时点为2010年11月1日零时;统一项目,是指在各次普查中普查的内容应尽可能保持一致,有利于历次普查资料进行比较和分析,掌握社会经济现象变动趋势和规律。

(3)全面性。普查是对被研究对象总体的全部单位进行一一调查。调查范围广,内容详细,比其他调查方式更能掌握全面、详尽的统计资料。

2.4.2 抽样调查

1. 抽样调查的含义

抽样调查是一种非全面调查。它是按照随机原则,从调查总体中抽取一定数量的调查单位作为样本进行观察,并根据这一部分单位的观察结果,从数量方面推断总体指标的一种非全面调查。

2. 抽样调查的特点

(1)随机性原则。又称机会均等原则,即在抽取样本时必须保证总体中每个调查单位的选中或不选中都不受任何主观因素的影响,而且都有相同的选中机会。

(2)推断总体的数量特征。抽样调查虽然是非全面调查,但由于它遵循随机原则抽取样本进行观察,排斥了人们主观意识的选择,因此可以推断总体的数量特征。

(3)时效性强。抽样调查只是对抽取的部分单位进行的调查。与全面调查相比较,人力、物力和财力消耗量因而减少,而且时效性较强。

2.4.3 统计报表

1. 统计报表的含义

统计报表是按照国家有关法规的规定,自上而下统一布置,自下而上逐级汇总,并逐级提供统一资料的一种调查方式。

2. 统计报表的特点

(1)统一性。统计报表是以基层统计原始记录为依据,按照统一表式、统一指标项目、统一报送时间和报送程序逐级提供统计资料。

(2)可靠性。统计报表中大部分以及主要的统计报表是全面的、定期的报表。涉及的内容大部分相对稳定,有利于积累资料和历史对比,进一步系统地分析社会经济现象发展变化的规律。

(3)全面性。统计报表是采取自下而上逐级报送方式,有利于各级领导部门能得到管辖范围内的资料,全面了解本地区、本部门的基本情况。

2.4.4 重点调查

1. 重点调查的含义

重点调查是一种非全面调查,是在调查总体中选择一部分重点单位进行的调查。所谓重点单位,是指这些单位的数目较少,但它们是标志总量占总体总量的绝大部分单位,在总体中具有举足轻重的地位,即"重点的少数"。通过对这些单位的了解,可以掌握总体的基本情况,例如要了解我国现阶段钢铁行业的发展状况,以在生产量、销售量上占有很大比重的鞍钢、宝钢等少数几家钢铁公司为重点进行调查,可以及时、省力地了解总体现象的基本情况。

2. 重点调查的特点

(1)重点调查,虽然也属于非全面调查,但与抽样调查在选取调查单位时有着本质区别,重点调查是根据调查单位的标志值比重确定调查对象的,而抽样调查是按随机原则抽取,无附加要求。

(2)重点调查的关键在选取调查单位时,着眼于所研究现象主要标志的总量。这些单位对总体来说有代表性,但又不可能完整反映现象总量,因此利用重点调查只能了解总体基本情况,而不能推断总体总量。

2.4.5 典型调查

1. 典型调查的含义

典型调查是一种非全面调查。是根据调查目的和要求,先对研究对象进行全面分析,再从中有主次地选择少数有代表性的典型单位进行调查研究的一种调查方法。例如,要了解新农村建设中取得的经验和存在的问题,只需要在被研究对象中选取几个先进和失败的典型单位进行调查即可。

2. 典型调查的特点

(1)典型调查的调查单位是根据调查目的和要求,有意识地选择出来的(更多取决于调查者的判断和决策),这也是典型调查和抽样调查的主要区别。

(2)典型调查的调查单位是总体内的少数,调查方法比较灵活,可以省时省力,提高调查的时效性。

(3)典型调查从典型单位入手,可以逐步扩大认识事物的一般性和普遍性。这种由点到面,由个别到一般的认识方法,每一个经济工作者都需要掌握和运用。

3. 典型调查的种类

典型调查选取典型单位时,大体可分"解剖麻雀"式和"划类选典"式两种。"解剖麻雀"式是指在调查单位间差异较小时采取的调查方式,体现"麻雀虽小,五脏俱全";"划类选典"式是指在调查单位差异较大时采取的调查方式,先把现象的总体按研究目的和要求进行划分,突出类型间的差异,减少类型内的差异,然后再选择典型单位进行调查,有利于提高典型单位的代表性。

【例3】(判断题)全面调查包括普查和统计报表。 ( )

答案:错误

【例4】填空题

(1)目前我国基本的调查方法是_____、_____和_____。

答案:统计报表;普查;抽样调查

(2)抽样调查、重点调查、典型调查三者之间最本质的区别是_____。

答案:选择调查单位的方式不同

(3)人口普查规定标准时间是为了_____。

答案:避免登记的重复和遗漏

【例5】(多项选择题)我国第五次人口普查的标准时间是2000年11月1日零时,下列情况应统计人口数的有( )。

A. 11月2日出生的婴儿 　　B. 10月31日出生的婴儿

C. 10月31日晚死亡的人 　　D. 11月1日1时死亡的人

E. 10月31日出生,11月1日6时死亡的人。

答案:B、D、E

习题二

一、单项选择题

1. 要对某企业职工情况进行调查,则该企业"每位职工"是( )。

　A. 调查对象　　B. 调查单位　　C. 报告单位　　D. 调查项目

2. 抽样调查与典型调查的根本区别在于( )。

　A. 选取调查单位的方法不同　　B. 调查的范围不同

　C. 作用不同　　D. 组织方式不同

3. 普查的标准时点是( )。

A. 调查人员进行登记时的统一时刻 B. 普查登记工作所进行的时间
 C. 普查工作的期限 D. 以上三个时间概念都不对

4. 填报单位是指（ ）。
 A. 构成调查对象的具体单位 B. 调查项目的承担者
 C. 负责向上级报告调查内容的单位
 D. 按照统计报表制度要求填报统计报表的单位

5. 统计调查主要是搜集（ ）。
 A. 总体资料 B. 次级资料 C. 原始资料 D. 数字资料

6. 下列调查属于全面调查的是（ ）。
 A. 抽样调查 B. 重点调查 C. 典型调查 D. 普查

7. 普查的目的（ ）。
 A. 主要用来搜集不适合用非全面报表搜集的统计资料
 B. 主要用来定期调查社会经济现象的总量
 C. 一般用来调查某一时期的社会经济现象的总量
 D. 一般用来调查属于某一时点上的社会经济现象的总量

8. 对 2000 年 11 月 1 日零时的全国人口进行逐一调查，这是（ ）。
 A. 普查 B. 抽样调查 C. 统计报表 D. 重点调查

9. 某国对占该国钢铁产量 3/4 的 5 个钢铁企业生产的基本情况进行调查，这种调查方式属于（ ）。
 A. 普查 B. 重点调查 C. 典型调查 D. 抽样调查

10. 统计调查方案的首要问题是（ ）。
 A. 明确统计调查的任务和目的 B. 统计调查的时间和地点
 C. 统计调查经费 D. 统计调查的组织工作

二、判断题

1. 统计调查的准确性和及时性是衡量统计调查工作质量的重要标志。（ ）
2. 一览表是在一张表上登记一个调查单位。（ ）
3. 典型单位的选择带有主观原因。（ ）
4. 重点单位的选择带有主观因素。（ ）
5. 调查单位与报告单位是一致的。（ ）

三、简答题

1. 简述普查、抽样调查、重点调查、典型调查四者的含义。
2. 调查单位、调查对象与报告单位有何联系与区别？
3. 统计调查方案包括哪些？
4. 简述抽样调查和普查的特点。

第 3 章 统计整理

【教学目的和要求】

统计整理是统计工作过程中的中间环节,它既是统计调查的继续,又是统计分析的前提。要求学生通过本章学习,了解统计整理的概念和内容、统计分组、分配数列及统计表等概念和内容,重点掌握统计分组的方法,在分组的基础上进行次数分配数列的编制,并学会用统计表来表示统计资料。

3.1 统计整理的概念和内容

3.1.1 统计整理的概念

通过统计整理所搜集的是大量个体的分散、凌乱、表面的原始资料,这些资料不能让人们认识到现象总体的本质和内在的规律。因此,为了完成统计研究目的,必须对搜集来的统计资料,进行科学的整理。

统计资料的整理(简称统计整理)就是依据统计研究目的和任务,将调查所得大量原始资料进行分类(或分组)加工和汇总,使之系统化、条理化,成为反映总体特征的综合材料,为统计分析提供依据,在整体统计工作中起着承前启后的作用。

3.1.2 统计资料整理的主要内容和步骤

统计资料整理是一项细致的工作,既有理论性问题,又有综合汇总的技术问题。为保证统计整理工作顺利完成,通常按以下步骤进行:

1. 根据统计目的拟定整理方案。

统计整理方案的设计包括两个方面:一是确定统计分组和汇总指标;二是选择统计整理的组织形成。统计整理方案设计的正确性和综合性是统计整理工作顺利进行的保证。

2. 统计资料的审核

为了保整统计工作的质量,在统计整理前要做好原始资料的审核。审核的内容包括以下几个方面:

1)准确性

准确性审核主要包括计算检查和逻辑检查两个方面。计算检查是从定量角度来检查各项资料的统计口径和范围、计算方法和计算单位等是否符合要求,计算结果是否正确,是否符合实际;逻辑检查是从定性角度来审核调查项目之间是否相互矛盾,如人口调查表中,与户主关系填"父女",而在"性别"一栏却填"男",这其中必有一栏出现错误。

2)完整性

完整性审核主要是检查应调查的单位及调查项目是否遗漏或重复。如果出现调查单位遗漏、项目缺报,则整理出的资料就会不正确。

3. 统计分组和统计汇总

统计分组和统计汇总是统计整理的核心。对审核后的统计资料,按照调查的性质和特征,划分若干组,并通过加工、汇总,计算各组的单位数和合计数(即计算各组指标和综合指标),从而使得反映总体单位特征的资料转为反映总体的数量特征,揭示事物本质与规律的资料。

4. 编制统计表或绘制统计图

统计表或统计图是表述统计整理结果的重要形式。通过表或图可以更加简明、直观地反映被研究总体的发展趋势和内在规律(具体内容,方法将在本章最后一节和第9章具体介绍)。

3.2 统计分组

3.2.1 统计分组的概念及分类

1. 统计分组的概念

统计分组是根据统计研究目的和任务要求,按照一定的标志,将总体划分为若干部分或组别的一种统计方法。组与组之间存在差别性,同一组内保持相对的同质性。通过统计分组,有利于从数量和结构方面了解研究现象总体的特征。例如工业企业按资金规模划分为大型、中型、小型企业,居民按居住地划分为城市居民和农村居民,学生按性别划分为男同学和女同学,等等。

2. 统计分组的作用

统计分组在统计研究中具有以下几个方面作用

1) 区别事物的不同类型

社会经济现象是错综复杂的,存在着不同类型。要了解不同社会经济现象的性质、特点和规模,必须将总体进行分类研究。通过分组,来研究各类现象的数量差异和特征以及相互关系,此种分组又称类型分组。

2) 研究总体内部的构成关系

通过统计分组,计算出各组数值在总体中的比重或各组之间的联系,可以揭示总体的基本性质和特征,此种分组又称结构分组。例如星光工厂近年来职工的比例见表3.2.1所示。

表3.2.1 星光工厂近三年来老、中、青职工所占比重

年份	老年职工/%	中年职工/%	青年职工/%	合计/%
2012年	31	37	32	100
2013年	26	39	35	100
2014年	21	37	42	100

3) 揭示现象之间的依存关系

任何社会经济现象都不是孤立的,存在着不同程度的相互联系和相互制约的依存关系,常常表现为因果关系,即一种现象发生变化,另一种现象也会随之发生变化。通过统计分组,可以将性质相关的分组资料联系起来分析,用以揭示现象间的联系和依存关系,此种分组又称分析分组。例如,商业企业中商品销售额与流通费用的关系,人口统计中吸烟者与患肺癌的关系,等等。

3. 统计分组的分类

(1)按分组的作用不同划分为类型分组、结构分组和分析分组。

类型分组是将统计总体区分各种性质不同的类型,来研究各类现象的数量差异和特征以及相互间关系;结构分组是通过统计分组,计算出各类数值在总体中的比重或各组之间的比例关系,可以揭示总体的基本性质和特征;分析分组是通过统计分组,可以将性质相关的分组资料联系起来分析,可以揭示现象之间的联系和依存关系。

(2)按标志的性质不同划分为品质标志分组和数量标志分组。

品质标志分组是依据统计研究目的,选择反映事物属性差异的品质标志作为分组标志;数量标志分组是依据统计研究目的,选择反映事物的数量差异的数量标志作为分组依据,将总体划分为若干个性质不同的组成部分。

(3)按分组标志的多少划分为简单分组和复合分组。

简单分组,也称单一分组,是对总体只按一个标志进行的分组。例如,人口按性别划分为男、女两组,企业规模划分为大型、中型、小型三组,等等。简单分组只能说明总体在某一方面的差别情况。

复合分组,是指对总体按两个或两个以上标志进行的层叠分组,即先按一个标志对总体进行分组,在此基础上再按另一个或几个标志进一步分组。例如工业企业先按所有制分组,再按规模大小对第一次所分的各组进行划分,结果形成如下层叠的组别(如表 3.2.2 所示)。

表 3.2.2 复合分组举例

按所有制划分	按规模划分
全民所有制企业	1. 大型企业 2. 中型企业 3. 小型企业
集体所有制企业	1. 大型企业 2. 中型企业 3. 小型企业
其他经济类型	1. 大型企业 2. 中型企业 3. 小型企业

复合分组时,应根据统计研究目的和要求,按总体的特征和复杂程度,选择分组标志并确定各标志的主次顺序,然后依次分组,有利于对总体做出比较深入全面的分析。

分组体系是对同一现象总体按一系列相互联系,相互补充的标志对被研究对象进行的分组,即形成一个分组体系。由于对被研究现象进行分析研究时,既可采用简单分组形式,也可采用复合分组形式,因而形成简单分组体系和复合分组体系等。例如为了了解我国工业企业总体的构成情况,可以分别按经济类型、企业规模等标志进行简单分组,这几个简单分组相互联系,相互补充,形成平行分组体系,即简单分组体系,见表 3.2.3。

表 3.2.3 简单分组体系举例

按经济类型分组
全民所有制企业
集体所有制企业
其他经济类型企业
按规模分组
大型企业
中型企业
小型企业

当然,了解我国工业企业总体的构成情况,也可以多种标志重叠分组,形成复合分录体系,见表 3.2.2。

3.2.2 分组标志的选择

统计分组的关键在于正确选择分组标志。所谓分组标志,是将总体划分各组别或若干部分的界限。如,学生按性别分为男、女两组;企业按规模大小划分为大型、中型、小型企业三组,等等,性别、规模即为标志。正确选择分组标志应遵循以下原则:

(1)从统计研究的具体任务和目的出发,选择最适合的分组标志。

由于统计研究的具体任务和目的不同,因此对分组的要求也不同,选择分组标志也应有所不同。任何统计总体在统计分组时都有很多标志,应选择与之最密切相关的分组标志,如职工的标志有年龄、性别、身高、学历、体重等。在对职工进行分组时,应选用哪种标志呢?当然取决于研究目的。若需要了解职工的文化程度,则选择学历作为分组标志;若需要了解职工的年龄构成情况,则选择年龄为分组标志。

(2)必须选择最能反映现象本质特征的标志作为分组标志。

总体单位的标志多种多样,有的是带有本质性的或主要的,有的则是非本质的或次要的。为了揭示总体的本质特征,必须选择最能反映总体本质特征的标志作为分组标志。例如要反映企业经济效益时,选择什么标志呢?可供选择的分组标志有销售收入、总产值、总利润等,显然,应选择总利润额作为分组标志。

(3)必须选择符合现象发展的历史条件和经济条件的标志作为分组的标志。

选择分组标志要依据一定的时间、地点、条件为转移,分组标志不能千篇一律、一成不变。由于历史的发展,社会经济现象的变化,具体情况具体分析,客观选择分组标志,只有这样才具有现实意义。例如反映企业规模大小的标志有职工人数、固定资产价值,等等,应选择哪一个标志进行分组,须视具体情况而定。对于劳动密集型企业,应选择职工人数作为分组标志;对于资金密集型企业或技术装备比较先进的企业,应选择固定资产价值作为标志。

3.2.3 统计分组的方法

1. 按品质标志分组的方法

品质标志分组,是依据统计研究目的,选择反映事物属性差异的品质标志作为分组标志。在品质标志差异的范围内划分各组界限,将总体区分为若干个性质不同的部分或组别。例如企业按"所有制"分组,人口按"性别"、"民族"、"文化程度"分组。

按品质标志分组有些比较简单,分组标志一经确定,组与组之间的性质界限较容易确定,如上述人口按"性别"分为男、女两组,企业按"所有制"分为全民所有制企业、集体所有制企业和其他经济类型企业等。但多数情况下,有些事物构成比较复杂,组数较多,组与组之间的界限不易划分,如人口按职业分组,产品按品种分组等,它们不仅涉及复杂的分组技术,还涉及国家的方针政策和有关科学理论,因此,分类时一定要谨慎。在我国统计工作实践中,对重要的品质标志分组,国家规定了统一划分标准或分类目录,有利于统一全国的分类口径,便于各部门掌握和运用,如《工业产品目录》、《职业分类目录》等。

2. 数量标志分组的方法

数量标志分组就是根据统计研究的目标,选择反映事物数量差异的数量标志作为分组标志进行分组,确定各组在数量上的差别,并通过数量上的变化来区分各组不同类型和性质。如人口按"年龄"、"身高"分组,学生按"成绩"分组等。数量标志分组有单项式分组和组距式分组两种形式,单项式分组是指数列中各组的数值只用一个变量值表示;组距式分组是指数列中各组的数值由两个变量值所确定的一个数值范围来表示。

总之,按数量标志进行分组时,首先要确定总体在已选定的数量标志特征下有多少性质不同的组成部分,然后再确定各组成部分的数量界限,其中涉及变量的类型、变量值的多少、变化范围大小等问题,以及如何相应地确定组数、组距和组限等(关于分组的具体问题将在下一节介绍)。

组距式分组中涉及的概念如下:

(1)组距,是各组上限与下限的差,各组组距之和等于全距。各组组距相等的数列称为等距数列;各组组距不等的数列称为异距数列。

(2)组数,又称组的数目。

(3)组限,每组的两端数值,即分组的数量界限,包括上限和下限。各组中的最大值为该组的上限,最小值为该组的下限。

(4)闭口组和开口组。闭口组是指上限和下限都齐全的组;开口组,是指有上限缺下限或是有下限而缺上限的组。

(5)组中值,即各组上限与下限的中点数值。

闭口组条件下,组中值=(上限+下限)/2;开口组条件下,以邻组组距为准,组中值=上限-邻组组距/2(缺下限组);组中值=下限+邻组组距/2(缺上限组)。

例如:经贸系 09 级会电班按某科考试成绩(分)分组:

50 分以下;50~60 分;60~80 分;80~90 分;90~100 分

则:第一组的组中值=50-(60-50)/2=45 分

第三组的组中值=(80+60)/2=70 分

3.3 分布数列

3.3.1 分布数列的概念、组成要素及分类

1. 分布数列的概念、组成要素

在统计分组的基础上,将总体按某一标志进行分组并按一定顺序排列,形成总体中各个单

位在各组间的分布,这种表明总体单位在各组分配情况的分组资料称为分配数列,又称次数分配或次数分布。其中分布在各组的总体单位数叫次数,又称频数。分布数列有两个组成要素:一个是按某一标志分成的各组,另一个是落在各组的总体单位个数。编制分布数列可以反映总体各单位的分布状况和特征,也可以进一步分析总体平均水平和变异程度,是统计分析的重要内容之一。

2. 分布数列分类

分布数列按分组标志类型的不同,可划分为品质分布数列和数量分布数列。

1) 品质分布数列

品质分布数列,简称品质数列,是按照品质标志分组所形成的数列,用来观察总体单位中不同属性的单位分布情况。例如某学院在校学生按性别分组后所形成的分配数列如表 3.3.1 所示。

表 3.3.1 某学院学生安性别分组表

性别	学生数/人	比重/%
男	3000	46
女	3500	54
合计	6500	100

2) 数量分布数列

数量分布数列是按数量标志进行分组所形成的数列,简称变量数列。变量数列由两部分构成:一是由变量值所形成的分组,通常用 x 表示;二是总体单位各组中出现的次数。用绝对数表示的次数,又叫频数,通常用 f 表示;用相对数表示的次数,又叫频率或比率,用 $f/\sum f$ 表示。例如某地区连锁商店按职工多少分组编制变量数列,如表 3.3.2 所示

表 3.3.2 某地区连锁商店职工人数分组

按职工人数分组/人	连锁店数	频率/%
20	2	10
22	3	15
25	5	25
30	7	35
32	3	15
合计	20	100

变量数列按各组表现形式不同可分为单项变量数列和组距数列两种。单项变量数列是指数列中每组的数值只用一个变量值表示,它一般适用于分组标志值是由离数变量组成,而且变量值变化幅度不大、项数不多的情形。见表 3.2.2。

组距数列,是指数列中每组由两个变量值所确定的一个数值范围表示,它适用于分组标志值是连续变量或是离数变量,且项数较多的情形,见表 3.3.3。

表 3.3.3　某企业职工按工资分组表

工资/元	工人数/人	比重/%
1000 元以下	40	10
1000～1500	100	25
1500～2000	200	50
2000～2500	35	8.75
2500 以上	25	6.25
合计	400	100

3.3.2　变量分配数量的编制

1. 单项数列的编制

1）编制程序

(1) 将原始资料按变量值大小顺序排列。

(2) 用一个变量值作为一组,进行依次分组,对于重复者只取一个。

(3) 确定每组中的变量值的个数。

(4) 将分组后的各组变量值及其出现的次数依次对应排列在一张表格中,即形成单项变量数列。

2）应用举例

【例1】某车间一周内甲产品日产量调查资料如下,(单位:件) 要求编制单项变量数列。

105　98　100　110　105　105

首先将调查资料按从小到大的顺序依次排列,结果如下:

98　100　105　105　105　110　110

其次,用一个变量值作为一组(重复者只取一个),共分为四组。分别为 98,100,105,110。其中 98 出现一次,100 出现一次,105 出现三次,110 出现两次。

最后,将变量值及其出现的次数依次排列在表格中,编制单项变量数列,见表 3.3.4。

表 3.3.4　某车间一周内某产品日产量

按日产量分组/件	天数
98	1
100	1
105	3
110	2
合计	7

2. 组距数列的编制

1）编制程序

(1) 将原始资料按变量值大小顺序排列。

(2) 确定组距和组数,这是编制组距数列首要解决的问题。组距的大小与组数的多少互为制约,成反比例关系,即组距=全距/组数。

确定组距、组数时,一般需要考虑以下几点:

第一,实际应用中,组数略多或略少都问题不大,但必须是整数。一般先确定组距,组距应尽可能是 5 或 10 的整数倍。

第二,组与组之间的性质不同,即组内同质性,组间性质不同的数值不能放在同一组内。例如学生考试成绩,59 分与 60 分虽然只有一分之差,但都反映不同性质的分数,故不能分在一个组内。

(3)确定组限。当组距、组数确定后,需要进一步确定组限,界定分组标志值在各组取值区间的边界值。确定组限时,一般需要考虑以下几点:

第一,组限最好用整数表示,应使最小组下限不大于资料中的最小变量值,最大组上限不小于资料中的最大变量值。

第二,"上限不在内"原则,是指当某单位的标志值正好等于某组上限时,就把该单位归到下一组。

第三,"不重不漏"原则,确定组限时应本着"不重不漏"原则。"不重"是指每项数据只能分在其中的某一组内,不能在其他组重复出现;"不漏"是指每项数值都应分在其中的某一组内,不能遗漏。

连续型变量分组,应采用重叠组限(上一组的上限同时又是下一组的下限)的方法,在分组时,凡遇到单位的标志值刚好等于相邻两组的上下限时,一般把此值归并到作为下限的那一组去,以避免分组时产生遗漏和重复。

离散型变量进行组距式分组时,可重叠组限,也可不重叠组限(此时要保证相邻两组上下限的连续性,不可遗漏)。

第四,当一组数据中的两个极值相差悬殊时,通常最小组和最大组采用设置开口组的方法,避免因出现空白组而使分组不合理。最小组的设置为"＊＊以下",最大组设置为"＊＊以上"。

(4)计算各组单位数,编制变量数列。

2)应用举例

【例 2】某班 40 名学生的"会计学原理"课程期终考试成绩如下,要求编制变量数列。

82　65　75　90　100　68　84　83　43　81　75　76　60　86　83
89　81　76　74　79　63　77　56　74　80　95　76　84　52　69
89　84　75　69　89　88　86　76　87　99

首先,将原始资料按数值大小顺序排列,确定全距。

43　52　56　60　63　65　68　69　74　74　75　75　75　76
76　76　76　77　77　79　80　81　82　83　83　84　84　84
86　86　86　87　88　89　89　89　90　95　99　100

可见,该班学生会计原理考试成绩分布在 43～100 之间,全距为 57,项数较多,波动幅度较大,应采用组距数列。

其次,确定组距、组数、组限。

组距=10

组数=57/10=5.7

组数定为 5 或 6 组。

由于最小值与最大值极差大,最小组、最大组宜采用开口组

最后,编制组距数列如表 3.3.5 所示。

表 3.3.5 某班 40 名学生会计学原理期终考试成绩分组表

学生按成绩分组/分	学生数/人	比率/%
60 以下	3	7.5
60~70	5	12.5
70~80	12	30
80~90	16	40
90 以上	4	10
合计	40	100

再如表 3.3.6,三种错误分组方法错在何处?

表 3.3.6

企业按职工人数分组			学生按成绩分组	工人按计划完成情况分组
第一种分法	第二种分法	第三种分法		
50 人以下 50~500 人 500~5000 人 5000 人以上	49 人以下 50~499 人 500~4999 人 5000 人以上	49 人以下 55~500 人 503~4990 人 5000 人以上	50 分以下 50~70 分 70~80 分 80~90 分 90~100 分	80%以下 80%~95% 95%~105% 105%~115% 115%以上
正确	正确	错误	错误	错误

3.4 统计表的构成和种类

3.4.1 统计表的构成

统计表是用纵横交叉的线条绘制成的表格,用来表现统计数据内容或各指标间的数量关系的一种形式。广义的统计表包括统计工作各阶段所用的一切表格,例如利润表、整理表等。本节所介绍的是狭义的统计表。

统计表使统计数据更加条理化,更能清晰地表述统计数据之间的相互联系。它是统计整理结果的重要表现形式,同时也便于对统计数据的完整性和准确性进行计算、比较和检查。

根据适用者的要求和统计数据的特征,统计表可绘制各种形式的表格,一般形式如表 3.4.1 所示。

表 3.4.1 2003 年我国人口年龄统计表

按年龄分组	人数/人	比重/%
0～14 岁	256 344	20.3
15～64 岁	896 908	71.2
64 岁及以上	107 246	8.5
合计	12 60 498	100

1. 从统计表的形式看

统计表由总标题、横标题、纵标题和统计数字四个部分组成。其中总标题是统计表的名称,用来概括说明整个表的内容,列在表的上端中央位置;横标题(或横标目)用来表示各组的名称,说明统计表的主要项目,列在表的左方;纵标题(或纵标目)是统计指标的名称,说明纵栏内容的名称,列在表的上方;统计资料是各项指标的具体数值,列在各横行和纵行标题的交叉处。

2. 从统计表的内容来看

统计表包括主词和宾词两部分,主词就是统计表所要研究的对象或总体,它可以是各个总体单位的名称、总体的各个组或总体单位的全部,一般在表的左端,即横行标题部分;宾词就是用来说明主词的各种指标,包括指标名称和指标值,一般列在表的右端,即纵栏标题。

3.4.2 统计表的种类

统计表按照主词是否分组以及分组程度,可以分为简单表、分组表和复合表。

1. 简单表

简单表是指主词未经任何分组,仅按全部总体单位或时间顺序排列的统计表。

2. 分组表

分组表是指主词某一标志进行简单分组的统计表,如表 3.4.2 所示。

3.4.2 某班学生按性别分组

按性别分组	人数(人)	比重(%)
男	30	60
女	20	40
合计	50	100

3. 复合表

复合表是指主词按两个以上(含两个)的标志进行层叠或交叉分组的统计表。如表 3.4.3 所示。

表 3.4.3 某高校学生基本情况统计表

学生学历	学生人数/人		
	男生	女生	合计
研究生	500	800	1300
本科生	1300	1000	2300
专科生	1500	1800	3300
合计	3300	3600	6900

3.4.3 统计表的编制原则

要是统计表既能正确反映社会经济现象的数量特征，又便于分析研究问题，在编制统计表时的一般要求如下：

(1)统计表在格式上要规范、统一，即"上下粗线，中间细线，两边开口"。

(2)数字很小或因数小可忽略不计时，要写上"0"；统计表数字部分一般不留空白。

(3)统计表中数字资料位数要对准，填写要整齐，数字书写要规范。统计表中的左、右、上、下的数字相同时，要照数填写，不能用"同上"、"同左"等字样代替。

(4)"…"表示单元格缺乏资料；"—"表示单元格不应有数字。

(5)要注明数字资料的计量单位、制表日期、制表人。

习题三

一、单项选择题

1. 统计分组的关键问题是(　　)。
   A. 确定分组标志和划分各组界限　　B. 确定组距和组数
   C. 确定组距和组中值　　D. 确定全距和组距

2. 某连续变量数列，其末组为开口组，下限为200，又知其邻组的组中值为170，则末组组中值为(　　)。
   A. 260　　B. 215　　C. 230　　D. 185

3. 下列分组中按品质标志分组的是(　　)。
   A. 人口按年龄分组　　B. 产品按质量优劣分组
   C. 企业按固定资产原值分组　　D. 乡镇按工业产值分组

4. 对企业先按经济类型分组，再按企业规模分组。这样的分组，属于(　　)。
   A. 简单分组　　B. 平行分组　　C. 复合分组　　D. 再分组

5. 对统计总体按两个及以上标志分组后形成的统计表叫(　　)。
   A. 简单表　　B. 简单分组表　　C. 复合分组表　　D. 汇总表

6. 在频数分布中，频率是指(　　)。
   A. 各组频数之比　　B. 各组频率之比
   C. 各组频数与总频数之比　　D. 各组频数与各组次数之比

7. 在分组时，若有某单位的变量值正好等于相邻组的下限时，一般应将其归在(　　)。
   A. 上限所在组　　B. 下限所在组　　C. 任意一组均可　　D. 另设新组

8. 在编制组距数列时，当全距不变的情况下，组距与组数的关系是(　　)。
   A. 正例关系　　B. 反比例关系　　C. 乘积关系　　D. 毫无关系

9. 统计表的宾词是用来说明总体特征的(　　)。
   A. 标志　　B. 总体单位　　C. 统计指标　　D. 统计对象

10. 统计表的主词是统计表所要说明的对象，一般排在统计表的(　　)。
    A. 左方　　B. 上端中部　　C. 右方　　D. 下方

二、判断题

1. 统计数据整理就是对原始资料的整理。（   ）
2. 统计分组的关键是正确选择分组标志和划分各组的界限。（   ）
3. 简单分组涉及总体的某一个标志，复合分组则涉及总体两个以上标志。因此，将两个简单分组排列起来，就是复合分组。（   ）
4. 统计表的主词是说明总体的各种指标。（   ）
5. 品质分布数列是一种单项数列。（   ）

三、简答题

1. 什么是统计数据整理？简述统计数据整理的原则和步骤。
2. 统计数据分组的原则和方法是什么？
3. 统计分组的关键是什么？怎样正确选择分组标志？
4. 简要说明单项数列、组距数列的适用范围。
5. 编制组距数列时怎样确定组数和组距？

四、计算题

有一个班学生的考试成绩如下：

89	88	76	99	74	60	82	60	93	99	94
82	77	79	97	78	87	84	79	65	98	67
59	72	56	81	77	73	65	66	83	63	89
86	95	92	84	85	79	70				

学校规定：60 分以下不及格；60～75 分为中；75～90 分为良；90～100 分为优。试把该班学生分为不及格、中、良、优四组，编制一张次数分布表。

第4章 综合指标

【教学目的和要求】
广义上说,所有的统计指标都可以称为综合指标。根据综合指标数值的表现形式,可将综合指标分为三大类即总量指标、相对指标和平均指标。本章对这三种基本的综合指标作了详细的介绍。要求学生通过本章的学习,了解各种综合指标的概念、作用及种类,理解各种综合指标的特点和应用场合并熟练掌握其计算方法,能作简单的分析。

请看下列一组数据:

据统计,2009年我国国内生产总值335 353亿元,比上年增长8.7%,而CPI则比上年下降0.7%;截至2009年年末,国家外汇储备23 992亿美元,比上年末增加4 531亿美元;全年财政收入68 477亿元,比上年增加7 147亿元,增长11.7%;全国就业人员77 995万人,比上年末增加515万人;70个大中城市房屋销售价格上涨1.5%;2009年全年中国粮食产量53 082万吨,比上年增加211万吨,增产0.4%;全部工业增加值134 625亿元,比上年增长8.3%;2009年全年全社会固定资产投资224 846亿元,比上年增长30.1%……

经过统计整理,将大量反映总体单位数量特征的原始资料进行加工,得到反映社会经济现象总体数量特征的统计指标,就是综合指标。上面的这组数据就是综合指标,里面包括了总量指标和相对指标。

综合指标按其反映现象总体数量特征的不同分为总量指标、相对指标和平均指标三种形式。

第一类是总量指标,它是反映客观现象总体在一定时间、地点条件下的总规模、总水平的综合指标,其表现形式为绝对数。

第二类是相对指标,它是质量指标的一种表现形式。是通过两个有联系的统计指标对比而得到的综合指标,其具体数值表现为相对数。

第三类是平均指标,它是反映社会经济现象某一数量标志一般水平的综合指标,其表现形式为平均数。因为从计算方式看,变异指标中的平均差、标准差、方差,是特殊形式的平均指标,所以也归入此类。

4.1 总量指标

4.1.1 总量指标的概念

总量指标是反映客观现象总体在一定时间、地点条件下的总规模、总水平的综合指标。总量指标用绝对数表示,也就是用一个绝对数来反映特定现象在一定时间上的总量状况,它是一种最基本的统计指标。

例如上面所提到的2009年我国的国民生产总值、国家外汇储备、财政收入、就业人数、粮食产量、固定资产投资额、等等,都是总量指标,都是利用绝对数说明我国2009年国民经济发展的总体规模、总体水平和全国人民的生活水平。

4.1.2 总量指标的种类

1. 按说明总体的内容不同分类

按其说明总体的内容不同，分为总体单位总量和总体标志总量。

1）总体单位总量

总体单位总量是用来反映统计总体内包含总体单位个数多少的总量指标。它用来表明统计总体的容量大小。例如，研究我国的人口状况时，统计总体是全国所有公民，总体单位是每一位公民，那么我国的人口数表明总体单位的个数，是总体单位总量。再如，研究某市的工业发展状况，统计总体是全市的所有工业企业，若该市现有工业企业 2680 家，则 2680 家即为总体单位总量。

2）总体标志总量

总体标志总量是统计总体各单位某一方面数量标志值的总和。仍举上例，该市的每个工业企业是总体单位，每一工业企业的职工人数是该工业企业的一个数量标志，则该市全部工业职工人数就是总体标志总量。另外该市的年工业增加值、工业总产值、工业利税总额等指标也都是总体标志总量。一个已经确定的统计总体，其总体单位总量是唯一确定的，而总体标志总量却不止一个。

某一总量指标是总体单位总量还是标志总量不是完全确定的，而是随着统计总体的改变而改变的。如上例中的全市工业企业职工人数是总体标志总量，若研究目的改变为认识该市工业企业职工的生活水平时，统计总体是全市的所有工业企业职工，全市工业企业职工人数就变成总体单位总量了。

2. 按反映总体的时间状况不同分类

按其反映总体的时间状况不同，分为时期指标和时点指标。

1）时期指标

时期指标是反映社会经济现象在一段时间上发展变化结果的总量。例如某商店 2010 年 5 月份商品销售额为 58 万元，它就是当月每天销售额的累计。再如国内生产总值、产品产量、产值等都是时期指标。时期指标具有如下特点：

(1) 具有可加性。时间上相邻的时期指标相加能够得到另一更长时期的总量指标。

(2) 指标数值的大小与所属时期的长短直接相关。一般来讲，时期越长，指标数值就越大。

(3) 指标数值必须连续登记取得。时期指标数值的大小取决于整个时期内所有时间上的发展状况，只有连续登记得到的时期指标才会准确。

2）时点指标

时点指标反映社会经济现象在某一时刻或某一时点上的状况的总量。如某单位 2010 年 3 月末 A 商品库存额为 1128 件。再如人口数、企业数、外汇储备额等也都是时点指标。时点指标具有如下特点：

(1) 不具有可加性。不同时点上的两个时点指标数值相加不具有实际意义。

(2) 数值大小与登记时间的间隔长短无关。时点指标仅仅反映社会经济现象在一瞬间上的数量，每隔多长时间登记一次对它没有影响。

(3) 指标数值是间断计数的。时点指标没有必要进行连续登记，有的也是不可能连续进行登记的,例如统计全国的总人口数。

3. 按计量单位的不同分类

按其计量单位的不同,分为实物指标、价值指标和劳动量指标。

1) 实物指标

实物指标是根据事物的外部特征或物理属性而采用的单位。它的计量单位又分为:

(1)自然单位。如鞋以"双"为单位;桌子以"张"为单位;电脑以"台"为单位等。

(2)度量衡单位。度量衡单位是以已经确定出的标准来计量实物的重量、长度、面积、容积等的单位,如吨、公里、米等。

(3)复合单位。复合单位是两个单位的乘积。如货物周转量用"吨公里"计量,发电量用"千瓦时"计量等。

(4)双重单位。双重单位是用两种或两种以上的单位结合起来进行计量。如起重机的计量单位是"台/吨",货轮用"艘/马力/吨位"计量。

(5)标准实物单位。标准实物单位是按照统一的折算标准来计量事物数量的一种实物单位。它主要用于计量存在差异的工业产品和农产品,为了准确地反映其总量,需要把各产品按照一定的标准折合成标准品再相加。例如把各种能源都折合成热量值为 7000 千卡/千克的标准煤等。

2) 价值指标

价值指标也叫货币指标,是以货币作为价值尺度来计量社会财产和劳动成果。例如国内生产总值、城乡居民储蓄额、外汇收入、财政收入、工资总额等都必须用货币单位来计量。常见的货币单位有人民币、美元、欧元等。价值指标的特点是能使不能直接相加对比的现象过渡到可以相加对比,因此具有十分广泛的综合性与概括性,在国民经济管理中起着重要的作用。但价值指标也有其局限性,综合的价值量容易掩盖具体的物质内容,比较抽象。因此,在实际工作中,应注意把价值指标与实物指标结合起来使用,以便全面认识客观事物。

3) 劳动量指标

劳动量指标以劳动时间作为计量单位的总量指标,主要用于企业内部计量工业产品的数量,它是用生产工业产品所必需的劳动时间来计量生产工人的劳动成果,如"工日"、"工时"等。企业首先根据自身的生产状况制定出生产单位产品所需的工时定额,再乘以产品的实物即得到以劳动单位计量的产量指标——劳动指标,也叫做定额工时总产量。由于各企业的定额水平不同,劳动量指标不适宜在各企业间进行汇总,往往只限于企业内部的业务核算。

4.2 相对指标

4.2.1 相对指标的概念、作用和表现形式

1. 相对指标的概念

相对指标是质量指标的一种表现形式。它是通过两个有联系的统计指标对比而得到的,其具体数值表现为相对数。例如前面所提到的 2009 年的一些统计数据,国内生产总值、国家外汇储备、全年财政收入等比上年增加或下降的百分数,都是相对指标。

2. 相对指标的作用

(1)相对指标可以反映现象内部和现象之间的相对水平,说明现象的发展过程和速度,比

总量指标可以更深入地说明和分析现象的状况。

(2) 利用相对指标可以使不能利用总量指标直接对比分析的统计指标,取得可以比较的基础。如将两个企业的资金占用额相比较,无法说明哪个企业的资金利用效果好,因为它们缺乏共同对比的基础。如果采用每百元固定资产与流动资金提供的利税额这一个相对指标,就使两者有了共同比较的基础,从而能够说明两个企业经济效益和管理水平的好坏及差别程度。

(3) 利用相对指标可以表明事物的内部结构和比例关系。例如,某高校职工构成如下:干部300人、教师1 200人、工人500人,3部分的比重分别占15%、60%、25%。

(4) 相对指标是进行经济管理与考核企业经济活动成果的重要指标。如计划完成情况相对指标,可以用来检查、监督计划执行情况;又如资产负债率、销售收入利润率等,可以反映出企业的经营状况和经济效益。

3. 相对指标的表现形式

相对指标有两种表现形式:有名数和无名数。

1) 有名数

有名数主要用来表现强度相对指标的数值,它是以相对指标中分子与分母指标数值的双重计量单位来表示的。如,人口密度用"人/平方公里"表示,人均国民生产总值用"元/人"表示,人均粮食产量用"公斤/人"表示等。

2) 无名数

无名数是一种抽象化的数值,一般以系数、倍数、翻番数、成数、百分数、千分数等表示。

用系数和倍数表示:是将对比的基数抽象为1而计算的相对数。

用系数来表示:两个指标对比,若分子数值小于分母数值,且两者相差不大时,用系数来表示。

用倍数表示:若分子数值大于分母数值,且相差较大时,用倍数表示。例如某日一车间生产产品200件,二车间生产产品150件,则一车间的产量是二车间的1.5倍。

成数:将对比的基数抽象为10而计算的相对数,如某钢铁厂钢铁产量今年比去年增长一成,即增产1/10。

翻番数:指两个相比较的数值中,一个数是另一个数的"2^m"倍,则 m 是翻番数。

如某企业2009年的工业产值是100万吨,计划2010年翻一番,则2010年应达到200万吨;若计划翻两番,则应达到400万吨;翻四番,为1 600万吨。

百分数:将对比的基数抽象为100而计算的相对数。

千分数:是将对比的基数抽象为1 000而计算的相对数。当对比的分子数值比分母数值小得多的时候,宜采用千分数表示。

4.2.2 相对指标的种类及计算方法

相对指标按其作用不同可划分为六种:结构相对指标、比例相对指标、强度相对指标、动态相对指标、比较相对指标和计划完成程度相对指标。

1. 结构相对指标

结构相对指标是总体中部分数值与总体中全部数值对比的结果,表明总体中某部分占总体的比重,故常被称为比重指标。结构相对指标是描述总体特征的重要指标,它可以说明总体内部构成,是分析总体分布的重要基础。一般用百分数表示,同一总体各部分比重之和应等于

100％。其计算公式为

$$结构相对指标 = \frac{各组（或部分）总量}{总体总量} \quad (4.2.1)$$

【例1】某省 2009 年国内生产总值为 2600 亿元，其中第一产业 600 亿元，占 23.08％；第二产业 1200 亿元，占 46.15％；第三产业 800 亿元，占 30.77％。

常用的结构相对指标有三个产业占国民生产总值的比重、就业率、失业率、入学率、产品合格率、出勤率等。

2. 比例相对指标

比例相对指标是总体中不同部分数值对比的结果，表明总体内不同部分之间的比例关系。其计算公式为

$$比例相对指标 = \frac{总体中某一部分数值}{总体中另一部分数值} \quad (4.2.2)$$

比例相对指标可用结构百分数之比来表示，也可简化为"1比几"或"几比几"的形式。比例相对指标是描述事物现象数量关系的重要方法，对分析各种比例关系有着重要的意义。

【例2】2005 年我国男性人口数为 67 375 万人，女性人口数为 63 381 万人，则男女性比例为 106.3∶100，这说明以女性为 100，男性人口是女性人口数的 1.063 倍，简称性别比例 106.3。

【例3】由例 1 的资料，若用比例相对指标表示第一、第二、第三产业之间的比例为 23.08％∶46.15％∶30.77％，则也可表示为 1∶2∶1.33。

3. 强度相对指标

强度相对指标是两个性质不同而又有一定联系的指标对比的结果，可以表明事物现象的强度、密度、普遍程度等。其计算公式为

$$强度相对指标 = \frac{某种现象总量指标}{另一个有联系而性质不同的现象总量指标} \quad (4.2.3)$$

强度相对指标的表现形式有以下特点：大多数情况下，都为复名数的形式，其单位由分子、分母指标原有的单位组成；有些强度相对指标分子分母可以互换，从而形成正指标与逆指标两种表现形式。所谓正指标，是指指标数值大小与现象的强度、密度和普遍程度成正比。所谓逆指标，是指指标值的大小与现象的强度、密度与普遍程度成反比。一般地讲，正指标数值愈大愈好，逆指标数值愈小愈好。如：每千人拥有的医院床位数，为正指标，越大越好；每张医院床位数负担的人口数，为逆指标，越小越好。又如每万人拥有的零售商业网点数为正指标，数值愈大，表示零售商业网密度愈大，它是从正方向说明现象的密度；而每商业网点服务人口数为逆指标，数值愈大，表示零售商业网密度愈小，它是从相反方向说明现象的密度。

【例4】我国国土面积为 960 万平方千米，2005 年年底总人口数为 13 0756 万人，则

$$我国人口密度 = \frac{130756 万人}{960 万平方千米} = 136（人／平方千米）$$

【例5】某省 2005 年粮食产量 80 亿千克，国内生产总值 1 600 亿元，该省该年末的人口数 1 000 万人，要求计算人均粮食产量和人均国内生产总值这两个强度相对指标。

$$人均粮食产量 = \frac{80 亿千克}{1000 万人} = 800（千克／人）$$

$$人均国内生产总值 = \frac{1600 \text{亿元}}{1000 \text{万人}} = 16000(\text{元}/\text{人})$$

4. 动态相对指标

动态相对指标是某指标在不同时间上的数值对比的结果,反映事物现象的发展变化程度,又称为发展速度。一般用百分数表示,也可用倍数表示。它对于分析研究事物现象的发展变化过程十分重要。统计上把用来作为比较标准的时期称作"基期",而把和基期对比的时期称作"报告期"。其计算公式为

$$动态相对指标 = \frac{报告期指标数值}{基期指标数值} \tag{4.2.4}$$

【例6】 某地区2009年农、林、牧、渔总产值为50万元,2008年农、林、牧、渔总产值为48万元,则

$$发展速度 = \frac{50}{48} \times 100\% = 104.17\%$$

5. 比较相对指标

比较相对指标是事物现象某项指标在不同空间或不同场合、不同条件的指标数值对比的结果,表明事物发展的不均衡程度或不同条件下的差异程度。一般用百分数和倍数表示。其计算公式为

$$比较相对指标 = \frac{某一总体的指标数值}{另一总体同类指标数值} \tag{4.2.5}$$

【例7】 生产同种产品的甲乙两个企业,甲厂劳动生产率为200千克/(人·年),乙厂劳动生产率为250千克/(人·年),则乙厂劳动生产率为甲厂劳动生产率的1.25倍,即250÷200=1.25;也可表示为乙厂劳动生产率比甲厂劳动生产率高出25%,即(250÷200)×100%-100%=25%。

比较相对指标可以用绝对数计算,也可以用相对数或平均数计算;既可以进行不同国家、地区、部门单位比较,还可以与标准水平或平均水平进行比较。

6. 计划完成程度相对指标

计划完成程度相对指标是一定时期内实际完成的指标数值与计划任务数值对比的结果。一般以百分数形式表示。它是统计工作中最常用的相对数,用来检查和分析计划执行的进度和均衡程度,反映计划执行的结果,并作为编制下期计划的参考。在计算时,要求分子、分母在指标的内容、范围、计算方法、计算单位及时间长度等方面完全一致。并且由于计划任务数是作为衡量计划完成情况的标准,因此分子、分母不能互换位置。其计算公式为

$$计划完成程度相对指标 = \frac{实际完成数}{计划数} \tag{4.2.6}$$

按照计划任务下达的形式不同,计划完成程度相对指标的计算可分为按总量指标、相对指标或平均指标计算。

1)计划任务数为绝对数

当计划任务数以总量指标即绝对数形式下达时,对计划执行情况的检查按计划期长短分为短期计划完成情况检查和长期计划完成情况检查两种。

(1)短期计划执行情况的检查。在检查短期计划执行情况时,根据检查目的和时间的不同,可从两个方面检查:一是计划执行进度检查,这是计划执行过程中进行的;二是计划执行情

况检查,这是计划期结束时进行的检查。

在实际工作中,随时要了解或监督计划的执行进度,它是统计工作中最常用的相对数,用来检查和分析计划执行的进度和均衡程度,反映计划执行的结果,并作为编制下期计划的参考。其计算公式为

$$计划执行进度=\frac{累计至本期止产际完成数}{全期计划任务数}\times100\% \tag{4.2.7}$$

当短期计划(一般为年度计划)的计划数为绝对数时,一般适用于考核社会经济现象的规模或水平的计划完成情况。其计算公式为

$$计划完成程度=\frac{实际水平}{计划水平}\times100\%$$

【例8】某企业2009年计划工业总产值为560万元,第一季度实际完成160万元,第二季度实际完成190万元。其第一季度、第二季度计划完成程度以及截止至第二季度的计划执行进度如何?

$$第一季度计划完成程度=\frac{160}{140}\times100\%=114.29\%$$

$$第一季度计划完成程度=\frac{190}{140}\times100\%=135.71\%$$

$$截止第二季度计划执行进度=\frac{350}{560}\times100\%=65.5\%$$

计算结果表明,该企业第一季度、第二季度产值分别超额14.29%、35.71%完成计划,由于产值完成速度较快,用50%的时间完成了62.5%的任务。

(2)长期计划完成情况的检查。长期计划一般是为期五年及五年以上的计划。长期计划对于计划指标的规定有两种形式:一是规定计划期末应达到的水平;二是规定整个计划期内累计应达到的总量。因此,对长期计划的执行情况检查也相应地采用水平法和累计法两种方法。

①水平法。在制定长期计划时,有些计划指标是规定计划期末应达到的水平,这时就应用水平法来检查计划的完成情况。其计算公式为

$$长期计划完成程度=\frac{计划期末实际达到的水平}{计划规定期末应达到的水平}\times100\% \tag{4.2.8}$$

【例9】某产品按五年计划规定,最后一年产值应达到50万元,则

$$长期计划完成程度=\frac{55}{50}\times100\%=110\%$$

计算结果表明,该产品超额10%完成五年计划,则最后一年计划实现产值50万元是提前完成的。该产品五年实际完成情况如表4.2.1所示。

表4.2.1 某产品五年产值实际完成资料表 万元

	第一年	第二年	第三年		第四年				第五年			
			上半年	下半年	一季度	二季度	三季度	四季度	一季度	二季度	三季度	四季度
产值	40	43	20	24	11	11	12	12	13	13	14	15

按水平法检查计划执行情况,计算提早(或推迟)完成计划的时间是根据连续一年时间(不

论是否在同一个日历年度,只要连续 12 个月即可)的产值和计划规定最后的一年的产值相比较来确定的。如上例,计算时采用"倒推法",最后一年实际完成 55 万元,超过计划,于是向前推一个季度。从第四年第四季度至最后一年的第三季度实际完成 52 万元,还是高于计划,继续向前推一个季度,自第四年的第三季度至第五年的第二季度实际完成 50 万元(12+12+13+13=50 万元),正好完成计划,则该产品提前两个季度完成五年计划。

② 累计法。在制定长期计划时,当有些计划任务数是规定计划期内各年的累计总量所应达到的水平时,用累计法来检查计划完成情况。如基本建设投资计划、造林面积计划、新增生产能力计划等。其计算公式为

$$长期计划完成程度 = \frac{累计至本期止实际完成数}{全期计划数} \times 100\% \qquad (4.2.9)$$

【例 10】某地区五年计划规定累计完成造林面积为 50 万亩,实际执行情况如表 4.2.2 所示。

表 4.2.2 某地区五年造林面积实际完成资料表 万亩

第一年	第二年	第三年	第四年	第五年			
				一季度	二季度	三季度	四季度
9	9	10	15	4	3	4	4

计划完成程度=(9+9+10+15+4+3+4+4)/50=58/50=116%

超计划造林面积=58-50=8(万亩)

该地区到第五年第三季度末实际累计完成:

9+9+10+15+4+3=50 万亩

提前两个季度(六个月)完成了五年造林计划。

用累计法检查计划执行情况时,如果超额完成计划,则说明是提前完成了计划,只要在计划期内从开始直到实际累计完成量等于计划累计任务量,则此时到计划期末的剩余时间即为提前完成计划的时间。

2) 计划任务数为相对数

当计划任务数以相对数的形式下达时,检查计划完成情况的计算公式为

$$计划完成程度\% = \frac{实际为上期的百分数}{计划为上期的百分数} \times 100\% \qquad (4.2.10)$$

值得注意的是,在实际工作中,计划任务数常常以比上期提高或降低百分之几的形式出现,计算时不应直接用提高率或降低率对比,而应以包括基数在内的百分率对比。

当以提高率形式规定计划任务,则

$$计划完成程度相对指标 = \frac{1 + 实际提高率}{1 + 计划提高率} \qquad (4.2.11)$$

当以降低率形式规定计划任务,则

$$计划完成程度相对指标 = \frac{1 - 实际降低率}{1 - 计划降低率} \qquad (4.2.12)$$

【例 11】某厂 2009 年工人劳动生产率计划提高 7%,A 产品单位成本计划降低率为 4%,

实际劳动生产率提高8%，A产品实际单位成本降低率为6%，则

$$劳动生产率计划完成程度=\frac{1+8\%}{1+7\%}\times100\%=100.93\%$$

$$单位成本计划完成程度=\frac{1-6\%}{1-4\%}\times100\%=97.92\%$$

计算结果表明，该厂2009年工人劳动生产率计划完成程度为100.93%，超额0.93%完成计划；该厂A产品的单位成本计划完成程度为97.92%，成本多降低了2个百分点，超额2.08%完成计划。

提醒大家注意的是：由于计划任务的要求不同，对计划完成程度的评价也就有所不同。若计划指标是以最低限额规定的，如产量、产值、劳动生产率、利润等，一般来说，计划完成程度指标以等于或大于100%为完成和超额完成计划，大于100%的部分为超额完成计划部分。若计划指标是以最高限额规定的，如单位成本、经费预算等，则计划完成程度指标以小于或等于100%为超额完成和完成计划，小于100%部分为超额完成计划部分。

3）计划任务数为平均数

当计划任务数以平均指标的形式下达时，检查计划完成情况的计算公式为

$$计划完成程度相对指标=\frac{实际平均水平}{计划平均水平}$$

【例12】某企业计划2009年生产的四种产品的平均单位成本为400元，实际单位成本为为360元，则

$$计划完成程度=\frac{360}{400}\times100\%=90\%$$

计算结果表明，该企业产品平均单位成本实际比计划降低了10%，降低额为40元，超额完成了计划。

相对指标是通过两个有联系的统计指标对比而来的，总结六类相对指标的特点，可以归纳如表4.2.3所示。

表4.2.3 六种相对指标比较表

不同时期对比	同一时期对比				
	不同现象对比	同类现象对比			
		不同总体对比	同一总体中		
动态相对指标	强度相对指标	比较相对指标	部分与部分对比	部分与总体对比	实际与计划对比
			比例相对指标	结构相对指标	计划完成相对指标

4.3 平均指标

4.3.1 平均指标的概念和作用

1. 平均指标的概念

平均指标又称平均数,它是统计分析中最常用的统计指标之一。它反映了社会经济现象中某一总体各单位某一数量标志值在一定时间、地点条件下所达到的一般水平,或者反映某一总体、某一指标在不同时间上发展的一般水平。平均指标一般表现为有名数。

平均指标是总体各单位某一数量标志值的代表水平,说明总体各单位某一数量标志值的集中趋势,它将总体各单位的数量标志差异抽象化,反映现象总体在一定时空条件下所达到的一般水平或代表水平。例如将某班的某门课程的期末考试成绩进行平均,就得到该班这门课程考试的平均水平;例如对某企业职工某月的工资进行平均,得到职工的月平均工资,这里的平均成绩、平均工资都是平均指标,分别反映了成绩与工资所达到的一般水平。

2. 平均指标的作用

(1)利用平均指标,可以反映分布数列中各变量值分布的集中趋势,次数分布呈钟形,靠近平均数的变量值出现的次数多,远离平均数的变量值出现的次数少。例如某班某学期某门课程的考试成绩中,大多数学生的成绩都介于平均成绩左右,而高分与低分较少。

(2)利用平均指标,可以用来比较同类现象在不同地区、部门、单位(即不同总体)发展的一般水平,用以说明经济发展的高低和工作质量的好坏。例如,某企业有甲、乙两个车间,某月甲车间的工资总额是12000元,乙车间的工资总额是10000元,从两个车间的工资总额看,反映不出哪个车间工人的收入高,这时候就应用平均工资进行对比。

(3)利用平均指标,可以用来对统计总体某一现象在不同时期上进行比较,以反映该现象的发展趋势或规律。例如某企业某年1月份几种产品的平均单位成本为420元,2月份几种产品的单位成本为400元,反映出该企业产品单位成本降低了。

(4)利用平均指标,可以分析现象之间的依存关系。如分析劳动生产率水平与平均工资水平的关系、平均降雨量与亩产量的关系等。

(5)利用平均指标,可以作为某些科学预测、决策的依据,并可以推算、估算其他指标。例如在统计抽样中,往往通过计算样本平均数来推断或估计总体平均数,根据总体某个标志的平均数与总体单位数可以推算和预测总体标志总量。

4.3.2 平均指标的计算

平均指标依据计算方法分为数值平均数和位置平均数。数值平均数是根据总体的所有标志值计算的;位置平均数是根据标志值所处的位置确定的。数值平均数包括算术平均数,调和平均数,几何平均数;位置平均数包括众数,中位数。

几何平均数是一种特殊的平均数,它是总体标志总量等于许多变量的连乘积时的平均比率或平均速度,这里不作为重点介绍,内容详见第8章动态数列。

1. 算术平均数

算术平均数是计算平均指标最常用的方法,其基本计算公式为

$$算术平均数 = \frac{总体标志总量}{总体单位总量} \quad (4.3.1)$$

使用这一基本公式应该注意公式中分子与分母的口径必须保持一致,即各个标志值与各单位之间必须具有一一对应关系,属于同一总体,否则计算出的指标便失去了意义,这也正是平均指标与强度相对指标不同的地方。强度相对指标虽然也是两个总量指标之比,但分子分母各属不同的总体,它们之间没有直接的依存关系。

值得注意的是:算术平均数与强度相对数很相似,尤其许多强度相对数的指标名称中都有"均"字,容易混淆,但二者是不同的。它们的不同点在于:

(1)概念不同。强度相对数是两个有联系而性质不同的总体对比而形成相对数指标。算术平均数是反映同质总体单位标志值一般水平的指标。

(2)主要作用不同。强度相对数反映两不同总体现象形成的密度、强度。算术平均数反映同一现象在同一总体中的一般水平。

(3)计算公式及内容不同。算术平均数分子、分母分别是同一总体的标志总量和总体单位数,分子、分母的元素具有一一对应的关系,即分母每一个总体单位都在分子可找到与之对应的标志值,反之,分子每一个标志值都可以在分母中找到与之对应的总体单位。而强度相对数是两个总体现象之比,分子、分母没有一一对应关系。

由于掌握的资料不同,算术平均数的计算有简单算术平均数和加权平均数之分。

1)简单算术平均数

根据未分组的资料,在掌握了总体各单位标志值或标志总量和总体单位总量的资料的条件下,就可以直接用下式计算平均数。其计算公式为

$$\bar{x} = \frac{x_1 + x_2 + \cdots + x_n}{n} = \frac{\sum x}{n} \quad (4.3.2)$$

式中,$\bar{x}$ 为算术平均数;$\sum$ 为总和符号;x 为总体各单位标志值;n 为总体单位数。

【例1】某班组有10名工人,某日各人日产量(件)分别为18,19,18,17,16,20,18,17,19,16,则该班组工人的平均日产量为

$$\bar{x} = \frac{\sum x}{n} = \frac{18+19+18+17+16+20+18+17+19+16}{10} = 17.8(件)$$

2)加权算术平均数

当变量值已经分组,且各个标志值出现的次数不相同时,就可以采用加权算术平均数的形式计算平均指标。其计算公式为

$$\bar{x} = \frac{x_1 f_1 + x_2 f_2 + \cdots + x_n f_n}{f_1 + f_2 + \cdots + f_n} = \frac{\sum xf}{\sum f} \quad (4.3.3)$$

(1)由单项式数列计算的加权算术平均数。

【例2】将例1的资料进行分组,分组资料如表4.3.1所示。

表 4.3.1 某班组工人日产量资料表

按日产量分组 x/件	工人数 f	日产量 xf/件
16	2	32
17	2	34
18	3	54
19	2	38
20	1	20
合计	10	178

根据表资料,则该班组工人的平均日产量为

$$\bar{x} = \frac{\sum xf}{\sum f} = \frac{178}{10} = 17.8 \text{（件）}$$

上例表明,各组的次数,具有权衡各组变量值轻重的作用,某一组的次数越大,则该组的变量值对平均数的影响就越大,某一组的次数越小,则该组的变量值对平均数的影响就越小。因此,在计算算术平均数时,习惯称各组的次数为权数。需要说明的是影响平均数大小的不是次数本身,而是次数的相对数,即各组次数占总次数的比重。权数不但可用频数形式表示,还可以用比重即频率形式表示,公式如下:

$$\bar{x} = \frac{x_1 f_1 + x_2 f_2 + \cdots + x_n f_n}{\sum f}$$

$$= x_1 \frac{f_1}{\sum f} + x_2 \frac{f_2}{\sum f} + \cdots + x_n \frac{f_n}{\sum f} = \sum \left(x \frac{f}{\sum f} \right) \quad (4.3.4)$$

所以,加权算术平均数值的大小受两个因素的影响:一是受各组变量值大小的影响,二是受次数分配值也就是各组次数占总次数比重(即 $\frac{f}{\sum f}$)的影响。

【例 3】如上例,利用权数比重计算的加权算术平均数结果完全一致,资料见表 4.3.2。

表 4.3.2 某班组工人日产量资料表

按日产量分组 x/件	工人数 f	工人数比重 $\frac{f}{\sum f}$/%	$x\frac{f}{\sum f}$
16	2	20	3.2
17	2	20	3.4
18	3	30	5.4
19	2	20	3.8
20	1	10	2
合计	10	100	17.8

根据表资料,则该班组工人的平均日产量为

$$\bar{x} = \sum x \frac{f}{\sum f} = 17.8 \text{（件）}$$

经对比可知,用权数比重计算,结果与例 2 完全相同。

注意：当各组单位数（次数或频数）相等时，即各组 f 相等，此时它不再对 x 的大小产生影响，这时由于 $f_1=f_2=\cdots=f_n$，则可得

$$\overline{x}=\frac{\sum xf}{\sum f}=\frac{f\sum x}{nf}=\frac{\sum x}{n}$$

加权算术平均数就等于简单算术平均数，可见简单算术平均数不过是加权算术平均数在各组 f 相等时的特例。

（2）由组距数列计算加权算术平均数。

如所给资料为组距数列，则各组的标志值 x 应是每组的组平均数，但计算各组平均数往往资料不足，因此要先假定各组单位数在组内的分布是均匀的。一般用其组中值来代替 x，但实际上组中值与组平均数之间存在着误差（排除各组内标志值均匀分布），所以组中值仅是平均数的近似值，其近似程度与每组组距大小成反比，即组距越小，近似程度越大，反之则相反。

【例4】某班期末基础统计考试成绩资料如表4.3.3所示。

表 4.3.3　某班基础统计成绩资料表

按考试成绩分组/分	组中值 x/分	人数 f/人	各组总成绩 xf/分
50～60	55	1	55
60～70	65	10	650
70～80	75	15	1125
80～90	85	12	1020
90～100	95	2	190
合计	—	40	3040

根据表资料，则该班基础统计的期末平均成绩为

$$\overline{x}=\frac{\sum xf}{\sum f}=\frac{3040}{40}=76（分）$$

如果在用组距式数列计算加权算术平均数时，数列中出现开口组，则该组组中值的计算应根据邻组组距来计算。

计算加权算术平均数会遇到权数的选择问题。对于分配数列，一般来说，次数就是权数，但对于用相对数或平均数计算加权算术平均数，则往往不一样。

【例5】某公司所属15个商店某月商品销售额计划完成程度如表4.3.4所示。

表 4.3.4　商品销售计划完成程度检查表

按计划完成程度分组/%	组中值 x/%	商店数/个	计划销售额 f/万元	实际销售额 xf/万元
90 以下	85	1	120	102
90～100	95	2	120	114
100～110	105	5	200	210
110～20	115	4	240	276
120 以上	125	3	260	325
合计	—	15	940	1 027

$$\bar{x} = \frac{\sum xf}{\sum f} = \frac{1027}{940} = 109.26\%$$

如用商店数作权数,则:

$$\bar{x} = \frac{\sum xf}{\sum f} = \frac{0.85 \times 1 + 0.95 \times 2 + 1.05 \times 5 + 1.15 \times 4 + 1.25 \times 3}{1 + 2 + 5 + 4 + 3} = 109\%$$

本例是计算平均完成销售计划程度,用计划销售额作权数还是用商店数作权数,两者的计算结果是不同的,这是值得慎重考虑的问题。选择商店数为权数是不合理的,因为各商店的销售额大小不同;而选用计划销售额作权数,才符合计划完成程度相对指标的性质,分母是计划销售额,分子是实际销售额。

2. 调和平均数

调和平均数是被研究对象中各单位标志值倒数的算术平均数的倒数,因而也称为倒数平均数。与算术平均数一样,由于掌握的资料不同,分为简单调和平均数和加权调和平均数。

1)简单调和平均数

简单调和平均数是标志值倒数的简单算术平均数的倒数。在各个标志值相应的标志总量均为一个单位的情况下求平均数时,用简单式。其计算公式为

$$H = \frac{1 + 1 + \cdots + 1}{\frac{1}{x_1} + \frac{1}{x_2} + \cdots + \frac{1}{x_n}} = \frac{n}{\sum \frac{1}{x}} \qquad (4.3.5)$$

式中:H 为调和平均数;x 为各标志值;n 为项数。

【例6】 某水果市场有三种水果的单位价格分别为 2 元/千克、1.5 元/千克、1.2 元/千克,现在均花 1 元钱买该三种水果,则该三种水果的平均价格为

$$H = \frac{n}{\sum \frac{1}{x}} = \frac{1 + 1 + 1}{\frac{1}{2} + \frac{1}{1.5} + \frac{1}{1.2}} = 1.5(元/千克)$$

2)加权调和平均数

简单调和平均数是在各变量值对平均数起同等作用的条件下应用的。如果权数不等,如例 6 资料中不是各花 1 元,而是各花不同的金额,那么每种价格所起作用就不同了,这时就应计算加权调和平均数。其计算公式为

$$H = \frac{m_1 + m_2 + \cdots + m_n}{\frac{m_1}{x_1} + \frac{m_2}{x_2} + \cdots + \frac{m_n}{x_n}} = \frac{\sum m}{\sum \frac{m}{x}} \qquad (4.3.6)$$

式中,m 为调和平均数的权数。

【例7】 如例 6 资料,若分别花 5 元、4.5 元、3.6 元购买该三种水果,则该三种水果的平均价格为

$$H = \frac{\sum m}{\sum \frac{m}{x}} = \frac{5 + 4.5 + 3.6}{\frac{5}{2} + \frac{4.5}{1.5} + \frac{3.6}{1.2}} = 1.54(元/千克)$$

在社会经济统计中,很少直接计算调和平均数,只是由于掌握的资料原因,不能直接采用算术平均数时,才利用调和平均数形式计算平均指标,这样实际上是将调和平均数作为算术平

均数的变形来使用。下面仍以上例资料来说明。

【例 8】 根据上例,假设三种水果单位价格不变,三种水果的购买重量分别为 2.5 千克、3 千克、3 千克,则该三种水果的平均价格为

$$\bar{x} = \frac{\sum xf}{\sum f} = \frac{2 \times 2.5 + 1.5 \times 3 + 1.2 \times 3}{2.5 + 3 + 3} = 1.54(元/千克)$$

从上面计算看出,结果完全一致,均为 1.54 元/千克。这是因为各种水果购买金额等于单位价格乘以购买数量,即 $m = xf$。如果用算术平均数形式计算平均指标,就要掌握价格(标志值)和数量(总体单位总量)两项资料,然后推算出金额(总体标志总量)资料;如果只掌握价格(标志值)和金额(总体标志总量)两项资料,就要用调和平均数形式,推算出数量(总体单位总量)资料。这样分子是金额(总体标志总量),分母是数量(总体单位总量),计算的平均指标,也就是算术平均数的形式了。若用公式表示,则为

$$H = \frac{\sum m}{\sum \frac{m}{x}} = \frac{\sum xf}{\sum \frac{xf}{x}} = \frac{\sum xf}{\sum f} = \bar{x}$$

3)由相对数或平均数计算平均数

在实际工作中,除了用绝对数求平均数外,还可以用相对数和平均数计算平均数。根据所掌握的资料的不同,可以采用算术平均数或调和平均数来计算。

(1)由相对数计算平均数。以计划完成程度相对指标为例,当掌握的资料为实际完成数时,求平均计划完成程度,应采用加权调和平均数计算;当掌握的资料为计划数时,应以计划作为权数,采用加权算术平均数计算。

【例 9】 某企业 2009 年四个季度计划产值分别为 1000 万元、1100 万元、1160 万元、1240 万元,计划完成程度分别为 85%、95%、105%、115%。求平均计划完成程度。

根据掌握的资料,平均计划完成程度应采用以计划收入为权数的加权算术平均法来计算,见表 4.3.5。

表 4.3.5 某企业计划完成情况资料表

	计划完成 x/%	计划收入 f/万元	实际收入 xf/万元
一季度	85	1000	850
二季度	95	1100	1045
三季度	105	1160	1218
四季度	115	1240	1426
合计	—	4500	4539

平均计划完成程度为

$$\bar{x} = \frac{\sum xf}{\sum f} = \frac{4539}{4500} = 100.87\%$$

如果掌握的资料是实际数,而不是计划数,就不能用加权算术平均数公式计算,应以实际收入为权数的加权调和平均数公式计算,见表 4.3.6。

表 4.3.6　某企业计划完成情况资料表

	计划完成 x /%	实际收入 m /万元	计划收入 m/x /万元
一季度	85	850	1000
二季度	95	1045	1100
三季度	105	1218	1160
四季度	115	1426	1240
合计	—	4539	4500

由表 4.3.6 中资料计算平均计划完成程度为

$$H = \frac{\sum m}{\sum \frac{m}{x}} = \frac{4539}{4500} = 100.87\%$$

(2) 由平均数计算平均数。以工业企业生产工人劳动生产率为例,如果所掌握的资料是各车间的生产工人劳动生产率及其产值资料,计算该企业的平均生产工人劳动生产率时应采用加权调和平均数法计算;如果所掌握的资料是各车间的生产工人劳动生产率及其生产工人人数,则计算该企业的平均生产工人劳动生产率时,应采用加权算术平均数法计算。

【例 10】 2009 年某工业部门相关指标数值,分别采用加权调和平均数法和加权算术平均数法计算平均生产工人劳动生产率,资料见表 4.3.7。

表 4.3.7　2009 年某工业部门有关资料

按劳动生产率分组/万元/人	工业增加值/万元
2～4	646 050
4～6	595 850
6～8	1 150 100
8～10	1 097 703
合计	3 489 703

根据表 4.3.7 资料可采用加权调和平均数法计算平均生产工人劳动生产率,见表 4.3.8。

表 4.3.8　2009 年平均生产工人劳动生产率资料表

按劳动生产分组 /万元/人	组中值 x /万元/人	工业增加值 m /万元	生产工人数 m/x /人
2～4	3	646 050	215 350
4～6	5	595 850	119 170
6～8	7	1 150 100	164 300
8～10	9	1 097 703	121 967
合计	—	3 489 703	620 787

将表中数值代入公式,可得平均生产工人劳动生产率为

$$H = \frac{\sum m}{\sum \frac{m}{x}} = \frac{3\ 489\ 703}{620\ 787} = 5.62(万元/人)$$

3. 众数和中位数

前面几种平均数在计算时要考虑每个原数据值,即每个原数据的大小都会对算术平均数、调和平均数的大小产生影响。但如果原始数据中有个别极大或极小值,就会使两种平均数出现不正常的偏大或偏小的情况。为避免个别极端值对平均数造成不合理的影响,统计分析中还经常用到中位数和众数这两种补充平均数。现在先介绍众数。

1) 众数

众数是总体中各单位出现次数最多的那个标志值,也就是该总体各单位中最普遍、最常出现的标志值,属于位置平均数。用众数也可以表明社会经济现象的一般水平。众数是根据特殊位置确定的,如果总体中变量值的分布较为均匀,没有明显的集中趋势时,就不存在众数。众数用符号 M_0 表示。

在实际工作中,众数的应用是较广泛的。例如,要说明消费者需要的服装、鞋帽等的普遍型号,反映集市贸易市场哪种价格水果的成交量大等,都可以通过市场调查、分析、了解哪一型号的成交量最大,哪一种价格水果的成交量最多。人们的这种一般需求,即为众数。

众数具有下列作用:

(1) 众数作为总体中出现次数最多的数值,能直观地说明总体各单位该标志值的集中趋势,故能说明该现象数量方面的一般水平。

(2) 只有当总体单位数比较多,且标志值的分布具有明显的集中趋势时,众数的确定才有意义。如果标志值的分布呈均匀分布,则该数列无众数。

(3) 当某种社会经济现象不可能或无必要全面登记出各单位标志值及各标志值出现的次数,来计算算术平均数时,可用最普遍出现的标志值,即众数来代替其一般水平。

众数的确定方法有两种:一种是根据单项数列来确定;另一种是根据组距数列来确定。

(1) 由单项数列来确定众数。在单项式数列情况下,确定众数比较简单,只需通过观察找出次数出现最多的那个标志值即可。计算步骤如下:

第一,确定众数组;

第二,确定众数值。

【例 11】某商店 7 个柜组皮鞋的日销售量资料如表 4.3.9 所示。

表 4.3.9　某商店柜组皮鞋的日销售量资料表

按日销售量分组 x/双	柜组数 f
18	1
19	3
20	2
22	1
合计	7

由表中资料显示,19 双皮鞋的柜组数最多,是 3 个,则这组的标志值 19 双就是这个数列的众数,即 $M_0=19$(双)

(2) 由组距数列来计算众数。如果掌握的资料是组距式数列,计算步骤如下:

第一,确定众数首先要找到众数组,即次数最多的那一组;

第二,根据众数组的上限公式或下限公式确定众数的值。

下限公式：

$$M_0 = L + \frac{\Delta_1}{\Delta_1 + \Delta_2} \quad (4.3.7)$$

上限公式：

$$M_0 = U - \frac{\Delta_2}{\Delta_1 + \Delta_2} \times d \quad (4.3.8)$$

式中：M_0—— 众数；

L—— 众数组的下限值；

U—— 众数组的上限值；

d—— 众数组组距；

Δ_1—— 众数组次数与下一组次数之差；

Δ_2—— 众数组次数与上一组次数之差。

【例 12】某县农户家庭收入资料如表 4.3.10 所示

表 4.3.10 某县农户家庭收入资料表

户月收入/元	农民户数/户
900 以下	20
900～1300	30
1300～1700	60
1700～2100	80
2100～2500	50
2500～2900	15
2900～3300	10
3300 以上	5
合计	270

表中资料显示，月收入在 1700～2100 元这一组的户数最多，所以这一组为众数组，然后将相关数据代入下限公式或上限公式进行计算。

下限公式：

$$\begin{aligned} M_0 &= L + \frac{\Delta_1}{\Delta_1 + \Delta_2} \times d \\ &= 1700 + \frac{80-60}{(80-60)+(80-50)} \times 400 = 1860(元) \end{aligned}$$

上限公式：

$$\begin{aligned} M_0 &= U - \frac{\Delta_2}{\Delta_1 + \Delta_2} \times d \\ &= 2100 - \frac{80-50}{(80-60)+(80-50)} \times 400 = 1860(元) \end{aligned}$$

计算结果表明，该县农户家庭收入的众数为 1860 元，两个计算结果完全一致，因此在实际工作中，任选一个公式计算即可。

2) 中位数

中位数是将被研究总体的各单位的标志值按大小顺序排列，处于中间位置的那个标志值。

中位数用符号 M_e 表示。

中位数具有下列作用:

(1)中位数是一种位置平均数,它的大小决定于数列中间位置的那个标志值。它不受其他标志值的影响,所以用它代表整个总体各单位标志值的平均水平,有其不足之处。但是如果数列两端出现极端值时,用中位数来表示该现象的一般水平,更有其代表性。例如在社会成员收入悬殊的国家,用其收入的中位数比平均数更能代表多数成员收入的一般水平。

(2)各单位标志值与中位数离差的绝对值之和最小,即

$$\sum |x - M_e| = Min \text{ 或 } \sum |x - M_e| f = Min$$

利用中位数的这一性质,可以解决一些实际问题。例如铺设通信线路,可用中位数来决定总控制室的位置,使其到各分点的距离之和为最短,从而节省原材料及费用。

根据所掌握资料的不同,中位数的计算方法有两种。即由未分组资料确定中位数和由分组资料确定中位数。

当所给资料未分组,设总体单位数(即数列项数)为 n,中位数的位次为 P_m。

(1)当 n 为奇数时,中位数就是居于中间位置的那个标志值。

【例 13】设有 9 个工人生产某种产品,其日产量件数按大小顺序排列为 16、16、17、17、17、18、18、19、19。

则其中位数位次 $P_m = \dfrac{n+1}{2} = \dfrac{9+1}{2} = 5$,即处于第 5 位的那个标志值为中位数。即 $M_e = 17$ 件。

(2)当 n 为偶数时,中位数是处于中间位置的那两个标志值的算术平均数。

【例 14】设有 10 个工人生产某种产品,其日产量件数按大小顺序排列为 16、16、17、17、17、18、18、19、19、20。

则其中位数位次 $P_m = \dfrac{n+1}{2} = \dfrac{10+1}{2} = 5.5$,就是说中位数处在第 5 个标志值与第 6 个标志值之间中点的位置。

故中位数 $M_e = (17+18)/2 = 17.5$(件)。

当所给的资料已分组,中位数的确定方法有两种:一种是根据单项数列来确定,另一种是根据组距数列来确定。

(1)根据单项数列确定中位数。计算步骤如下:

第一,按 $\dfrac{\sum f}{2}$ 确定中位数的位次;

第二,根据通过累计次数确定中位数的位置。在累计次数中,略大于中位数位置的组所对应的变量值就是中位数。

【例 15】某高校某班级学生的年龄分布情况资料见表 4.3.11

表 4.3.11 某班学生年龄分布情况资料表

按学生年龄分组	人数/人	人数累计	
		向上累计/人	向下累计/人
16	3	3	30
17	6	9	27
18	8	17	21
19	7	24	13
20	6	30	6
合计	30	—	—

从表中资料计算,中位数位置为

$$\frac{\sum f}{2} = 15(人)$$

中位数在第 15 人的位置上。无论是向上累计法还是向下累计法,所选择的累计人数数值都应是含 15 人的最小数值。表中的 17 和 21 符合这一要求,它们对应的都是第三组,即 18 岁就是中位数。

(2)根据组距数列确定中位数。计算步骤如下:

第一,按 $\dfrac{\sum f}{2}$ 确定中位数的位次;

第二,根据位次确定相应的标志值为中位数;

第三,按下限公式或上限公式确定中位数的值。

下限公式:

$$M_e = L + \frac{\dfrac{\sum f}{2} - S_{m-1}}{f_m} \times d \qquad (4.3.9)$$

上限公式:

$$M_e = U - \frac{\dfrac{\sum f}{2} - S_{m+1}}{f_m} \times d \qquad (4.3.10)$$

式中:M_e——中位数;

L——中位数组的下限值;

U——中位数组的上限值;

d——中位数组组距;

f_m——中位数组所在组的次数;

S_{m-1}——中位数所在组以前的累计次数(向上累计);

S_{m+1}——中位数所在组以后的累计次数(向下累计)。

【例 16】根据例 12 资料说明组距式数列确定中位数的方法。

表 4.3.12 某县农户家庭收入资料表

户月收入/元	农民户数/户	人数累计	
		向上累计/人	向下累计/人
900 以下	20	20	270
900~1300	30	50	250
1300~1700	60	110	120
1700~2100	80	190	160
2100~2500	50	240	80
2500~2900	15	255	30
2900~3300	10	265	15
3300 以上	5	270	5
合计	270	—	—

从表中资料计算,中位数位置为 $\frac{\sum f}{2}=\frac{270}{2}=135$(户),中位数在第135户的位置上。无论是向上累计法还是向下累计法,所选择的累计人数数值都应是含135户的最小数值。表中的190和160符合这一要求,它们对应的都是第三组,即中位数组确定为1700—2100元,然后将相关数据代入下限公式或上限公式进行计算。

下限公式:

$$M_e = L + \frac{\frac{\sum f}{2} - S_{m-1}}{f_m} \times d$$

$$= 1700 + \frac{\frac{270}{2} - 110}{80} \times 400 = 1825(元)$$

上限公式:

$$M_e = U - \frac{\frac{\sum f}{2} - S_{m+1}}{f_m} \times d$$

$$= 2100 + \frac{\frac{270}{2} - 80}{80} \times 400 = 1825(元)$$

计算结果表明,该县农户家庭收入的中位数为1825元,两个计算结果完全一致,因此在实际工作中,任选一个公式计算即可。

4.4 变异指标

对于有些社会经济现象仅用平均指标反映其一般水平,进行不同时间、地点上的比较,有时还不够,还应结合变异指标来说明经济现象总体单位各标志值的变化情况。

4.4.1 变异指标的概念、作用和种类

1. 变异指标的意义

社会经济现象总体各单位某一标志值之间,客观上存在着各种各样的差异,平均指标把这种差异抽象化了,反映的是该标志值达到的一般水平,说明的是总体标志值的集中趋势,却掩盖了其差异,有时这种差异可能很大,是不能被忽视的。

【例1】某班有甲、乙两个小组,某学期基础统计期末考试成绩如下:

甲组　68　70　70　78　78　80　80　85　85　86
乙组　50　62　75　75　80　82　82　82　92　100

从以上两数列可以算出,甲乙两个小组学生的平均成绩均为78分,平均成绩并无差异。但从两组学生各自的成绩分布来看,明显看出甲组学生成绩的分布较均匀,乙组学生成绩的分布则具有高、低相差悬殊的特点。从此例可看出,平均水平掩盖了总体内部各单位标志值的差异程度。所以,在分析实际问题时,除了要反映总体的一般水平外,还需要把总体内部各单位标志值之间的差异程度反映出来,即需用变异指标来反映这些问题。

变异指标又称标志变动度指标,它反映了总体各单位某数量标志值之间的差异程度,是度量统计分布离中趋势的综合指标。它是说明总体标志值的变异、离散程度,评价平均指标的代表性的指标。所谓离散程度,是指变量值之间的差异程度,它是数据分布的另一个重要特征,所反映的是各变量值远离其中心值的程度,因此也称为离中趋势。

2. 变异指标的作用

(1)变异指标是衡量平均指标代表性的依据。变异指标值与平均数的代表性大小成反比,变异指标数值越大,则平均指标的代表性就越弱,平均指标的价值就越小;反之,变异指标数值越小,则平均指标的代表性就越强,平均指标的价值就越大。

(2)变异指标可以用来衡量社会经济现象发展的稳定性和均衡性。变异指标越小,现象变动的稳定性、节奏性和均衡程度越高。

【例2】某企业甲、乙两车间第一季度生产计划执行情况如表4.4.1所示:

表4.4.1　甲、乙车间第一季度生产执行情况表

	一季度计划 /吨	一季度实际完成数/吨		
		1月	2月	3月
甲车间	60	20	18	22
乙车间	60	12	15	33

根据以上资料,虽然甲、乙两车间第一季度都完成了生产计划,但甲车间每月都完成本季度计划的30%左右,计划执行情况是均衡的;乙车间则前松后紧,一月份只完成本季度计划的20%,第三个月则完成计划的55%,超过全部计划任务的一半,表现得很不均衡。

(3)在抽样调查中,变异指标是科学测定必要抽样数目的依据之一。若变异指标数值大,说明总体各单位变量值的差异程度大,为了使抽样推断结果更准确,就应该抽取更多的样本进行调查;反之,就可以抽取较少的样本,节约调查成本,同时不影响抽样推断的准确程度。

3. 变异指标的种类

变异指标按其功能一般可以分为以下两类:

(1) 反映总体各单位标志值变动范围的指标——全距。
(2) 反映总体各单位标志值对平均数离差程度的指标——平均差、标准差及变异系数。

4.4.2 变异指标的计算

1. 全距

全距又称极差,它是总体各单位标志值中最大值与最小值之差。全距越小,平均数的代表性越大,反之则相反。全距用 R 表示,其计算公式为

$$R = 最大标志值 - 最小标志值 \tag{4.4.1}$$

根据例1资料,甲、乙两组的平均成绩都为78分,要求计算它们的全距,则

$$R_甲 = 86 - 68 = 18(分), R_乙 = 100 - 50 = 50(分)$$

计算结果表明,乙组的全距明显大于甲组。因此,甲组平均成绩的代表性比乙组大。

对于组距数列,全距可用最高组上限减最低组下限来求得,即

$$R = 最大组的上限值 - 最小组的下限值$$

全距在实际工作中的应用十分广泛,如在工业企业的产品质量管理中、证券市场的行情分析中等都有广泛应用。但当组距数列有开口组时,无法计算其全距,更重要的是由于它计算时只考虑了极端值,没有涉及到中间的标志值,故不能全面反映各单位标志值的变异程度。

2. 平均差

平均差是数列中各单位标志值与其平均数值之间绝对离差的算术平均数,它是反映各变量值平均离散程度的一个综合指标。计算平均差的目的是测算各单位标志值与算术平均数离差的大小。因为离差有正、有负,还可能是零,所以为了避免加总过程中的正负抵消,计算平均差时要取离差的绝对值。平均差越小,平均数的代表性越大,反之则相反。平均差用符号"A.D."表示。根据掌握的资料不同,平均差可以分为简单平均差和加权平均差。

1) 简单平均差

当掌握的资料未分组时,应采用简单平均差来计算,其计算公式为

$$A.D. = \frac{\sum |x_1 - \overline{x_1}|}{n} \tag{4.4.2}$$

【例3】某车间第一班组5名工人的某月工资分别为900元、1100元、1400元、1400元、1900元,第二班组五名工人工资分别为1000元、1200元、1400元、1500元、1600元,两班组的平均工资均为1340元。试用平均差来测定平均数的代表性。

表 4.4.2 平均差计算表

第一班组			第二班组		
工资 x/元	离差 $x-\overline{x}$	离差绝对值 $|x-\overline{x}|$	工资 x/元	离差 $x-\overline{x}$	离差绝对值 $|x-\overline{x}|$
900	−440	440	1000	−340	340
1100	−240	240	1200	−140	140
1400	60	60	1400	60	60
1400	60	60	1500	160	160
1900	560	560	1600	260	260
合计	—	1360	合计	—	960

$$A.D._1 = \frac{\sum |x_1 - \overline{x_1}|}{n} = \frac{1360}{5} = 272(元)$$

$$A.D._2 = \frac{\sum |x_2 - \overline{x_2}|}{n} = \frac{960}{5} = 152(元)$$

计算结果表明,相同的平均数条件下第一班组平均数的代表性要低于第二班组的平均数的代表性。

2）加权平均差

当掌握的资料已分组时,应采用加权平均法计算平均差,其计算公式为

$$A.D. = \frac{\sum |x - \overline{x}| f}{\sum f} \tag{4.4.3}$$

【例4】某车间甲班组工人日平均产量为17.8件,平均差为2.2件。要求根据乙班组的日产量资料比较平均产量的代表性。乙班组的工人日产量资料如表4.4.3所示。

表4.4.3 平均差计算表

按日产量分组 x /件	工人人数 f	日产量 xf /件	离差的绝对值 $|x-\overline{x}|$	离差绝对值乘以次数 $|x-\overline{x}|f$
16	2	32	1.8	3.6
17	2	34	0.8	1.6
18	3	54	0.2	0.6
19	2	38	1.2	2.4
20	1	20	2.2	2.2
合计	10	178	—	10.4

$$\overline{x_乙} = \frac{\sum xf}{\sum f} = \frac{178}{10} = 17.8(件)$$

根据表中的资料,其平均差的计算如下:

$$A.D._乙 = \frac{\sum |x - \overline{x}| f}{\sum f} = \frac{10.4}{10} = 1.04$$

计算结果表明,乙班组的平均差为1.04件,小于甲班组的2.2件,说明乙组变量值的离散程度小于甲组,那么相同的平均数在乙班组的代表性要高于甲班组。

从计算过程可知,平均差是根据全部变量值计算出来的,可以全面反映总体各单位标志值的变异程度,但由于其计算时涉及到绝对值,不能直接用代数方法处理,使用起来不方便,因此在统计分析中很少应用。

3. 标准差

标准差又称均方差,是总体各单位标志值对其算术平均数离差的平方的算术平均数的平方根。它是最常用的变异指标,表明总体各单位的离散程度和离中趋势,能说明平均数的代表性。标准差越小,平均数的代表性就越大,反之则相反。标准差的平方是方差,它也是一种常见的变异指标。标准差用 σ 表示。

根据掌握的资料不同,平均差可以分为简单平均差和加权平均差。

1) 简单标准差

如果掌握的资料未分组时可用简单标准差来计算,其计算公式为

$$\sigma = \sqrt{\frac{\sum(x-\overline{x})^2}{n}} \qquad (4.4.4)$$

【例5】以例3的资料来介绍如何用简单平均式计算标准差。标准差计算表见表4.4.4。

表4.4.4 标准差计算表

第一班组			第二班组		
工资 x/元	离差 $x-\overline{x}$	离差平方 $(x-\overline{x})^2$	工资 x/元	离差 $x-\overline{x}$	离差平方 $(x-\overline{x})^2$
900	−440	193 600	1000	−340	115 600
1100	−240	57 600	1200	−140	19 600
1400	60	3600	1400	60	3600
1400	60	3600	1500	160	25 600
1900	560	313 600	1600	260	67 600
合计	—	572 000	合计	—	232 000

$$\sigma_1 = \sqrt{\frac{\sum(x_1-\overline{x_1})^2}{n}} = \sqrt{\frac{572\ 000}{5}} = 338.23(元)$$

$$\sigma_2 = \sqrt{\frac{\sum(x_2-\overline{x_2})^2}{n}} = \sqrt{\frac{232\ 000}{5}} = 215.41(元)$$

计算结果表明,第二班组的标准差远小于第一班组的标准差。说明第二班组的标志离散程度小,所以平均数在第二班组的代表性比在第一组的代表性强。

2) 加权标准差

如果掌握的资料为分组资料时,可采用下面公式计算加权标准差:

$$\sigma = \sqrt{\frac{\sum(x-\overline{x})^2 f}{\sum f}}$$

式中,f是各组的权数,其他符号与简单标准差计算式中的意义相同。

【例6】某车间甲班组工人日平均产量为17.8件,标准差为1.95件,要求根据乙班组的日产量资料比较平均产量的代表性。乙班组的工人日产量资料如表4.4.5所示。

表4.4.5 平均差计算表

按日产量分组 x/件	工人人数 f/人	日产量 xf/件	离差平方 $(x-\overline{x})^2$	离差平方×次数 $(x-\overline{x})^2 f$
16	2	32	3.24	6.48
17	2	34	0.64	1.28
18	3	54	0.04	0.12
19	2	38	1.44	2.88
20	1	20	4.84	4.84
合计	10	178	—	15.6

$$\overline{x} = \frac{\sum xf}{\sum f} = \frac{178}{10} = 17.8(件)$$

$$\sigma = \sqrt{\frac{\sum (x-\overline{x})^2 f}{\sum f}} = \sqrt{\frac{15.6}{10}} = 1.56(件)$$

计算结果表明,在两个班组平均日产量相同的情况下,乙班组的标准差 1.56 件,小于甲班组的标准差 1.95 件,说明乙班组工人平均日产量的代表性大于甲班组。

标准差就其统计意义来讲,与平均差基本相同,也是根据总体所有单位的标志值计算出来的,可以全面反映总体各单位标志值的变异程度。由于它避免了绝对值的计算,因此在数学处理上比平均差更合理,也更优越。所以在统计分析中,它是测定标志变异程度的最重要、最常用的指标。

4. 变异系数

前面介绍的各种变异指标如全距、平均差、标准差等,其计量单位均与原有的标志值的计量单位相同,它们都是从绝对数方面分析总体内各个标志值的离散程度。这些变异指标的大小,不仅与标志的变异程度有关,也与原有标志值水平的大小有关,也就是说,同样大小的变异指标,对于不同水平的标志值组成的数列来说,所表示的意义是不同的。

当两个总体或数列的性质不同,计量单位不同或水平不同,应从相对数方面进行分析。变异系数它全距、平均差、标准差与其算术平均数的对比值,分别称为极差系数、平均差系数和标准差系数。它一般用 V 表示。对于平均数不同的两个总体或数列而言,变异系数大的一方,其标志值的离散程度大,它的平均数代表性就弱,而另一方的平均数代表性就强。其计算公式为

$$V_R = \frac{R}{\overline{x}} \times 100\% \qquad (4.4.5)$$

$$V_{A.D} = \frac{A.D}{\overline{x}} \times 100\% \qquad (4.4.6)$$

$$V_\sigma = \frac{\sigma}{\overline{x}} \times 100\% \qquad (4.4.7)$$

【例 7】甲、乙两个班级某学期某门课程的考试成绩情况如表 4.4.6 所示。计算两个班级考试成绩的平均数并测定平均数的代表性。

表 4.4.6 甲乙两班级考试成绩情况资料表

甲 班			乙 班		
按考试成绩分组/分	组中值 x	人数 f/人	按考试成绩分组/分	组中值 x	人数 f/人
60 以下	55	1	60 以下	55	8
60~70	65	10	60~70	65	9
70~80	75	15	70~80	75	12
80~90	85	12	80~90	85	5
90 以上	95	2	90 以上	95	2
合计	—	40	合计	—	36

$$\overline{x}_{甲} = \frac{\sum xf}{\sum f} = \frac{3040}{40} = 76(分), \quad \overline{x}_{乙} = \frac{\sum xf}{\sum f} = \frac{2540}{36} = 70.56(分)$$

$$\sigma_{甲} = \sqrt{\frac{\sum (x-\overline{x})^2 f}{\sum f}} = \sqrt{\frac{3360}{40}} = 9.17(分)$$

$$\sigma_{乙} = \sqrt{\frac{\sum (x-\overline{x})^2 f}{\sum f}} = \sqrt{\frac{4688.89}{36}} = 11.41(分)$$

$$V_{\sigma_{甲}} = \frac{\sigma}{\overline{x}} \times 100\% = \frac{9.17}{76} \times 100\% = 12.07\%$$

$$V_{\sigma_{乙}} = \frac{\sigma}{\overline{x}} \times 100\% = \frac{11.41}{70.56} \times 100\% = 16.17\%$$

计算结果表明,甲班的标准差系数 12.07% 小于乙班的标准差系数 16.17%,说明甲班的成绩离差程度小,其 76 分的平均成绩的代表性要强于乙班平均成绩为 70.56 分的代表性。

4.5 综合指标的运用

综合指标是反映社会经济现象数量特征的统计指标,要全面认识被研究对象,必须正确运用综合指标。

4.5.1 各类综合指标运用中应注意的问题

1. 计算和运用总量指标应注意的问题

第一,要明确总量指标的含义及范围。例如要统计某地区某年的工业产值,这里就界定了指标名称是工业产值,明确了时间、空间,还明确了这是时期指标。

第二,要注意现象的同类性,否则不能直接加总。

第三,要有统一的计量单位。

2. 计算和运用相对指标应注意的问题

要保持对比指标的可比性。由于相对指标是两个有联系的指标之比,这说明要在确定事物性质的基础上,再进行数量上的比较或分析,所以这两个指标就必须在经济内容、统计范围、计算方法、计算价格以及计量单位等方面要协调一致,具有可比性。例如计算"人口密度"这个强度相对数,分子、分母应属于同一空间,也就是同一国家或地区,否则就不可比。

3. 计算和运用平均指标应注意的问题

第一,同质性是计算和应用平均指标的前提条件和基本原则。只有在同质总体中,总体各单位才具有共同的特征,才能用一个代表值说明总体一般水平。否则会掩盖事实真相。

第二,应用平均指标时,应注意各自特点与适用条件。众数、中位数是一种位置平均数,易理解,不受极端值的影响;众数不适于进一步代数运算,应用不如算术平均数广泛;算术平均数、调和平均数和几何平均数通俗易懂,直观清晰,全部数据都要参加运算,因此是可靠的具有代表性的量,适合于代数方法的演算。

4.5.2 综合指标的分析应注意几个相互结合运用原则

1. 相对指标与总量指标的结合运用原则

相对指标反映现象的对比关系和差异程度,绝大多数的相对指标都是两个有关的总量指标数值之比,而将现象的具体规模和水平抽象化了,不能反映事物在绝对数方面的差别。因此在一般情况下,相对指标离开了据以形成对比关系的总量指标,就不能深入地说明问题。总量指标则正好相反,因此把二者结合起来,更有利于深入说明现象发展变化的情况。例如我国的国内生产总值位于世界前列,但人均国内生产总值却位列百名之后。因此,要深入了解一个国家或地区的经济实力,不仅要参考总量指标,还要结合相对指标进行分析,才能反映我国与世界各国经济发展水平的距离。

2. 多种相对指标的结合运用原则

要深入说明现象的特征,往往通过一个指标不能全面说明问题,常常要将多种相对指标结合起来应用,才可以比较、分析现象变动中的相互关系,更好地阐明现象之间的发展变化情况。例如,为了研究工业生产情况,既要利用生产计划的完成程度指标,又要计算生产发展的动态相对数和强度相对数。又如,分析生产计划的执行情况,有必要全面分析总产值计划、品种计划、劳动生产率计划和成本计划等完成情况。

3. 平均指标与分组法的结合运用原则

为了正确分析经济现象,不仅要了解总体的一般水平,还要说明总体各单位的差异和组成状况,应在分组的基础上,利用分配数列补充说明总体平均数。见下例。

【例1】某连锁商店10个分店2010年5月份销售额平均计划完成程度为116%,超额完成计划,具体分组资料如表4.5.1所示。

表 4.5.1 某连锁商店10个分店2010年5月份销售额计划完成情况表

按销售额计划完成程度分组/%	组中值/%	商店数/个	比重/%
80~90	85	1	10
90~100	95	3	30
100~110	105	4	40
110~120	115	2	20
合计	—	10	100

从上列分配数列得知,该连锁商店虽然平均销售额计划完成程度为116%,超额完成了计划,但却有40%的商店未完成计划,还有20%的商店超额20%完成计划。所以根据分组的具体情况能更全面准确地说明总体数量特征。

4. 变异指标与平均指标的结合应用原则

变异指标是反映总体各单位标志值的差别大小程度的综合指标。平均指标在反映总体一般数量水平的同时,掩盖了总体各单位标志值的数量差异,它说明总体各单位标志值的集中趋势。变异指标弥补了这方面的不足,它说明标志值的分散程度或离中趋势,综合反映了总体各单位标志值的差异性,从另一方面说明了总体的数量特征。测定变异指标是应用平均指标进行统计分析的重要方法之一。变异指标可以衡量平均指标的代表性,因此应将变异指标与平均指标结合起来应用。

习题四

一、填空题

1. _____指标数值大小与登记时间的间隔长短无关。
2. 按其反映总体的时间状况不同,分为_____和_____。
3. 总量指标是计算_____的基础。
4. 某产品的销售收入是_____指标,其数值_____相加;月末产品库存额是_____指标,其数值_____相加。
5. 价值指标的特点是具有广泛的_____和_____。
6. 属于同一总体对比的相对指标有_____、_____和_____;属于不同总体对比的相对指标是_____、_____。
7. 相对指标的计量形式有两种,即:_____和_____,其中,除强度相对指标用_____表示外,其余多用_____表示。
8. 检查长期计划执行情况时,如计划指标是按计划期末应达到的水平下达的,应采用_____法计算;如计划指标是按整个计划期累计完成总数下达的,应采用_____法计算。
9. 某产品直接材料、直接人工、制造费用之比为 1.5∶1∶0.8,这是_____相对指标。其中,直接材料所占比重是_____相对指标。
10. 同类指标数值在不同空间作静态对比形成_____指标;而同类指标数值在不同时间对比形成_____指标。
11. 数值平均数主要有_____、_____、_____。
12. 加权算术平均数受两个因素的影响,一个因素是_____另一个因素是_____。
13. 调和平均数又可称为_____,它是作为_____的一种变形公式来使用的。
14. 由分组资料确定中位数,其位置公式为_____。
15. 在两个总体平均数不等的情况下,用_____来测定平均数的代表性。

二、判断题

1. 劳动量指标通常是用工日或工时表示的,它实际上就是一个复合单位。   (   )
2. 以国有商业企业为总体,则所有的国有商业企业的总数就是总体单位总量,所有的国有商业企业的职工人数、商品流转额、利税额的合计就是标志总量。   (   )
3. 将不识字的人口数与全部人口数对比,就是文盲率。   (   )
4. 相对数随着总体范围的扩大而增加。   (   )
5. 总体单位总数和总体标志值总数是能相互转化的。   (   )
6. 结构相对数的数值只能小于1。   (   )
7. 长期计划指标规定计划期末应达到的水平时,应用累计法来检查计划完成情况。   (   )
8. 计划完成相对数的数值小于100%,就说明没有完成计划。   (   )
9. 某厂生产某种产品的单位成本,计划在去年的基础上降低5%,实际降低了7%,则成本降低的计划完成程度为99.04%。   (   )

10. 若甲、乙、丙三个企业的产值计划完成程度分别为90%、100%和110%,则这三个企业平均的产值计划完成程度应为100%。( )

11. 相对指标的可比性原则是指对比的两个指标总体范围、时间范围、指标名称、计算方法等方面都要相同。( )

12. 反映总体内部构成特征的指标只能是结构相对数。( )

13. 总体单位总量表明总体本身规模的大小。( )

14. 加权算术平均数是以总体单位总量为权数的,而加权调和平均数则是以总体标志总量为权数的。( )

15. 根据分组资料计算得到的平均数只能是一个近似值。( )

16. 对任何两个平均数相等的两个同质变量数列,比较其平均数的代表性,可以采用标准差指标对比。( )

17. 各变量值的次数相同时众数不存在。( )

18. 变异指标说明变量的集中趋势。( )

19. 全距易受极端值的影响。( )

20. 变异系数的大小与平均数的代表性成正比。( )

三、单项选择题

1. 某工业企业产品年生产量为50万件,年末库存量为1.2万件,它们( )。
   A. 是时期指标
   B. 是时点指标
   C. 前者是时点指标,后者是时期指标
   D. 前者是时期指标,后者是时点指标

2. 总量指标按其反映的总体内容不同可分为( )。
   A. 品质标志和数量标志
   B. 质量指标和数量指标
   C. 时期指标和时点指标
   D. 标志总量和单位总量

3. 将对比基数定为10而计算出来的相对数称为( )。
   A. 成数
   B. 倍数
   C. 百分数
   D. 千分数

4. 人口普查中,男性、女性人口的性别比属于( )。
   A. 结构相对数
   B. 比例相对
   C. 强度相对数
   D. 计划完成相对数

5. 下列指标中属于结构相对指标的是( )。
   A. 产值计划完成程度
   B. 净产值占总产值的比重
   C. 产值资金占用率
   D. 百元流动资金利税率

6. 某企业工人劳动生产率,计划提高5%,实际提高了10%,则提高劳动生产率的计划完成程度为( )。
   A. 104.76%
   B. 95.45%
   C. 200%
   D. 4.76%

7. 某公司按计划规定,本月的单位产品成本应比上月降低6%,实际执行结果仅比上月降低4%,则该公司完成产品成本计划的( )
   A. 7.87%
   B. 75%
   C. 102.13%
   D. 97.91%

8. 按人口平均的粮食产量是( )。
   A. 平均指标
   B. 强度指标
   C. 结构指标
   D. 比例指标

9. 不同空间条件下同类指标数值之比称为( )。

A. 比例指标　　　B. 比较指标　　　C. 强度指标　　　D. 动态指标

10. 检查规定计划期累计总量应达到的水平的长期计划,一般用(　　)。
　　A. 水平法　　　B. 累计法　　　C. 内插法　　　D. 比例法

11. 权数对平均数的影响作用,实质上取决于(　　)。
　　A. 作为权数的各组单位数占总体单位数比重的大小
　　B. 各组标志值占总体标志总量比重的大小
　　C. 标志值本身的大小
　　D. 标志值数量的多少

12. 加权算术平均方法中的权数为(　　)。
　　A. 标志值　　　B. 标志总量　　　C. 次数之和　　　D. 单位数比重

13. 不受极端数值影响最小的平均数是(　　)。
　　A. 算术平均数　　B. 中位数　　　C. 几何平均数　　D. 调和平均数

14. 有两个总体,平均数相等,若甲的标准差小于乙,则两个平均数的代表性(　　)。
　　A. 甲低于乙　　B. 乙低于甲　　C. 相等　　　D. 不能确定

15. 若两班的平均成绩相差很大,比较它们平均成绩的代表性高低应采用(　　)。
　　A. 全距　　　B. 平均差　　　C. 标准差　　　D. 变异系数

四、多项选择题

1. 总量指标按其采用的计量单位不同可以分为(　　)。
　　A. 时期指标　　　B. 时点指标　　　C. 实物指标
　　D. 劳动指标　　　E. 价值指标

2. 下列属于总量指标的有(　　)。
　　A. 人均国民生产总值　　　　B. 月末商品库存额
　　C. 历年产值增加额　　　　　D. 某市人口净增加数
　　E. 某企业年初固定资金额

3. 时期指标的特点是(　　)。
　　A. 不同时间数值可以相加　　B. 不同时间数值不可以相加
　　C. 调查资料需连续登记　　　D. 数值与时期长短有关
　　E. 数值只能间断登记

4. 下列哪些是时点指标(　　)。
　　A. 商品库存量　　B. 人口出生数　　C. 商业网点数
　　D. 产值　　　　　E. 基本建设投资额

5. 在相对数中,子项和母项可以互换位置的有(　　)。
　　A. 强度相对数　　B. 比例相对数　　C. 比较相对数
　　D. 动态相对数　　E. 计划完成相对数

6. 比较相对数适用于(　　)。
　　A. 计划水平与实际水平之比　　B. 先进与落后之比
　　C. 不同国家间之比　　　　　　D. 不同时间状态之比
　　E. 实际水平与标准水平之比

7. 下列属于强度相对指标的是(　　)。

A. 平均考试成绩　　B. 人口出生率　　C. 人均国民生产总值

D. 产值利税率　　E. 职工平均工资

8. 下列属于结构相对指标的是（　　）。

　　A. 某市国有企业职工人数占全市职工总数32%

　　B. 某产品产量二月份比一月份增长11%

　　C. 某地新生婴儿中，男婴是女婴的1.1倍

　　D. 某新型产品第一次批量生产的合格率为95%

　　E. 某市全年国民生产总值中，私营企业占了35%

9. 全国人口数、商品库存量、人口出生数、出口总额这四个指标（　　）。

　　A. 都是总量指标　　　　　　B. 都是质量指标

　　C. 都是数量指标　　　　　　D. 都是绝对数

10. 今年的收入比去年增加两成，即增加（　　）。

　　A. 200%　　B. 2倍　　C. 20%　　D. 0.2倍　　E. 2/10

11. 下列现象属于平均指标的是（　　）。

　　A. 某商品单位价格　B. 粮食亩产量　　C. 职工工资

　　D. 人口出生率　　　E. 人均固定资产价值

12. 在各种平均指标中，不受极端值影响的平均指标是（　　）。

　　A. 算术平均数　　B. 调和平均数　　C. 中位数

　　D. 几何平均数　　E. 众数

13. 加权算术平均数等于简单算术平均数的条件是（　　）。

　　A. 各组次数均相等　　　　　B. 各组变量值不等

　　C. 各组次数都为1　　　　　D. 数列为组距数列

　　E. 各组次数不等

14. 加权算术平均数的大小受下列因素的影响（　　）。

　　A. 各组标志值大小的影响　　B. 与各组标志值大小无关

　　C. 与各组次数多少无关　　　D. 各组标志值和次数共同影响

　　E. 各组次数多少的影响

15. 平均指标（　　）。

　　A. 是总体数量特征的代表值

　　B. 只能根据同质总体计算

　　C. 是代表社会经济现象发展的一般水平

　　D. 是总体分布离中趋势的度量

　　E. 可用来分析现象之间的依存关系

16. 下列应采用调和平均数计算的有（　　）。

　　A. 已知各组工人月工资和相应的工资总额，求平均工资

　　B. 已知某企业各车间合格品率和合格品量，求平均合格品率

　　C. 已知各企业计划完成百分比和实际产量，求平均计划完成百分比

　　D. 已知某企业购进各种材料的金额和价格，求平均价格

　　E. 已知某企业产品产量和单位成本，求平均单位成本

17. 中位数公式中的 S_{m+1} 表示（　　）。

　　A. 中位数所在组的累计次数　　　　B. 中位数所在组以前组的累计次数

　　C. 向上累计次数　　　　　　　　　D. 中位数所在组以后组的累计次数

　　E. 向下累计次数

18. 在（　　）的情况时,可用变异系数衡量两个变量数列标志值的离散程度。

　　A. 两个数列平均数相等　　　　　　B. 两个数列平均数不等

　　C. 两个数列计量单位相同　　　　　D. 两个数列计量单位不同

　　E. 两个数列计算方法不同

五、简答题

1. 平均指标与相对指标的区别是什么？
2. 时期指标和时点指标的主要区别是什么？
3. 加权算术平均数与调和平均数的关系如何？
4. 什么是变异指标？变异指标的种类及作用是什么？
5. 为什么相对指标与总量指标应结合运用？

六、计算题

1. 某地区 2008 年与 2009 年工业总产值资料如下：

	2008 年		2009 年	
	数值/万元	比重/%	数值/万元	比重/%
轻工业	1500		1980	
重工业	1310		1450	
合计	2810		3430	

要求：

(1) 计算该地区 2008 年和 2009 年轻工业总产值占工业总产值的比重,填入表中。

(2) 计算 2008 年和 2009 年轻工业与重工业之间比例相对数。

(3) 计算动态相对数。

(4) 假设 2009 年计划轻工业、重工业分别为 1600 万元、1500 万元,则计划完成程度分别为多少？

2. 某商场销售额种类如下表：

商品名称	年计划销售额/万元	实际销售额/万元		
		一季度	二季度	三季度
甲	90	25	28	30
乙	85	29	30	28
合计	175	54	58	58

要求：

(1) 计算每种商品各季度的计划完成程度。

(2) 计算每种商品累计至第三季度的销售额计划执行进度。

3. 某产品按五年计划规定最后一年产量应达到 50 万吨,计划执行情况如下。

产量	第一年	第二年	第三年		第四年				第五年			
			上半年	下半年	一季度	二季度	三季度	四季度	一季度	二季度	三季度	四季度
	50	51	24	28	10	10	10	12	12	16	18	18

要求:计算该产品计划完成程度及提前完成任务的计划时间。

4.已知某班学生某学期基础统计考试成绩情况如下:

考试成绩/分	学生数/个
60 以下	2
60～70	10
70～80	20
80～90	15
90 以上	3

要求:计算平均成绩。

5.已知某车间的工人工资情况如下:

工资/元	人均所占比重/%
800 以下	2
800～1000	15
1000～1200	45
1200～1400	30
1400 以上	8

要求:计算该车间工人平均工资。

6.某月某企业按工人劳动生产率高低分组的生产班组数和产量资料如下:

按工人劳动生产率分组/(件/人)	生产班组	产量/件
60 以下	8	7150
60～70	12	6500
70～80	9	4500
80～90	5	3400
90 以上	2	1330

要求:试计算该企业工人平均劳动生产率。

7.已知某企业计划完成情况资料如下表:

按计划完成百分比分组/%	实际产值/万吨
90～100	475
100～110	546
110～120	644

要求：计算该企业平均计划完成百分比。

8. 某企业职工工资情况如下表：

职工工资/元	职工人数/人	人数累计/人	
		向上累计	向下累计
800 以下	2		
800～1000	10		
1000～1200	25		
1200～1400	10		
1400 以上	3		
合计	50		

要求：计算平均工资、众数、中位数。

9. 某市甲、乙两班组按其月产量分组，具体资料如下：

甲班组		乙班组	
产量/件	人数/人	产量/件	人数/人
50～60	2	50～60	1
60～70	12	60～70	11
70～80	8	70～80	6
80～90	3	80～90	2

要求：

(1) 分别计算这两个班组的平均产量。

(2) 通过计算说明哪个班组平均产量的代表性大。

第 5 章 抽样估计

【教学目的和要求】

本章目的在于提供一套利用抽样资料来推断总体的数量特征的方法。要求学生通过本章的学习,掌握抽样推断中的基本原理和方法,能够利用样本资料推断总体指标。学习中应重点掌握抽样误差的计算、简单随机抽样下总体参数的区间估计及简单随机抽样下样本单位数的计算。

5.1 抽样推断的意义及特点

前面介绍了统计调查的几种基本组织方式。普查可以达到对总体数量特征的认识,但却不是一种经济的调查方法。抽样调查既具有经济性和实用性的特点,又可以为总体特征的推断提供基础。所以,建立在这种科学、全面调查方式基础上的推断也很实用。

5.1.1 抽样推断的特点

抽样推断(Judgment of sampling)是在抽样调查的基础上,根据样本的实际资料推断总体数量特征的一种统计方法。它是按随机原则从全部研究对象中抽取一部分单位进行观察,并依据获得的数据对全部研究对象的数量特征作出具有一定可靠性的估计和判断,以达到对现象总体的认识。简言之:抽样推断就是利用样本指标来推断总体相应数量特征的一种统计分析方法。它具有以下特点:

(1)按随机原则抽取样本。这是抽样推断的前提。按照随机原则抽取样本时,总体中各个单位都有一定的概率被抽取,它完全排除了由于人们主观因素的作用而产生系统性偏差的可能性,所以,能以极大的概率保证被抽取的单位在总体中的分布比较均匀,从而使得样本的结构或分布与总体更加接近,增强了样本的客观代表性。

(2)在数量上以样本推断总体。我们对社会经济现象的认识,并不都是通过全面调查来进行的,有许多情况只能通过对部分单位进行调查,进而对总体的数量特征作出估计和判断。例如,我们要了解灯泡的质量,就不能对每只灯泡的使用寿命作破坏性检验;要了解居民家庭收支情况,也难以开展挨家挨户的调查。这就要我们用抽样调查得到的部分信息来推断总体的数量特征。

(3)抽样推断的误差可以事先计算和控制。抽样推断是以部分资料推算总体,虽然存在着一定的抽样误差,但与其他统计估算不同,抽样误差可以事先通过一定资料加以计算,并且能够采取一定的组织措施来控制这个误差范围,保证抽样推断的结果达到一定的可靠程度。

5.1.2 抽样推断的意义

(1)某些现象不可能进行全面调查,为了解其全面资料就必须采用抽样推断方法。如对那些有破坏性或消耗性的产品进行质量检验,像炮弹的杀伤半径的检验、灯泡的使用寿命的检验、人体的白血球的检验等,都是不可能进行全面调查的,而只能采用抽样推断的方法。另外,对于无限总体或总体的范围过大时,就很难进行全面调查了。例如,对江河湖海中的鱼尾数、大气或海洋的污染情况等,都属于这种情况。

(2) 某些理论上可以进行全面调查的现象,采用抽样推断可以达到事半功倍的效果。如要了解全国城乡居民的家庭收入状况,从理论上讲可以挨门逐户进行全面调查,但是调查范围太大,调查单位太多,实际上难以办到,也没有必要。采用抽样推断既可以节省人力、物力、费用和时间,提高调查结果的时效性,又能达到和全面调查同样的目的和效果。

(3) 抽样推断可以对全面调查的结果进行评价和修正。全面调查涉及范围广,调查单位多,工作量大,参加人员多,因而发生登记性和计算性的误差就多。所以,在全面调查后,还可以再抽取一部分单位重新调查一次,计算其差错比率,并以此为依据对全面调查的资料进行修正,这样就可以进一步提高全面调查资料的准确性。由于抽样推断中调查的范围小,因此可以多调查一些项目,或从事某项更深入的专题调查,以补充全面调查的不足。全国人口普查就有短表和长表之分,短表用于全面调查,长表用于抽样调查。

(4) 抽样推断可用于工业生产过程中的质量控制。在工业产品成批或大量连续生产过程中,采用抽样推断方法可以检验生产工艺过程是否正常,及时提供有关信息,便于采取相应措施,进行质量控制,保证生产质量稳定,防止损失。

(5) 利用抽样推断的原理,可以对某些总体的假设进行检验,来判断假设的真伪,为决策提供依据。如某地上一年度居民家庭年收入35 000元,本年度抽样调查结果显示居民家庭年收入33 000元,这是否意味着该地居民家庭收入水平下降了呢?我们还不能下这个结论,最好通过假设检验,检验这两年居民家庭收入是否存在显著性统计差异,才能判断该地本年度居民家庭收入是否低于上年度水平。

总之,抽样推断是一种科学实用的统计方法,在自然科学与社会科学领域都有着广泛的应用。

5.2 抽样推断的几个基本概念

5.2.1 总体和样本

抽样调查中的总体有全及总体和样本总体。全及总体又称母体,简称总体(Population),指所要认识的研究对象的全体。它是由所研究范围内具有某种共同性质的全体单位组成的集合体。总体的单位数通常用 N 来表示。

总体按其各单位标志性质的不同,可以分为变量总体和属性总体。反映数量标志的总体称为变量总体,如反映收入水平的居民总体等。反映品质标志的总体称为属性总体,如反应质量好坏的产品总体等。区分变量总体和属性总体是很重要的,因为总体不同,认识这一总体的方法也就不同。

样本总体又称为子样,简称样本(Sample),是指从全及总体中随机抽取出来,代表全及总体的那部分单位的集合体。样本总体的单位数称为样本容量(Sample size),通常用 n 来表示。样本容量与总体单位数相比是很小的。一般说来,把样本容量 $n \geqslant 30$ 时的样本称为大样本,当 $n < 30$ 时称为小样本。社会经济现象的抽样调查多取大样本,而自然实验观察则多取小样本。

5.2.2 参数和统计量

1. 总体参数

总体分布的数量特征就是总体参数,也是抽样统计推断的对象。常见的总体参数有总体平均数 $\overline{X}$、方差 σ^2、标准差 σ 等。

在总体的品质标志中,总体参数常以成数指标 P 来表示总体中具有某种性质的单位数占总体全部单位数的比重。(Q 与之相对)

N_1 表示具有某种性质的单位数,N_0 表示不具有该种性质的单位数。

因为
$$N_1 + N_0 = N, P = \frac{N_1}{N}, Q = \frac{N_0}{N}$$

所以
$$P + Q = \frac{N_1 + N_0}{N} = \frac{N}{N} = 1$$
$$Q = 1 - P, P = 1 - Q$$

在品质标志中标志表现只有两种:(如正反、是非、合格与不合格等)时,成数可视为$(0,1)$分布的平均数。

$$\overline{X_P} = \frac{0 \times N_0 + 1 \times N_1}{N} = \frac{N_1}{N} = P$$

$$\sigma_P^2 = \frac{(0-P)^2 N_0 + (1-P)^2 N_1}{N}$$

$$= \frac{P^2 N_0 + Q^2 N_1}{N}$$

$$= P^2 Q + Q^2 P$$

$$= PQ(P+Q) = PQ = P(1-P)$$

或 $\sigma_P = \sqrt{PQ} = \sqrt{P(1-P)}$

2. 样本统计量

与总体参数对应的是样本统计量。

虽然样本提供了总体的信息,但样本提供的信息是分散的,不集中,不便于有效地对总体进行推断。为了能有效地推断总体,我们必须对样本进行"加工",把样本中所包含的有关总体某一特征的信息"提取"、"聚集"在一起,这就是根据推断问题的需要构造样本的适当函数。不同的样本函数反映总体的不同特征,一旦有了样本观察值就可以由此给出总体特征的推断值。因此自然要求这种样本函数应不包含任何未知参数。称这种样本函数为统计量(Statistic)。常用的统计量有样本平均数 $\overline{x_i}$、样本方差 σ_i^2、样本成数 p、$\overline{x_p}$、σ_p^2。

统计量的数值不是唯一的,也不是确定的,它本身是随机变量,而参数值是唯一的、确定的,但它事先是未知的,需要用统计量来抽样估计它。统计量与参数的关系,实质上是总体与样本的关系,统计量的目的是用以代表参数,作为总体参数的估计量,两者的计算公式是完全一致的。

5.2.3 样本容量与样本个数

1. 样本容量

样本是从总体中抽出的部分单位的集合,这个集合的大小称为样本容量,一般用 n 表示,它表明一个样本中所包含的单位数。一般地,样本单位数大于30个的样本称为大样本,不超过30个的样本称为小样本。

2. 样本个数

样本个数又称样本可能数目,它是指从一个总体中可能抽取多少个样本。样本个数的多少与抽样方法有关。

5.2.4 重复抽样和不重复抽样

1. 重复抽样(Repeated sample)

重复抽样是指从 N 个总体单位中,抽取一个单位进行观察、记录后放回去,然后再抽取下一个单位。这样连续抽取 n 个单位组成样本的方法,也称回置式抽样。在抽样过程中,总体单位数始终保持不变,因此,各单位被抽中的机会都是相等的。

2. 不重复抽样(Non-repeated sample)

不重复抽样是指从 N 个总体单位中,抽取一个单位进行观察、记录后,不再放回去,再抽取下一个单位,这样连续抽取 n 个单位组成样本的方法。这样,总体每抽取一次就少一个单位,几次就少几个单位,抽样完毕时,还剩下 $N-n$ 个单位。总体中的每一个单位被抽中的机会都在变动,几次抽选的结果也不是互相独立的。

抽样方法的不同是影响抽样误差的一个因素。

5.3 抽样误差

抽样调查是从总体中抽出部分单位进行调查,用样本指标推断总体指标。由于抽样的随机性而产生的样本估计量与总体参数之间存在差异,因此抽样会有误差产生。

5.3.1 抽样误差的概念

抽样误差(Sampling error)是指抽样估计值与被估计的未知的真实参数(总体特征值)之差,如样本平均数与总体平均数之差、样本成数与总体成数之差等。

抽样误差不包括下面两类误差:一类是调查误差,即在调查过程中由于观察、测量、登记、计算上的差错而引起的误差;另一类是系统性误差,即由于违反抽样调查的随机原则,有意抽选较好单位或较坏单位进行调查,这样造成样本的代表性不足所引起的误差。这两类误差都属于思想、作风、技术等问题,所以是可以防止和避免的。

我们所指的抽样误差是指在遵守随机原则的前提下,由于被抽选的样本各不相同,只要被抽中的样本其内部各单位被研究标志的构成比例和总体有所出入,就会出现或大或小的代表性误差。所以抽样误差是抽样调查所固有而无法消除的,但可以运用大数定律的数学公式加以计算,确定具体的数量界限,并通过抽样设计程序加以控制。

抽样误差大小的影响因素主要有以下四种:

(1)总体各单位标志值的变异程度。在其他条件不变的情况下,总体各单位标志值的变异程度愈大,抽样误差也愈大;反之则愈小。

(2)样本单位数的多少。在其他条件不变的情况下,样本单位数愈多,抽样误差就愈小;反之则愈大。

(3)抽样方法。抽样方法不同,抽样误差也不同。一般说来,重复抽样的误差比不重复抽样的误差要大。

(4)抽样的组织形式。选择不同的抽样组织形式,也会有不同的抽样误差。

5.3.2 抽样平均误差

一个总体可能抽取很多个样本,因此样本指标(样本平均数、样本成数等)就有不同的数值,它们与总体指标(总体平均数、总体成数等)的离差(即抽样误差)也就不同。抽样平均误差(Sampling average error)就是反映抽样误差一般水平的指标,通常用样本平均数(或样本成数)的标准差来表示。

1. 样本平均数的平均误差

以 μ_x 表示样本平均数的平均误差,σ 表示总体的标准差。根据定义有

$$\mu = E(\overline{x} - \overline{X})^2$$
$$= E(\frac{x_1 + x_2 + \cdots + x_n}{n} - \frac{\overline{X} + \overline{X} + \cdots + \overline{X}}{n})^2$$
$$= (1/n^2) E[(x_1 - \overline{X})^2 + (x_2 - \overline{X}) + \cdots + (x_n - \overline{X})]^2$$

1)当抽样方式为重复抽样时

样本标志值 $x_1 + x_2 + \cdots + x_n$ 是相互独立的,样本变量 x 与总体变量 X 同分布,所以得

$$\mu_x^2 = (1/n^2)[E(x_1 - \overline{X})^2 + E(x_2 - \overline{X})^2 + \cdots + E(x_n - \overline{X})^2$$
$$+ \sum_{i \neq j} E(x_i - \overline{X})(x_j - \overline{X})]$$
$$= (1/n^2)[E(x_1 - \overline{X})^2 + E(x_2 - \overline{X})^2 + \cdots + E(x_n - \overline{X})]$$
$$= \frac{1}{n^2} \cdot n\sigma^2 = \frac{\sigma^2}{n}$$

$$\mu_x = \frac{\sigma}{\sqrt{n}}$$

它说明在重复抽样的条件下,抽样平均误差与总体标准差成正比,与样本容量的平方根成反比。

抽样平均数的标准差(抽样平均误差 μ_x)为总体标准差 σ 的 $\frac{1}{\sqrt{n}}$,可以用过调整样本单位数 n 来控制抽样平均误差。例:当 n 变为原来的 4 倍时,抽样平均误差则缩小为原来的一半。当 n 变为原来的 9 倍时,抽样平均误差则变为原来的 $\frac{1}{3}$。

【例1】有 5 个工人的日产量(单位:件)分别为:6,8,10,12,14。用重复抽样的方法,从中随机抽取 2 个工人的日产量,用以代表这 5 个工人的总体水平,则抽样平均误差为多少?

根据题意可得:$\overline{X} = \frac{6 + 8 + 10 + 12 + 14}{5} = 10$(件)

总体标准差:$\sigma = \frac{\sqrt{\sum(X - \overline{})^2}}{\sqrt{N}} = \frac{\sqrt{40}}{\sqrt{5}} = \sqrt{8}$(件)

所以抽样平均误差:$\mu_x = \frac{\sigma}{\sqrt{n}} = \frac{\sqrt{8}}{\sqrt{2}} = 2$(件)

2)当抽样方式为不重复抽样时

样本标志值 $x_1, x_2, \cdots, x_n$ 不是相互独立的,所以

$$\mu_x^2 = (1/n^2)[E(x_1-\overline{X})^2 + E(x_2-\overline{X})^2 + \cdots + E(x_n-\overline{X})^2 + \sum_{i \neq j} E(x_i-\overline{X})(x_j-\overline{X})]$$

根据数理统计知识可知

$$\mu_x = \sqrt{\frac{\sigma^2}{n}\left(\frac{N-n}{N-1}\right)}$$

当总体单位数 N 很大时,这个公式可近似表示为

$$\mu_x = \sqrt{\frac{\sigma^2}{n}\left(1-\frac{n}{N}\right)}$$

与重复抽样相比,不重复抽样平均误差是在重复抽样平均误差的基础上,再乘以 $\sqrt{(N-n)/(N-1)}$,而 $\sqrt{(N-n)/(N-1)}$ 总是小于 1,所以不重复抽样的平均误差也总是小于重复抽样的平均误差。如前例,若改用不重复抽样方法,则抽样平均误差为

$$\mu_x = \sqrt{\frac{\sigma^2}{n}\left(\frac{N-n}{N-1}\right)} = \sqrt{\frac{8}{2}\left(\frac{5-2}{5-1}\right)} = 1.732 \text{(件)}$$

在计算抽样平均误差时,通常得不到总体标准差的数值,一般可以用样本标准差来代替总体标准差。

2. 样本成数的平均误差

总体成数 P 可以表现为总体是非标志的平均数,即 $E(X)=P$,它的标准差 $\sigma=\sqrt{P(1-P)}$。根据样本平均误差和总体标准差的关系,可以得到样本成数的平均误差的计算公式。

(1)在重复抽样下:

$$\mu_p = \sigma/\sqrt{n} = \sqrt{\frac{P(1-P)}{n}}$$

(2)在不重复抽样下:

$$\mu_p = \sqrt{\frac{\sigma^2}{n}\left(\frac{N-n}{N-1}\right)} = \sqrt{\frac{P(1-P)}{n}\left(\frac{N-n}{N-1}\right)}$$

当总体单位数 N 很大时,可近似地写成

$$\mu_p = \sqrt{\frac{P(1-P)}{n}\left(1-\frac{n}{N}\right)}$$

当总体成数未知时,可以用样本成数来代替。

【例 2】 某企业生产的产品,按正常生产经验,合格率为 90%。现从 5000 件产品中抽取 50 件进行检验,求合格率的抽样平均误差。

根据题意,在重复抽样条件下,合格率的抽样平均误差为

$$\mu_p = \sqrt{\frac{P(1-P)}{n}} = \sqrt{\frac{0.9 \times 0.1}{50}}$$
$$= 4.24\%$$

在不重复抽样条件下,合格率的抽样平均误差为

$$\mu_p = \sqrt{\frac{P(1-P)}{n}\left(1-\frac{n}{N}\right)} = \sqrt{\frac{0.9 \times 0.1}{50}\left(1-\frac{50}{5000}\right)} = 4.22\%$$

5.3.3 抽样极限误差

用样本指标来估计总体指标，总要存在一定的误差。但这个误差究竟有多大，它的数值是不能确定的。因为样本指标是一个随机变量，总体指标又是一个未知的常数，所以它们的离差（即抽样误差）也是一个随机变量，它随着样本的不同而变化，我们只能把抽样误差控制在一定的范围内。

抽样极限误差（Sampling limit error）是指样本和总体指标之间误差的可能范围。由于总体指标是一个确定的数，而样本指标则是围绕总体指标上下波动的，它与总体指标之间既有正离差，也有负离差，样本指标变动的上限或下限与总体指标之差的绝对值就可以表示抽样误差的可能范围，我们将这种以绝对值形式表示的抽样误差可能范围称为抽样极限误差。

设 Δ_x 与 Δ_p 分别表示样本平均数与样本成数的抽样极限误差，则有

$$|\overline{x}-\overline{X}| \leqslant \Delta_x, |p-P| \leqslant \Delta_p$$

上述不等式也可表示成

$$\overline{x}-\Delta_x \leqslant \overline{X} \leqslant \overline{x}+\Delta_x, p-\Delta_p \leqslant p+\Delta_p$$

在抽样实践工作中，还要计算相对误差限和估计的精度。

相对误差限以抽样极限误差除以样本平均数（或样本成数）求得，即

$$\Delta_x' = \frac{\Delta_x}{\overline{x}}, \Delta_p' = \frac{\Delta_p}{p}$$

估计的精度 A 的计算公式为

$$A_x = 1-\Delta_x' = 1-\frac{\Delta_x}{\overline{x}}, A_p = 1-\Delta_p' = 1-\frac{\Delta_p}{p}$$

例如，根据样本计算得某产品耐用的平均时数为 6000 小时，抽样极限差为 600 小时，则相对误差限为

$$\Delta_x' = \frac{\Delta_x}{\overline{x}} = \frac{600}{6000} = 0.1$$

估计的精度为

$$A_x = 1-\Delta_x' = 0.9 = 90\%$$

基于理论上的要求，抽样极限误差需用 μ_x 或 μ_p 为标准单位来衡量，误差范围与抽样误差的比率 t 称为概率度。

$$t = \frac{\Delta_x}{\mu_x} = \frac{|\overline{x}-\overline{X}|}{\mu_x}, \Delta_x = t\mu_x$$

$$t = \frac{\Delta_p}{\mu_p} = \frac{|p-P|}{\mu_p}, \Delta_p = t\mu_p$$

5.4 抽样估计方法

参数估计（Parameter estimation）就是以所计算的样本指标来估计相应的总体指标。我们在对总体指标进行抽样估计时，一般需要解决下述三个问题：

第一，针对待估的总体指标，根据样本构造一个合适的统计量，作为该总体指标的估计量。

第二，对所构造的估计量的优良性作出判断，并在必要时进行修正。

第三，在给定的可靠程度下，求出抽样估计的极限误差。

参数估计有点估计和区间估计两种形式。

5.4.1 点估计

对于总体的未知参数 θ，由样本构造统计量 $\hat{\theta}$ 对 θ 作出估计，则称 $\hat{\theta}$ 为 θ 的估计量。由于统计量是随机变量，所以估计量也是随机变量。但当样本确定后，估计量的值也随之确定，估计量的值称为估计值。在直角坐标系中，一个估计值对应于一个点，所以，这种只给出一个估计量的估计方法，称为点估计（Point estimation），也叫定值估计。例如 $\overline{x} = \hat{x}$，表示以样本平均数作为总体平均数的估计量；$p = \hat{p}$ 表示以样本成数作为总体成数的估计量。

对于一个总体指标，往往可以构造许多个估计量。如对总体平均数 $\overline{X}$，既可以用样本算术平均数作出估计，也可用样本众数、样本中位数等作为估计量。在多个估计量中，如何从中选择一个优良性的估计量呢？这就需要明确评选估计量的优良性标准。由于估计量是随机变量，所以必须从整体上去考虑估计量的优良性。通常评选估计量优良性有三个标准，即无偏性、有效性和一致性。

1. 无偏性（Unbiasedness）

每一次的样本指标和总体指标都可能有误差，但在多次反复估计中，无偏性要求各个样本指标的平均数应等于总体的指标，即样本指标的估计平均数是没有偏误的。

若设 $\hat{\theta}$ 为总体指标 θ 的估计量，如果

$$E(\hat{\theta}) = \theta$$

则称 $\hat{\theta}$ 为 θ 的无偏估计量。

可以证明，样本平均数 $\overline{x}$ 作为总体平均数 $\overline{X}$ 的估计量，是符合无偏性要求的。因为

$$E(\overline{x}) = E\left(\frac{x_1 + x_2 + \cdots + x_n}{n}\right)$$

$$= \frac{1}{n}[E(x_1) + E(x_2) + \cdots + E(x_n)]$$

由于 $x_1, x_2, \cdots x_n$ 都是取自总体中，它与总体同分布，所以有

$$E(x_1) = E(x_2) = \cdots = E(x_n) = E(X) = \overline{X}$$

$$E(\overline{x}) = \frac{1}{n}(\overline{X} + \overline{X} + \cdots + \overline{X}) = \overline{X}$$

即估计量 $\overline{x}$ 对于 $\overline{X}$ 是无偏的。

2. 有效性（Effectiveness）

在一般情况下，一个总体指标的无偏估计量，也可以有许多个，这就需要用这些无偏估计量方差的大小来衡量估计量的优良性。

设 $\hat{\theta}_1$ 与 $\hat{\theta}_2$ 均为总体未知指标 θ 的无偏估计量，即

$$E(\hat{\theta}_1) = E(\hat{\theta}_2) = \theta$$

若

$$\sigma^2(\hat{\theta}_1) < \sigma^2(\hat{\theta}_2)$$

则称估计量 $\hat{\theta}_1$ 比 $\hat{\theta}_2$ 更有效。

3. 一致性（Consistency）

无偏性与有效性，都是当样本容量 n 为有限时，评选估计量优良性的标准型。当样本容量

无限增加时,一致性要求样本指标充分靠近总体指标。就是说,当样本容量充分大时,样本指标和总体指标之差的绝对值小于任意小的正数,它的可能性趋近于必然性。

设 $\hat{\theta}$ 为 θ 的估计量,对于任意给定的 $\varepsilon>0$,如果当 $n\to\infty$ 时,恒有

$$\lim_{n\to\infty} p(|\hat{\theta}-\theta|<\varepsilon)=1$$

则称 $\hat{\theta}$ 为 θ 的一致估计量。

5.4.2 区间估计

平均误差只是在无偏估计情况下的抽样误差大小的平均值,它还不能说明在一次抽样估计中实际误差的可能性大小。由于抽样误差是个未知的随机变量,因此,在一次具体的抽样结果中,如何来测定实际抽样误差的大小和产生这样大小误差的可能性,便是区间估计(Interval estimation)必须阐述的问题。如我们估计某商场一年的零售额为 1000 万元整,这种估计存在一定的误差。如果对误差大小的程度和产生这样大小误差的可能性大小均一无所知,那么,我们究竟能在多大程度上相信这种估计是正确的呢?又如,我们估计某人在某年某月某日某时出生,误差为一小时。这种估计可谓精确,但这种估计正确的可能性极小。或者说,我们有百分之百的把握估计今年某人年龄在 5~100 岁之间,这种估计虽然极为可靠,但误差太大,精确性太差。所以上述两种估计都没有实际的意义。那么,什么样的估计才有实际意义呢?假如我们估计某商场一年的零售额在 995 万~1005 万元之间,并且有 99% 的可靠程度说明这种估计是正确的,那么这样的估计便能使人信服。

也就是,对于总体的未知指标 X,根据样本构造的两个统计量 x_1、x_2($x_1<x_1$),使随机区间 (x_1,x_2) 包含 X 的概率等于给定值 $1-\alpha(0<\alpha<1)$,即

$$P(x_1 \leqslant X \leqslant x_2)=1-\alpha$$

则称 $1-\alpha$ 为置信概率(Confidence probability),α 为显著水平(Significance level),(x_1,x_2) 称为 X 的 $1-\alpha$ 置信区间(Confidence interval),x_1 和 x_2 的分布分别称为置信下限和置信上限。在作出估计的结论时,我们把给出总体指标 X 的置信区间和置信概率这一方式称为区间估计。可见,置信区间的大小,说明了估计的精确性;置信概率的大小,说明了估计的可靠性。

1. 总体平均数 $\overline{X}$ 的区间估计

1) 重复抽样

在重复抽样条件下,估计量 $\overline{x}$ 服从或近似服从 $N\left(\overline{X},\dfrac{\sigma^2}{n}\right)$,所以统计量 $U=\dfrac{\overline{x}-\overline{X}}{\sigma/\sqrt{n}}$ 服从或近似服从 $N(0,1)$,根据附录正态分布表得

$$P(|U|<t)=1-\alpha$$

即

$$P\left[\left|\dfrac{\overline{x}-\overline{X}}{\dfrac{\sigma}{\sqrt{n}}}\right|<t\right]=1-\alpha$$

$$P\left(|\overline{x}-\overline{X}|<t\dfrac{\sigma}{\sqrt{n}}\right)=1-\alpha$$

$$P\left(\overline{x}-t\dfrac{\sigma}{\sqrt{n}}<\overline{X}<\overline{x}+t\dfrac{\sigma}{\sqrt{n}}\right)=1-\alpha$$

所以估计量 $\overline{x}$ 的抽样极限误差为

$$\Delta_x = t\frac{\sigma}{\sqrt{n}} = t\mu_x$$

式中，t 为概率度，可通过查表求得。

若按区间估计作出结论时，可得总体平均数 $\overline{X}$ 可靠性为 $1-\alpha$ 的置信区间为

$$\left(\overline{x} - t\frac{\sigma}{\sqrt{n}}, \overline{x} + t\frac{\sigma}{\sqrt{n}}\right)$$

由误差限的计算公式 $\Delta_x = t(\sigma/\sqrt{n})$ 可见，当给定置信概率 $1-\alpha$ 或概率度 t 时，样本容量愈大，则误差限愈小，估计的精确性愈高；反之，则估计的精确性就愈低。但当样本容量 n 一定时，所要求的可靠性愈大，即 t 愈大，则误差限愈大，估计的精确性愈低；反之，估计的精确性愈高。所以，在样本容量一定的条件下，估计的精确性与可靠性是相互矛盾的。实践中，一般在预先给定可靠性的条件下，去求得尽可能精确的估计。

【例1】 某商业部门为调查居民对某商品的需求量，从 10 000 户居民中，以重复抽样方式，随机抽取 100 户居民，算得每户每月平均需求量为 10kg，且据以往资料，已知标准差为 3kg。假定需求量服从正态分布，试以 90% 的可靠性估计这 10 000 户居民每户每月对这种商品的平均需求量。

根据题意，已知：$N = 10\,000, n = 100, \overline{x} = 10, \sigma = 3, 1-\alpha = 90\%, t = 1.645$。所以

$$\Delta_x = t\frac{\sigma}{\sqrt{n}} = 1.645 \times \frac{3}{\sqrt{100}} = 0.4935 (\text{kg})$$

所以每户每月对这种商品平均需求量在 90% 可靠性保证下的置信区间是 (9.5065, 10.4935)。

2) 不重复抽样

在不重复抽样条件下，统计量

$$U = \frac{\overline{x} - \overline{X}}{\sqrt{\frac{\sigma^2}{n}\left(\frac{N-n}{N-1}\right)}}$$

服从或近似服从 $N(0,1)$ 分布，因此有

$$p(|U| < t) = 1-\alpha$$

$$p\left(|\overline{x} - \overline{X}| < t\sqrt{\frac{\sigma^2}{n}\left(\frac{N-n}{N-1}\right)}\right) = 1-\alpha$$

$$p\left(\overline{x} - t\sqrt{\frac{\sigma^2}{n}\left(\frac{N-n}{N-1}\right)} < \overline{X} < \overline{x} + t\sqrt{\frac{\sigma^2}{n}\left(\frac{N-n}{N-1}\right)}\right) = 1-\alpha$$

所以当给定置信概率 $1-\alpha$ 时，估计的误差限为

$$\Delta_x = t\sqrt{\frac{\sigma^2}{n}\left(\frac{N-n}{N-1}\right)} = t\mu_x$$

当 N 很大时，

$$\Delta_x = t\sqrt{\frac{\sigma^2}{n}\left(1 - \frac{n}{N}\right)}$$

总体平均数 $\overline{X}$ 在可靠性为 $1-\alpha$ 的置信区间是 $(\overline{x} - t\mu_x, \overline{x} + t\mu_x)$。

如在上例中，若改用不重复抽样，则误差限：

$$\Delta_x = t\sqrt{\frac{\sigma^2}{n}\left(1-\frac{n}{N}\right)}$$

$$= 1.645 \times 3/\sqrt{100} \times \sqrt{1-\frac{100}{10\,000}} = 0.491(\text{kg})$$

所以每户每月对该商品的平均需求量在90%可靠程度保证下的置信区间是(9.509,10.491)。

2. 总体成数的区间估计

根据样本平均数的误差限与抽样平均数误差的关系,可以得到样本成数的误差限和置信区间。

1)重复抽样

在重复抽样条件下,估计量 P 的误差限为

$$\Delta_p = t\mu_p = t\sqrt{P(1-P)/n}$$

总体成数 P 的置信区间为

$$\left(p-t\sqrt{\frac{P(1-P)}{n}},\ p+t\sqrt{\frac{P(1-P)}{n}}\right)$$

2)不重复抽样

在不重复抽样条件下,估计量 P 的误差限为

$$\Delta_p = t\mu_p = t\sqrt{\frac{P(1-P)}{n}\left(\frac{N-n}{N-1}\right)}$$

当 N 很大时,由此得

$$\Delta_p = t\sqrt{\frac{P(1-P)}{n}\left(1-\frac{n}{N}\right)}$$

总体成数 P 的置信区间为 $(p-t\mu_p, p+t\mu_p)$。当总体成数 P 未知时,可用样本成数来代替。

【例2】 从某台机器生产的5000件产品中,随机抽取50件进行检验,发现有10件一级品。试以95%的可靠性估计这台机器所生产产品的一级品率。

已知:$N=5000, n=50, m=10, 1-\alpha=95\%$,得 $t=1.96$,则有 $p=\frac{m}{n}=20\%$。

所以在重复抽样条件下:

$$\Delta_p = t\sqrt{\frac{P(1-P)}{n}}$$

$$= 1.96 \times \sqrt{\frac{0.2 \times 0.8}{50}}$$

$$= 0.1109$$

这台机器所生产产品的一级率在95%可靠性保证下的置信区间为(8.91%,31.09%)。
在不重复抽样的条件下:

$$\Delta_p = t\sqrt{\frac{P(1-P)}{n}\left(1-\frac{n}{N}\right)}$$

$$= 1.96 \times \sqrt{\frac{0.2 \times 0.8}{50}\left(1-\frac{50}{5000}\right)}$$

$$= 0.1103$$

这台机器所生产产品的一级品率在95%可靠性保证下的置信区间为(8.97%,31.03%)。

【例3】采用简单不重复抽样的方法,在4000件产品中抽取400件,其中合格品380件。要求:

(1)计算样本合格率和抽样平均误差。

(2)以95.45%的概率保证程度($t=2$)对合格品率和合格品数量进行区间估计。

(3)若极限误差为3.09%,则其概率保证程度是多少?

解:已知 $N=4000, n=400, n_1=380, t=2$。

(1) $p = \dfrac{n_1}{n} = \dfrac{380}{400} = 95\%$

$$\mu_p = \sqrt{\dfrac{p(1-p)}{n}\left(1-\dfrac{n}{N}\right)} = \sqrt{\dfrac{0.95(1-0.95)}{400}\left(1-\dfrac{400}{4000}\right)} = 1.03\%$$

(2) $\Delta_p = t\mu_p = 2 \times 1.03\% = 2.06\%$,

因为 $p - \Delta_p \leqslant P \leqslant p + \Delta_p$

所以

$95\% - 2.06\% \leqslant P \leqslant 95\% + 2.06\% \Rightarrow 92.94\% \leqslant P \leqslant 97.06\%$

$4000 \times 92.94\% \leqslant N_1 \leqslant 4000 \times 97.06\% \Rightarrow 3718 \leqslant N_1 \leqslant 3882$

$P \in (92.94\%, 97.06\%)$,$N_1 \in (3718\text{ 件}, 3882\text{ 件})$

(3) $t = \dfrac{\Delta_p}{\mu_p} = \dfrac{3.09\%}{1.03\%} = 3$,所以 $F(t) = 99.73\%$。

5.5 抽样调查的组织形式

抽样调查的组织形式不仅关系到花费的人力、物力、财力的多少,而且直接影响到估计的准确性。所以选择合适的抽样组织形式,对于提高抽样效果具有重要的意义。

5.5.1 抽样组织设计的基本原则

抽样推断是根据事先规定的要求而设计的抽样调查组织,并根据所获得的这一部分实际资料为基础,进行推理演算作出结论。因此科学地设计抽样调查组织,保证随机条件的实现,并且取得最佳的抽样效果,是一个至关重要的问题。抽样组织设计的基本原则为:首先要保证随机原则的实现,其次要考虑样本容量和结构性问题,再次是关于抽样的组织形式问题。下面介绍几种常用的抽样组织形式。

5.5.2 简单随机抽样

对于有限总体,从 N 个总体单位中抽出 n 个单位组成样本,所有可能的不同样本数为 C_N^n,如果使得其中任何一个样本都以相同的概率 $1/C_N^n$ 被抽取,则这种抽样方法即为简单随机抽样(Simple random sampling)。简单随机抽样是抽样中最基本的也是最简单的方式。简单随机抽样适合于总体单位在总体中的分布比较均匀的情况。如我们要对某种产品的质量进行检验,就可采用简单随机抽样的方式。

1.简单随机抽样的特点

简单随机抽样的特点是:每个样本单位被抽中的概率相等,样本的每个单位完全独立,彼此间无一定的关联性和排斥性。

(1)简单随机抽样要求被抽取的样本的总体个数 N 是有限的。

(2)简单随机样本数 n 小于等于样本总体的个数 N。

(3)简单随机样本是从总体中逐个抽取的。

(4)简单随机抽样是一种不放回的抽样。

(5)简单随机抽样的每个个体入样的可能性均为 n/N。

2. 简单随机抽样的缺点

只适用于总体单位数量有限的情况,否则编号工作繁重;对于复杂的总体,样本的代表性难以保证;不能利用总体的已知信息等。在市场调研范围有限,或调查对象情况不明、难以分类,或总体单位之间特性差异程度小时,采用此法效果较好。

3. 简单随机抽样的抽样方法

简单随机抽样最基本的抽样方法分为重复抽样和不重复抽样。在重复抽样中,每次抽中的单位仍放回总体,样本中的单位可能不止一次被抽中。不重复抽样中,抽中的单位不再放回总体,样本中的单位只能抽中一次。社会调查采用不重复抽样。

简单随机抽样的具体作法如下。

1) 直接抽选法

直接抽选法,即从总体中直接随机抽选样本。如从货架商品中随机抽取若干商品进行检验,从农贸市场摊位中随意选择若干摊位进行调查或访问等。

2) 抽签法

先将总体中的所有个体编号(号码可以从 1 到 N),并把号码写在形状、大小相同的号签上,号签可以用小球、卡片、纸条等制作,然后将这些号签放在同一个箱子里,进行均匀搅拌。抽签时,每次从中抽出 1 个号签,连续抽取 n 次,就得到一个容量为 n 的样本。对个体编号时,也可以利用已有的编号,例如从全班学生中抽取样本时,可以利用学生的学号、座位号等。抽签法简便易行,当总体的个体数不多时,适宜采用这种方法。

3) 随机数表法

随机数表法,即利用随机数表作为工具进行抽样。随机数表又称乱数表,是将 0 至 9 的 10 个数字随机排列成表,以备查用。其特点是,无论横行、竖行或隔行读均无规律。因此,利用此表进行抽样,可保证随机原则的实现,并简化抽样工作。其步骤是:① 确定总体范围,并编排单位号码;② 确定样本容量;③ 抽选样本单位,即从随机数表中任一数码始,按一定的顺序(上下左右均可)或间隔读数,选取编号范围内的数码,超出范围的数码不选,重复的数码不再选,直至达到预定的样本容量为止;④ 排列中选数码,并列出相应单位名称。

举例说明如何用随机数表来抽取样本。

为了检验某种产品的质量,决定从 40 件产品中抽取 10 件进行检查,在利用随机数表抽取这个样本时,可以按下面的步骤进行:

第一步,先将 40 件产品编号,可以编为 00,01,02,…,38,39。

第二步,在附录 1 随机数表中任选一个数作为开始,例如从第 8 行第 5 列的数 59 开始。为便于说明,我们将附录 1 中的第 6 行至第 10 行摘录如下。

16 22 77 94 39 49 54 43 54 82 17 37 93 23 78 87 35 20 96 43 84 26 34 91 64
84 42 17 53 31 57 24 55 06 88 77 04 74 47 67 21 76 33 50 25 83 92 12 06 76
63 01 63 78 59 16 95 55 67 19 98 10 50 71 75 12 86 73 58 07 44 39 52 38 79
33 21 12 34 29 78 64 56 07 82 52 42 07 44 38 15 51 00 13 42 99 66 02 79 54
57 60 86 32 44 09 47 27 96 54 49 17 46 09 62 90 52 84 77 27 08 02 73 43 28

第三步，从选定的数59开始向右读，得到一个两位数字号码59，由于59＞39，将它去掉；继续向右读，得到16，将它取出；继续下去，又得到19,10,12,07,39,38,33,21，随后的两位数字号码是12，由于它在前面已经取出，将它去掉，再继续下去，得到34。至此，10个样本号码已经取满，于是，所要抽取的样本号码是

16　19　10　12　07　39　38　33　21　34

注：将总体中的 N 个个体编号时可以从 0 开始，例如 $N=100$ 时编号可以是 00,01,02,…,99，这样总体中的所有个体均可用两位数字号码表示，便于运用随机数表。当随机地选定开始读数的数后，读数的方向可以向右，也可以向左、向上、向下、等等。

在上面每两位、每两位地读数过程中，得到一串两位数字号码，在去掉其中不合要求和与前面重复的号码后，其中依次出现的号码可以看成是依次从总体中抽取的各个个体的号码。由于随机数表中每个位置上出现哪一个数字是等概率的，每次读到哪一个两位数字号码，即从总体中抽到哪一个个体的号码也是等概率的。因而利用随机数表抽取样本保证了各个个体被抽取的概率相等。

4. 必要样本容量的确定

在实际抽样调查中，确定一个合适的样本容量是一个重要的问题。因为，样本容量过多，必然会增加人力、财力、物力的支出，造成不必要的浪费；而样本容量过少，又会导致抽样误差增大，达不到抽样所要求的准确程度。

因此，必要样本容量就是在保证误差不超过规定范围的条件下尽可能节省人、财、物的支出。

1）平均数的必要样本容量

(1) 重复抽样。由 $\Delta_{\bar{x}} = t\mu_{\bar{x}} = t\sqrt{\dfrac{\sigma^2}{n}}$ 可得

$$n = \dfrac{t^2 \sigma^2}{\Delta_{\bar{x}}^2}$$

从上式可以看出，如确定了抽样极限误差、总体标准差以及概率度，就能确定必要样本容量。

(2) 不重复抽样。由 $\Delta_{\bar{x}} = t\mu_{\bar{x}} = t\sqrt{\dfrac{\sigma^2}{n}\left(1 - \dfrac{n}{N}\right)}$ 可得

$$n = \dfrac{N t^2 \sigma^2}{N \Delta_{\bar{x}}^2 + t^2 \sigma^2}$$

【例1】 某批发站欲估算零售商贩的平均每次进货额，根据历史资料进货额的标准差为1000元，假定到批发站进货的商贩有2000人，若要求置信水平为99.73%，抽样极限误差不超过250元，应该抽取多大的样本？

这里没有说明采用的抽样方法，故我们可按上述两个公式分别计算其必要样本容量。

因为 $F(t)=99.73\%$，所以 $t=3$。

重复抽样条件下的必要样本容量：
$$n = \frac{t^2 \sigma^2}{\Delta_{\bar{x}}^2} = \frac{3^2 \times 1000^2}{250^2} = 144(人)$$

不重复抽样条件下的必要样本容量：
$$n = \frac{Nt^2 \sigma^2}{N\Delta_{\bar{x}}^2 + t^2 \sigma^2} = \frac{2000 \times 3^2 \times 1000^2}{2000 \times 250^2 + 3^2 \times 1000^2} = 134.33 \approx 135(人)$$

注：这叫随大原则，当计算样本容量 n 时，必须是只能进，不能舍，否则将来计算误差的时候就达不到规定的要求。

2) 成数的必要样本容量

(1) 重复抽样。由 $\Delta_{\bar{x}} = t\mu_x = t\sqrt{\dfrac{p(1-p)}{n}}$ 可得
$$n = \frac{t^2 p(1-p)}{\Delta_p^2}$$

(2) 不重复抽样。由 $\Delta_{\bar{x}} = t\mu_{\bar{x}} = t\sqrt{\dfrac{p(1-p)}{n}\left(1-\dfrac{n}{N}\right)}$ 可得
$$n = \frac{Nt^2 p(1-p)}{N\Delta_p^2 + t^2 p(1-p)}$$

【例2】某社区想通过抽样调查了解居民参加体育活动的比率，如果把误差范围设定在 5%，问如果以 95% 的置信度进行参数估计，需要多大的样本？

因为 $F(t)=95\%$，所以 $z=1.96$。

根据公式得
$$n = \frac{t^2 p(1-p)}{\Delta_p^2} = \frac{1.96^2 \times 0.5 \times 0.5}{5\%^2} = 384.16 \approx 385(人)$$

5. 影响必要样本容量的因素

为了确定必要样本容量，我们必须分析影响样本容量的因素。影响必要样本容量的因素主要有：

(1) 总体各单位标志变异程度，即总体方差的大小。总体标志变异程度越大，要求样本容量要大些，反之则相反。

(2) 抽样极限误差的大小。抽样极限误差越大，要求样本容量越小，反之则相反。

(3) 抽样方法。在其他条件相同时，重复抽样比不重复抽样要求样本容量大些。

(4) 抽样方式。例如，采用类型抽样的样本容量要小于简单随机抽样的样本容量。

(5) 抽样推断的概率保证程度的大小。概率越大，要求样本容量越大，反之则相反。

以上影响样本容量的诸因素，可以从样本容量计算公式的推导结果上加以验证。

5.5.3 等距抽样

等距抽样也称系统抽样或机械抽样（Mechanical sampling），是在全部单位已有一定顺序的总体中，每隔相等的距离抽取一个单位组成样本的方法，所抽样本称为等距样本。

设总体单位数为 N，样本容量为 n，且 $N/n=K$，把依次排列的每 K 个总体单位称为一个"抽样间隔"。抽取的方法是，在第一个抽样间隔（即第 1 个至第 K 个总体单位）中，随机抽取

一个单位(假定为第 i 个单位)作为起点,然后依次每隔 K 个单位抽取一个样本,于是得

$$i, i+K, i+2K, \cdots, i+(n-1)K$$

共 n 个单位组成等距样本。

按照总体单位的排列顺序,等距抽样可分为无序等距抽样和有序等距抽样。

如果总体单位的排列顺序与所调查的主要标志无关,则称无序等距抽样。如在居民家庭生活调查中,将居民按姓氏笔划排列,而居民的生活水平是与姓氏笔划无关的。又如,在产品质量的抽样检验中,每隔一定时间抽取一次产品,而产品质量通常是与时间无关的。在无序等距抽样中,虽然当第一个样本确定后,整个样本便随之确定,但由于总体单位的排列是与主要标志无关的,所以等距抽样仍不失其随机性。它在本质上相当于简单随机抽样,只是等距抽样大大简化了抽样方法,使得它在实际中很容易进行,并且由于每隔一定距离抽出一个单位,样本单位在总体中的分布比较均匀,从而有可能使样本的代表性增强。

如果总体单位的顺序是按照调查的主要标志排列的,则称有序等距抽样。如在居民家庭生活调查中,按居民家庭人口、工资收入、工龄长短等排列。又如,在对商店销售额的调查中,按商店职工人数或以往销售额大小排列。有序等距抽样在排队时,需要预先根据总体的已知信息或辅助资料进行排列,一般可以增强样本代表性,估计效率也要高些。

等距抽样的抽样平均误差的计算。一般认为,按无关标志排队等距抽样的抽样误差的计算与简单随机抽样误差公式相同;按有关标志排队等距抽样的抽样误差的计算与类型抽样的抽样误差的计算相同。

5.5.4 类型抽样

类型抽样(Type sampling)又称分层抽样,是应用最为广泛的一种抽样组织形式。其基本方法是,在总体各单位的性质或标志值大小明显地呈现出层次时,按其层次将总体划分为若干子总体,每一子总体即为一层,而使每层内部总体单位的差异较小,使差异主要存在于各层之间。然后,在每一层都进行随机抽样。这样尽管总体各单位标志值之间的差异固定不变,但由于各层内部差异较小,从而在各层内部减小了抽样误差。虽然各层之间差异较大,但由于对各层都进行抽样,对于层来说是全面调查,所以不存在抽样误差。可见,在对总体进行分层时,必须遵循的基本原则是:尽可能使层内差异小,而扩大层与层之间的差异。

类型抽样总体平均数估计的一些指标计算公式如下:

设总体单位数为 N,样本容量为 n,总体被划分为 k 层,第 i 层有 N_i 个总体单位($i=1,2,\cdots,k$),第 i 层样本单位数为 n_i,又设 x_{ij} 为第 i 层第 j($j=1,2,\cdots,n_k$)个样本单位标志值,则第 i 层样本平均数为

$$\overline{x}_i = \frac{1}{n_i} \sum_{j=1}^{n_i} x_{ij}$$

抽样平均误差为

$$\overline{x}_{st} = \frac{1}{N} \sum_{i=1}^{k} N_i \overline{x}_i$$

(1)在重复抽样条件下:

$$\mu_{xst} = \frac{1}{N} \sqrt{\sum_{i=1}^{k} N_i^2 \frac{\sigma_i^2}{n_i}}$$

(2)在不重复抽样条件下：

$$\mu_{xst} = \frac{1}{N}\sqrt{\sum_{i=1}^{k} N_i^2 \frac{\sigma_i^2}{n_i}\left(1-\frac{n_i}{N_i}\right)}$$

误差限为

$$\Delta_{xst} = t\mu xst$$

5.5.5 整群抽样

从全部总体单位中，抽取一部分组成样本进行调查，这在实际中有时是很难进行的。如在北京市进行大学生的基本情况的抽样调查，如果从几十万大学生中，直接抽取若干学生进行调查，这样在方案设计和实施上，就比较困难。若将每个学校或班级作为一个抽样单位，从全部学校或班级中，抽取一部分，并在抽中的学校或班级中，对学生做全面调查，就方便得多。像这样，将全部总体分为若干部分，每一部分称为一个群，把每一群作为一个抽样单位整群地进行抽样，然后在被抽中的群中做全面调查的抽样，叫整群抽样（Cluster sampling）。

比较而言，类型抽样是在各层都进行随机抽样，所以层是缩小了的总体，抽样单位仍是总体单位。而整群抽样是只抽取部分群，所以，群实际上是扩大了的总体单位。这也决定了分群的原则应该是：尽量扩大群内差异，而缩小群间差异。也就是说，如果各群之间总体单位的分布完全相同，即群间不存在差异，那么只要抽取一个群就可以了。所以，整群抽样特别适用于群内差异大而群间差异小的情况。

整群抽样总体平均数估计的一些指标的计算公式如下。

设全部总体单位被划分为 N 个群，每群所含总体单位数为 M，则总体单位数为 $M_0 = NM$，$x_{ij}(i=1,2,\cdots N; j=1,2,\cdots,M)$ 为样本第 i 群中第 j 个单位的标志值。则样本第 i 群中 M 个单位标志值的平均数为

$$\overline{x}_i = \frac{1}{M}\sum_{j=1}^{M} x_{ij}$$

样本总平均数为

$$\overline{x}_d = \frac{1}{nM}\sum_{i=1}^{n}\sum_{j=1}^{M} x_{ij} = \frac{1}{n}\sum_{i=1}^{n}\overline{x}_i$$

又设 $\sigma_B^2(\overline{X})$ 表示总体 N 个群平均数 $\overline{X}_1, \overline{X}_2, \cdots, \overline{X}_{N-1}, \overline{X}_N$ 的方差，由于整体抽样一般都采用不重复抽样的方法，所以抽样平均误差为

$$\mu_{xcl} = \sqrt{\frac{\sigma_B^2(\overline{X}_i)}{n}\left(1-\frac{n}{N}\right)}$$

估计量的误差限为

$$\Delta_{xcl} = t\mu_{xcl}$$

习题五

一、单项选择题

1．影响抽样平均误差的因素有（　　）。

  A．样本容量　　　　　　　　B．抽样方法

C. 总体标志变异程度　　D. 抽样方式

E. 抽样推断的可靠度

2. 抽样估计的抽样平均误差（　　）。

　　A. 其大小是可以控制的　　B. 只要调查结束后才能计算

　　C. 是不可避免要产生的　　D. 是可以通过改进调查方法消除的

　　E. 是可以事先计算的

3. 提高推断的可靠程度，可采用的方法有（　　）。

　　A. 扩大估计值的误差范围　　B. 缩小估计值的误差范围

　　C. 增大概率　　D. 降低概率度

　　E. 增加样本容量

4. 抽样调查的主要目的是（　　）。

　　A. 对调查单位做深入研究

　　B. 用样本指标来推断全及总体的指标

　　C. 计算和控制误差

　　D. 广泛运用数学的方法

　　E. 对现象总体进行科学的估计和判断分析的方法

5. 影响样本容量的因素有（　　）。

　　A. 标准差大小　　B. 抽样平均数的大小

　　C. 极限误差　　D. 概率度大小

　　E. 抽样方法

6. 等距抽样（　　）。

　　A. 又称机械抽样　　B. 又称多阶段抽样

　　C. 比整群抽样的误差要大

　　D. 可以按有关标志排序和无关标志排序

　　E. 常用的有三种方法，即随机起点等距抽样、半距起点等距抽样和随机起点对称等距抽样

7. 在简单重复随机抽样条件下，欲使误差范围缩小 $\frac{1}{2}$，其他条件不变，则样本容量必须（　　）。

　　A. 减少 3 倍　　B. 增加 3 倍

　　C. 是原来的 4 倍　　D. 减少 2 倍

　　E. 增加 2 倍

8. 按组织方式不同，抽样调查有（　　）。

　　A. 类型抽样　　B. 等距抽样

　　C. 纯随机抽样　　D. 整群抽样

　　E. 不重复抽样和重复抽样

9. 要提高抽样推断的精确度，可采用的方法有（　　）。

　　A. 增加样本容量　　B. 减少样本数目

　　C. 改善抽样的组织方式　　D. 缩小总体被研究标志的变异程度

　　E. 改善抽样的方法

10. 总体平均数的准确值（　　）。

A. 等于全部可能样本平均数的平均数
B. 通过抽样调查可以推算出来
C. 等于样本平均数减一个抽样极限误差
D. 等于样本平均数加一个抽样极限误差
E. 通过抽样调查推算不出

二、简答题

1. 抽样调查的概念和特点是什么？
2. 什么是抽样误差和抽样平均误差？
3. 影响抽样平均误差的因素是什么？
4. 重复抽样和不重复抽样有什么不同？为什么不重复抽样的误差总小于重复抽样的误差？
5. 计算极限误差的实际意义是什么？列出误差范围同概率度及抽样误差之间的关系式。

三、计算题

1. 某灯泡厂生产一批灯泡共 8000 只，随机抽选 400 只进行耐用实际试验。结果平均寿命为 5000 h，总体标准差为 300 h。试用重复与不重复抽样方法计算抽样平均误差。

2. 某茶叶公司销售一种名茶，规定每包规格重量不低于 150 g，现抽取 1% 检验，结果如下表。

按每包重量分组/g	包数/包
148~149	10
149~150	20
150~151	50
151~152	20
合计	100

试以 99.73% 的可靠度，评估这批茶叶平均每包重量的范围是否符合规格重量要求。

3. 为调查农民生活水平，在某地 5000 户农民中采用不重复简单随机抽样抽取了 400 户进行调查，得知这 400 户中有彩电的农民为 87 户。试以 95% 的把握估计该区全部农户中有彩电的农户所占比率。如果要求抽样允许误差不超过 0.02，问至少应抽取多少户作为样本？

4. 在全月连续生产的 720 h 中，每隔 19 h 抽取 1 h 的全部产品进行检验，结果：①平均每件重 456 g，群间方差 9g；②平均一级品率 89%，群间方差 2%。试求该月产品的平均每件产品的重量与一级品率。$F(t)=95\%$。

5. 某部门对职工进行家庭经济情况调查，抽样资料如下：

	抽查户数/户	每户平均收入/元	标准差/元
职员	200	1600	400
工人	600	1200	200

试以 95.45% 的概率保证程度，估计该部门职工的平均家庭收入。

第 6 章 相关分析

【教学目的和要求】

了解相关分析的意义、相关的种类、回归分析的意义;理解回归与相关的区别和联系;熟练掌握相关系数的计算和应用;掌握简单线性回归方程的建立、应用和分析方法,并能对实际问题进行分析。

相关分析(Correlation analysis)是研究变量之间相互关系的重要统计方法,是现代统计学中非常重要的内容。通过相关分析,可以判断两个或两个以上的变量之间是否存在相关关系,同时可以判断相关关系的方向以及密切程度。相关分析是回归分析(Regression analysis)的基础和前提,本章在相关分析的基础上进一步进行回归分析。回归分析是对具有相关关系现象间数量变化的规律性进行测定,确立一个回归方程式,并对所建立的回归方程式的有效性进行分析、判断,以便进一步进行估计和预测。现在,相关与回归分析已经广泛应用于经济管理、决策分析以及自然科学和人文科学等等许多研究领域。

6.1 相关分析

6.1.1 相关的概念和种类

1. 相关的概念

自然界和人类社会经济现象之间存在着大量的相互联系、彼此依存的关系。这种关系可分为两种类型:函数关系和相关关系。

函数关系反映着现象之间严格的依存关系,也称确定性的依存关系。在这种关系中,对于变量的每一个数值,都有一个或几个确定的值与之对应。例如,圆的周长 L 与半径 R 的关系,可用 $L=2\pi R$ 表示。

另一类是相关关系,在这种关系中,变量之间存在着不确定、不严格的依存关系,对于变量的某个数值,可以有另一变量的若干数值与之相对应,这若干个数值围绕着它们的平均数呈现出有规律的波动。所以,相关分析是研究一个变量(y)与另一个变量(x)或另一组变量(x_1, x_2,…,x_i)之间相互关系密切程度和相关方向的一种统计分析方法。例如,批量生产的某产品产量与相对应的单位产品成本,某些商品价格的升降与消费者需求的变化,施肥量与农作物产量等之间就存在着这样的相关关系。

2. 相关的种类

(1)按相关的程度分,有完全相关、不完全相关和不相关。

完全相关是一个变量的值完全由另一个或另一组变量的值所决定。例如,在价格不变的条件下,销售额与销售量之间的正比例函数关系即为完全相关,此时相关关系便成为函数关系,因此也可以说函数关系是相关关系的一个特例。不完全相关是一个变量的值与另一个或一组变量的值有关,但受随机因素的影响。例如,股票价格的高低与人口的性别一般情况下是不相关的。不相关是一变量的值与另一个变量或一组变量的值没有关系,彼此独立。

(2) 按相关的性质分,有正相关和负相关。

正相关指的是自变量的值增加(或减少)时,因变量的值也相应增加(或减少)。如工人劳动生产率提高,产品产量也随之增加;居民的消费水平随个人所支配收入的增加而增加。负相关指的是因素标志和结果标志变动的方向相反。也就是当自变量的值增加(或减少)时,因变量的值也相应减少(或增加)。如商品流转额越大,商品流通费用越低;利润随单位成本的降低而增加。

(3) 按相关的形式分,有线性相关和非线性相关。

相关的两个变量的对应值在坐标图上,如果其散布点近似地表现为直线形式,则称为线性相关或直线相关。例如,人均消费水平与人均收入水平通常呈线性关系。如果其散布点趋向于某种曲线的形式,则称为非线性相关或曲线相关。例如,工人加班加点在一定数量界限内,产量增加,但一旦超过一定限度,产量反而可能下降,这就是一种非线性关系。

(4) 按影响因素多少分,有单相关和复相关。

单相关也称为一元相关,相关关系只涉及两个因素的依存关系,一个是自变量,另一个是因变量。复相关也称为多元相关,是多个因素之间的复杂依存关系,即一个因变量和两个及其以上自变量的相关关系。如商品销售额与居民收入、商品价格之间的相关关系,广告费支出与产品销售量之间的相关关系。

6.1.2 相关系数

1. 相关系数的概念

相关系数(Correlation coefficient)是测定变量之间相关密切程度和相关方向的代表性指标。相关系数一般用 r 表示(也有用希腊字母 γ 表示的)。

2. 相关系数的性质

参与相关分析的两个变量都是随机变量,是对等的关系,不必确定两变量中哪个是自变量,哪个是因变量,改变两变量的地位并不影响相关系数的数值,因此相关系数只有一个。

相关系数 r 的取值范围在 -1 和 $+1$ 之间。即 $|r|\leqslant 1$ 或 $-1\leqslant r\leqslant +1$;正负号反映相关关系的方向,$r>0$ 为正相关,$r<0$ 为负相关;$r=+1$ 表示 x 与 y 之间完全正相关,所有的对应点都在一条直线上;$r=-1$ 表示 x 与 y 之间完全负相关,对应点也都在一条直线上;$r=0$ 时,说明 x 与 y 之间无线性相关关系或不相关。

3. 相关系数的计算

相关系数的基本计算公式为

$$r=\frac{\sigma_{xy}^2}{\sigma_x \sigma_y} \tag{6.1.1}$$

式中,r 为相关系数;σ_x 为自变量数列的标准差;σ_y 为因变量数列的标准差;σ_{xy}^2 为两个变量数列的协方差。

利用代数推演的方法可得到许多计算相关系数的公式,相关系数的基本计算公式也可以表示为

$$r = \frac{n\sum xy - \sum x \sum y}{\sqrt{[n\sum x^2 - (\sum x)^2][n\sum y^2 - (\sum y)^2]}} \quad (6.1.2)$$

式中,r 表示相关系数;n 表示资料项数。

由于相关系数是通过将各个离差相乘来表明现象的相关程度的,所以称这种计算方法为"积差法"。

【例1】 变量 x 与 y 的简单相关表如下,试计算两变量的相关系数 r,并判断其相关程度。

x	4	6	8	10	12
y	2	3	4	5	6

解: 方法(1):$\bar{x} = \frac{40}{5} = 8, \bar{y} = \frac{20}{5} = 4$

$$\sigma_{xy}^2 = \frac{\sum(x-\bar{x})(y-\bar{y})}{n} = \frac{20}{5} = 4$$

$$\sigma_x = \sqrt{\frac{\sum(x-\bar{x})^2}{n}} = \sqrt{\frac{40}{5}} = \sqrt{8}, \quad \sigma_y = \sqrt{\frac{\sum(y-\bar{y})^2}{n}} = \sqrt{\frac{10}{5}} = \sqrt{2}$$

$$r = \frac{\sigma_{xy}^2}{\sigma_x \sigma_y} = \frac{4}{\sqrt{8}\sqrt{2}} = 1$$

方法(2):$\sum xy = 4 \times 2 + 6 \times 3 + 8 \times 4 + 10 \times 5 + 12 \times 6 = 180$

$\sum x = 40, \sum y = 20, n = 5$

$\sum x^2 = 4^2 + 6^2 + 8^2 + 10^2 + 12^2 = 360$

$\sum y^2 = 2^2 + 3^2 + 4^2 + 5^2 + 6^2 = 90$

$$r = \frac{n\sum xy - \sum x \sum y}{\sqrt{[n\sum x^2 - (\sum x)^2][n\sum y^2 - (\sum y)^2]}}$$

$$= \frac{5 \times 180 - 40 \times 20}{\sqrt{(5 \times 360 - 40^2)(5 \times 90 - 20^2)}} = \frac{100}{\sqrt{10000}} = 1$$

所以 x 与 y 之间为完全相关关系,即函数关系,y 为 x 的函数:

$$y = \frac{1}{2}x$$

【例2】

某企业在6年内,每年的广告费的投入和销售额的资料如表6.1.1所示,试求相关系数。

表 6.1.1

年序	广告费 x/万元	销售额 y/万元	$x-\bar{x}$	$(x-\bar{x})^2$	$y-\bar{y}$	$(y-\bar{y})^2$	$(x-\bar{x})(y-\bar{y})$
1	5.8	92	−0.2	0.04	−18	324	3.6
2	5.8	90	−0.2	0.04	−20	400	4.0
3	5.6	88	−0.4	0.16	−22	484	8.8

续表 6.1.1

年序	广告费 x/万元	销售额 y/万元	$x-\bar{x}$	$(x-\bar{x})^2$	$y-\bar{y}$	$(y-\bar{y})^2$	$(x-\bar{x})(y-\bar{y})$
4	5.7	91	−0.3	0.09	−19	361	5.7
5	6.1	133	0.1	0.01	23	529	2.3
6	6.8	167	0.8	0.64	57	3249	45.6
合计	35.8	661	—	0.98	—	5347	70

解：(1) 自变量 x 数列的标准差为

$$\sigma_x = \sqrt{\frac{1}{n}\sum(x-\bar{x})^2} = \left(\sqrt{\frac{1}{6}\times 0.98}\right) = 0.40(万元)$$

(2) 因变量 y 数列的标准差为

$$\sigma_y = \sqrt{\frac{1}{n}\sum(y-\bar{y})^2} = \left(\sqrt{\frac{1}{6}\times 5347}\right) = 29.85(万元)$$

(3) 协方差为

$$\sigma_{xy}^2 = \frac{1}{n}\sum(x-\bar{x})(y-\bar{y}) = \frac{70}{6} = 11.67(万元)$$

(4) 根据标准差和协方差计算相关系数：

$$r = \frac{\sigma_{xy}^2}{\sigma_x \sigma_y} = \frac{11.67}{0.40\times 29.85} = 0.977$$

6.2 回归分析

"回归"一词最早由英国研究生物学的遗传学家高尔顿(Francis Galton,1822—1911)在 1877 年提出。他在研究子女身高与父母身高之间关系时发现：身材特别高的父母所生的孩子其身材并非特别高，而身材特别矮的父母所生孩子的身材也并非特别矮，无论父母身高如何，其子女身高都有向同代人类平均身高逼近的趋势。他把这种现象叫做"身高数值从一极端向另一极端的回归"。以后，他的学生皮尔逊(Karl Pearson,1857—1936)又用观察数据证实了这一现象，当时称这种现象为回归现象。同时，他把回归的概念与数学的方法结合起来研究现象之间的这种相关关系。

回归按自变量的个数分，有一元回归和多元回归，只有一个自变量的称为一元回归，有两个或两个以上自变量的称为多元回归。两个变量之间的回归称为一元回归(简单回归)，三个或三个以上变量之间的回归称为多元回归(复回归)。回归方程为线性的称为线性回归，回归方程为非线性的称为非线性回归。本节主要介绍简单回归中的直线回归，即一元线性回归分析。

6.2.1 回归分析的意义

如前所述，相关分析只能回答变量之间相关的紧密程度和方向。回归分析就是根据变量之间的主从或因果的回归关系，对变量之间的数量变化进行测定，建立数学模型，对因变量进行预测或估计的统计分析方法。

回归分析通过对具有相关关系的两个或两个以上变量之间数量变化的一般关系进行测定,确定一个相应的数学表达式,这样,可以从一个已知量来推测另一个未知量,从而为估计预测提供一个重要的方法。

进行回归分析,是将变量之间的相关关系在一定情况下转化为函数关系而展开的。回归分析建立的数学表达式称为回归方程(或回归模型)。根据回归方程配合的曲线,称配合曲线,其表现形式有直线和曲线等。

6.2.2 相关与回归的联系和区别

1. 相关分析与回归分析的联系

相关分析是回归分析的基础和前提,回归分析则是相关分析的深入和继续。相关分析需要依靠回归分析来表现变量之间数量相关的具体形式,而回归分析则需要依靠相关分析来表现变量之间数量变化的相关程度。

2. 相关分析与回归分析的区别

(1)在相关分析中涉及的变量不存在自变量和因变量的划分问题(变量之间没有因果关系),变量之间的关系是对等的;而在回归分析中,则必须根据研究对象的性质和研究分析的目的,对变量进行自变量和因变量的划分。

(2)在相关分析中所有的变量都是随机变量;而在回归分析中,自变量是给定的,因变量是随机的,即因变量表现出一定的随机波动性。

(3)相关分析主要是通过一个指标即相关系数来反映变量之间相关程度的大小。相关系数能确定两个变量之间相关方向和相关的密切程度,但不能指出两变量相互关系的具体形式,也无法从一个变量的变化来推测另一个变量的变化情况。由于变量之间是对等的,因此相关系数是唯一确定的。而在回归分析中,对于互为因果的两个变量(如人的身高与体重、商品的价格与需求量),则有可能存在多个回归方程。

6.2.3 简单线性回归方程的建立及求解

1. 简单线性回归方程与回归系数

简单线性回归方程式为

$$y_e = a + bx \tag{6.2.1}$$

式中,x 为回归模型的自变量;y_e 是估计值,是因变量;a 和 b 为方程中的待定参数。a 为直线的起点值,代表直线在 y 轴上的截距;b 为反映因变量随自变量变动的变化率,表示直线的斜率,又称为回归系数(Regression coefficient)。

在回归方程中,回归系数表示自变量 x 对因变量 y 影响大小的参数。回归系数表示当自变量 x 每增加一个单位时,因变量 y 的平均增加值。回归系数越大,表示 x 对 y 影响越大。回归系数为正表示 y 随 x 增大而增大;回归系数为负表示 y 随 x 增大而减小。

反映在图形上,直线回归系数 $b>0$ 表示直线从左下方向右上方延伸,y 随 x 增大而增大;$b<0$ 表示直线从左上方向右下方延伸,y 随 x 增大而减小;$b=0$ 表示直线与 x 轴平行,x 与 y 无直线关系。

1)回归系数的意义

回归系数 b 表明自变量 x 每增加(减少)一个单位时,因变量 y 将平均增加(减少)$|b|$ 个单位。

例：年劳动生产率（千元）和工人月工资之间存在回归方程 $y_c=10+70x$，回归系数 b 的含义表明当自变量劳动生产率每提高 1000 元，则工资将平均增长 70 元。

若单位产品成本（万元／吨）为自变量 x；工人工资（元）为因变量 y，且回归方程为 $y_e=1000-50x$，则 b 的含义是当单位产品成本每吨减少 1 万元时，工人的工资将平均增加 50 元。

2）回归系数与相关系数的关系

$$\left.\begin{array}{l}r=\dfrac{\overline{xy}-\overline{x}\cdot\overline{y}}{\sigma_x\sigma_x}\\ b=\dfrac{\overline{xy}-\overline{x}\cdot\overline{y}}{\sigma_x^2}\end{array}\right\}\Rightarrow r=b\cdot\dfrac{\sigma_x}{\sigma_y}\ 或\ b=r\cdot\dfrac{\sigma_y}{\sigma_x}$$

例：根据下列资料编制直线回归方程：

$$\sigma_x^2=25,\sigma_y^2=36,r=0.9,a=2.8$$

解：$b=r\cdot\dfrac{\sigma_y}{\sigma_x}=0.9\times\dfrac{6}{5}=1.08$，所以 $y_e=2.8+1.08x$

2. 配合回归直线

建立直线回归方程，是直线回归分析中最为关键的问题，即确定一条直线来代表各个相关点的变动趋势。配合回归直线的目的就是要找到一条理想的直线，用直线上的点来代表所有的相关点。

在相关图中，如果自变量和因变量对应的散点图大致呈直线型，或计算出的相关系数具有显著的直线相关关系，则可拟合一条直线方程。数理证明，符合"离差平方和最小"的直线是最理想的，最具有代表性的。在这条直线上，据以推算的估计值与 y 的实际值离差的平方和，比其他任何直线推算的数值都要小。

用公式表示最小值为

$$L=\sum(y-y_e)^2=\sum(y-a+bx)^2 \tag{6.2.2}$$

按照最小二乘法，可以估计 $y_e=a+bx$ 中的参数，一旦解出 a 和 b，变量之间的回归模型即可建立。

根据最小平方法的要求，对 L 求关于 a 和 b 的偏导数，并令其等于零，可得出直线回归方程中的参数 a、b 的求解方程式。

$$\begin{cases}\sum y=na+b\sum x\\ \sum xy=a\sum x+b\sum x^2\end{cases} \tag{6.2.3}$$

解得参数 a、b 如下：

$$\begin{cases}b=\dfrac{n\sum xy-\sum x\sum y}{n\sum x^2-(\sum x)^2}\\ a=\overline{y}-b\overline{x}\end{cases} \tag{6.2.4}$$

【例 1】

某产品价格与供给量如表 6.2.1 所示，试求直线回归方程。

表 6.2.1

序号	价格 x	供给量 y	x^2	y^2	xy
1	2	34	4	1156	68
2	4	80	16	6400	320
3	5	90	25	8100	450
4	7	138	49	19044	966
∑	18	342	94	34700	1804

解：$n=4$，$\sum x = 18$，$\sum x^2 = 94$，$\sum y^2 = 34700$，$\sum y = 342$，$\sum xy = 1804$，$\overline{x} = 3.6$，$\overline{y} = 68.4$

代入公式(6.2.3)，有

$$b = \frac{n\sum xy - \sum x \cdot \sum y}{n\sum x^2 - (\sum x)^2} = \frac{4 \times 1804 - 18 \times 342}{4 \times 94 - 18^2} = 20.38$$

$$a = \overline{y} - b\overline{x} = 68.4 - 20.38 \times 3.6 = -4.97$$

故直线回归方程为 $y_e = -4.97 + 20.38x$。

3. 利用回归方程进行预测

拟合的回归直线方程经检验具有意义，就可以进行预测。预测是回归模型在统计中的重要应用。

假设在价格与需求量的研究中，估计回归方程为 $y_e = -20 + 7x$，提供了价格 x 与需求量 y 之间关系的一种估计。我们可以用回归方程来对给定某一特定 x 值时 y 的值进行点估计，或者预测某一特定 x 值的 y 值。例如，定价为 5 元，运用回归方程，我们可以得到

$$y_e = y = -20 + 7 \times 5 = 15$$

因此当价格为 5 元时，需求量的点估计值是 15。

【例 2】某企业上半年产品产量与单位成本资料如表 6.2.2 所示。

表 6.2.2

月份	产量/千件	单位成本/元
1	2	73
2	3	72
3	4	71
4	3	73
5	4	69
6	5	68

要求：配合回归方程，假定产量为 8000 件时，单位成本为多少元？

解：(1)考虑到要配合回归方程，所以这里设产量为自变量(x)，单位成本为因变量(y)。

(2)对表 6.2.2 中的资料进行计算，如表 6.2.3 所示。

表 6.2.3

月份	产量/千件	单位成本/元	x^2	y^2	xy
1	2	73	4	5329	146
2	3	72	9	5184	216
3	4	71	16	5041	284
4	3	73	9	5329	219
5	4	69	16	4761	276
6	5	68	25	4624	340
合计	21	426	79	30268	1481

(3) 设配合回归方程为 $y=a+bx$,将数值代入公式得

$$b=\frac{n\sum xy-\sum x\sum y}{n\sum x^2-(\sum x)^2}=-1.82$$

$$a=\overline{y}-b\overline{x}=77.37$$

所以,回归方程为

$$y=77.37-1.82x$$

(4) 当产量为 8000 件时,即 $x=8$,代入回归方程:

$$y=77.37-1.82\times 8=62.81(元)$$

4. 估计标准误差

1) 估计标准误差的意义

估计标准误差是度量回归估计值与实际观测值离差程度的指标,因为是用类似标准差的方法来计算的,因此又称做回归标准差。

回归方程根据自变量的已知值推算因变量的可能值,回归方程的代表性如何,一般是通过估计标准误差指标的计算予以检验。换句话说,也可用来检验回归模型的拟合程度,即估计标准误差越大,回归模型的拟合程度越差。

2) 估计标准误差的计算方法

(1) 离差法。根据因变量实际值和估计值的离差计算估计标准误差的方法,称之为离差法。其计算公式为

$$S_e=\sqrt{\frac{\sum(y-y_e)^2}{n-2}} \quad (6.2.5)$$

式中,$n-2$ 是自由度,公式中的 S_e 是估计标准误差。

由于实际运用时变量值资料很多,所以计算公式中自由度的考虑就不一定太迫切和要紧,因而估计标准误差的公式可以写成

$$S_e=\sqrt{\frac{\sum(y-y_e)^2}{n}} \quad (6.2.6)$$

(2) 参数法。利用参数 a、b 的已知值,可以计算出估计标准误差,此方法称为参数法。其计算公式为

$$S_e = \sqrt{\frac{\sum y^2 - a\sum y - b\sum xy}{n-2}} \quad (6.2.7)$$

或

$$S_e = \sqrt{\frac{\sum y^2 - a\sum y - b\sum xy}{n}} \quad (6.2.8)$$

【例3】

根据某部门 8 个企业产品销售额和销售利润的资料得出以下计算结果：

$\sum xy = 189\,127$，$x^2 = 2\,969\,700$，$x = 4290$，$y^2 = 12\,189.11$，$y = 260.1$

计算估计标准误差。

解：估计标准误差：

$$s_y = \sqrt{\frac{\sum y^2 - a\sum y - b\sum xy}{n-2}} = 2.8493$$

【例4】 财会班上学期《经济数学》开课 18 次，有五位同学的上课次数 x 与考试成绩 y（分）如下：

姓名	上课次数 x	考试成绩 y（分）
A	6	40
B	9	60
C	12	70
D	15	80
E	16	90

要求：(1) 编制直线回归方程，并说明回归系数的含义；

(2) 若某同学上课 18 次，请估计他的考试成绩；

(3) 计算估计标准误差 S_{yx}

解：列表如下：

姓名	x	y	x^2	y^2	xy
A	6	40	36	1600	240
B	9	60	81	3600	540
C	12	70	144	4900	840
D	15	80	225	6400	1200
E	16	90	256	8100	1440
合计(Σ)	58	340	742	24 600	4260

$$b = \frac{n\sum xy - \sum x \sum y}{n\sum x^2 - (\sum x)^2} = \frac{5 \times 4260 + 58 \times 340}{5 \times 742 - 58^2} = 4.57$$

$$a = \frac{\sum y}{n} - b \cdot \frac{\sum x}{n} = \frac{340}{5} - 4.57 \times \frac{58}{5} = 14.99$$

$$y_e = a + bx = 14.99 + 4.57x$$

由回归系数的意义可知，多听一次课，考试成绩将平均增加 4.57 分。

(2)如某同学上 18 课次,即 $x=18$,由回归方程得
$$y_e = 14.99 + 4.57 \times 18 = 97.25(分)$$
所以估计该同学的成绩为 97.25 分。

(3) $S_{yx} = \sqrt{\dfrac{\sum y^2 - a\sum y - b\sum xy}{n-2}}$

$= \sqrt{\dfrac{24\,600 - 14.99 \times 340 - 4.57 \times 4260}{5-2}} = 3.45(分)$

以该回归方程来估计学生的成绩,误差为 3.45 分。

习题六

一、填空题

1. 如果 x 的值增加,y 的值也增加,则这种相关关系为_____。
2. 相关系数的绝对值越接近 1,变量之间的相关程度就越_____。
3. _____是度量回归估计值与实际观测值离差程度的指标。
4. 在回归方程中,参数 b 称为_____,a 称为_____。
5. 若直线回归方程 $y_e = 4 - 6x$,则变量之间存在_____相关关系。

二、判断题

1. 在有限的范围内施肥量与收获率是正相关关系。( )
2. 负相关是指两个量之间的变化方向相反,即一个呈下降(上升)而另一个呈上升(下降)趋势。( )
3. 函数关系是一种完全相关关系。( )
4. 若直线回归方程 $y_e = 30 + 50x$,它表示自变量每增加 1 个单位,因变量平均增加 35 个单位。( )
5. 在其他条件不变的情况下,相关系数越大,估计标准误差就越大;反之,估计标准误差就越小。可见估计标准误差的大小与相关系数的大小是一致的。( )

三、单项选择题

1. 相关系数的取值范围是( )。
   A. $-1 < r < 1$ B. $0 \leqslant r \leqslant 1$ C. $-1 \leqslant r \leqslant 1$ D. $|r| > 1$
2. 下列现象中,相关密切程度最高的是( )。
   A. 商品销售量与商品销售额之间的相关系数为 0.90
   B. 商品销售额与商业利润率之间的相关系数为 0.60
   C. 商品销售额与流通费用率之间的相关系数为 -0.85
   D. 商业利润率与流通费用率之间的相关系数为 -0.95
3. 确定现象之间是否存在相关关系,首先要对现象进行( )。
   A. 定性分析   B. 定量分析
   C. 数值分析   D. 定性与定量分析
4. 配合回归直线最合理的方法是( )。
   A. 随手画线法   B. 最小二乘法

C. 移动平均法　　　　　　　D. 描点作图法
5. 回归估计的估计标准误差的计量单位与(　　)。
　　A. 自变量相同　　　　　　　B. 因变量相同
　　C. 自变量及因变量相同　　　D. 相关系数相同

四、多项选择题

1. 变量之间的不完全相关可以表现为(　　)。
　　A. 零相关　　　　　　　　　B. 正相关
　　C. 负相关　　　　　　　　　D. 曲线相关
　　E. 相关系数为1
2. 下列现象属于相关关系的是(　　)。
　　A. 家庭收入与支出的关系
　　B. 圆的半径与圆的面积的关系
　　C. 产品产量与单位成本的关系
　　D. 施肥量与粮食单位面积产量的关系
　　E. 机械化程度与农业劳动力的关系
3. 下述关系中属于正相关的是(　　)。
　　A. 工业产品产量与单位成本之间的关系
　　B. 商业企业的劳动效率与流通费用率之间的关系
　　C. 单位产品成本与原材料消耗之间的关系
　　D. 工业企业的劳动效率与生产单位产品的消耗时间之间的关系
　　E. 在合理限度内，农业生产中施肥量与平均单位面积产量之间的关系
4. 商品销售额与流通费用率，在一定条件下存在相关关系，这种相关关系属于(　　)。
　　A. 单相关　　B. 复相关　　C. 直线相关　　D. 曲线相关　　E. 负相关
5. 直线回归分析的特点表现是(　　)。
　　A. 两个变量之间的地位不是对等关系
　　B. 自变量是给定的非随机变量，因变量是随机变量
　　C. 可以求出两个回归方程
　　D. 直线回归方程中的回归系数有正负号

五、简答题

1. 简述相关系数的性质。
2. 简述相关分析与回归分析的区别和联系。

六、计算题

1. 随机抽取了5个城市，人口数与商品零售额之间的关系如下表所示。

人口 x/万人	69	168	22	38	51
零售额 y/亿元	2.3	9.4	1.1	2.9	3.3

试计算人口数与商品零售额之间的相关系数。

2. 某地区产量与单位成本资料如下表所示：

产量/万个	2	3	4	3	4	5	6
单位成本/元/个	73	72	71	73	70	69	68

(1) 计算产品产量与单位成本的相关系数。
(2) 确定单位成本对产量的回归直线方程,说明回归系数 b 的意义。
(3) 计算产量上升 6.5 个时的单位成本。
(4) 计算估计标准误差。

第 7 章 统计指数

【教学目的及要求】

掌握统计指数的基本概念;了解统计指数的作用和种类;掌握统计综合指数的编制原则、计算方法;掌握统计平均法总指数的编制原则、计算方法;掌握总量指标指数,运用指数体系进行因数分析;熟练掌握利用指数对社会经济现象变动进行分析。

7.1 统计指数概述

在进行统计分析时,我们常常遇到各种指数的统计数字。例如《中国统计年鉴 2003》提供的数字表明:与 2001 年相比,2002 年全国商品零售价格总指数为 98.7%,城镇居民消费价格总指数为 99%,农村居民消费价格总指数为 99.6%。这些数字是怎样计算出来的? 它们反映了什么内容? 为了说明这些数字的含义,我们必须知道指数的基本含义。

7.1.1 统计指数的概念

指数的编制最早起源于物价指数。早在 1650 年,英国人沃汉(Rice Voughan)首创物价指数,用于度量物价的变动状况。其后,指数的应用范围不断扩大,其含义和内容也随之发生了变化。由单纯反映一种现象的相对变动,到反映多种现象的综合变动;由单纯的不同时间的对比分析,到不同空间的比较分析;等等。

迄今为止,统计界认为,统计指数的概念有广义和狭义两种理解。

(1)广义的概念:指一切说明社会经济现象数量对比关系的相对数。如动态相对数、比较相对数、计划完成相对数等都可以称为指数。

(2)狭义的概念:指不能直接相加和对比的复杂现象综合变动的相对数,如零售物价指数、股票价格指数、工业产品产量指数等。

本章主要基于统计指数的狭义的概念探讨指数的作用、编制方法及其在统计分析中的运用。

7.1.2 统计指数的性质

统计指数,作为一种特殊的相对数,其特殊的属性表现在以下三个方面:

1. 相对性

指数是总体各变量在不同场合下对比形成的相对数,它可以度量一个变量在不同时间或不同空间的相对变化,如一种商品的价格指数或数量指数,这种指数称为个体指数。它也可用于反映一组变量的综合变动,如消费价格指数反映一组指定商品和服务的价格变动水平,这种指数称为综合指数。总体变量在不同时间上对比形成的指数称为时间性指数,在不同空间上对比形成的指数称为区域性指数。

2. 综合性

指数是反映一组变量在不同场合下的综合变动水平,这是就狭义的指数而言的,它也是指数理论和方法的核心问题。实际中所计算的主要是这种指数。没有综合性,指数就不可能发展成为一种独立的理论和方法论体系。综合性说明指数是一种特殊的相对数,它是由一组变量或项目综合对比形成的。比如,由若干种商品和服务构成的一组消费项目,通过综合后计算价格指数,以反映消费价格的综合变动水平。

3. 平均性

指数是总体水平的一个代表性数值。平均性的含义有二:一是指数进行比较的综合数量是作为个别量的一个代表,这本身就具有平均的性质;二是两个综合量对比形成的指数反映了个别量的平均变动水平,比如物价指数反映了多种商品和服务项目价格的平均变动水平。

7.1.3 统计指数的作用

指数在统计分析中具有以下作用:

(1)综合反映社会经济现象总变动方向及变动幅度。在统计实践中,经常要研究多种商品或产品的价格综合变动情况,多种商品的销售量或产品产量的总变动,多种产品的成本总变动,多种股票价格综合变动等。这类问题由于各种商品或产品的使用价值不同、各种股票价格涨跌幅度和成交量不同,所研究总体中的各个个体不能直接相加。指数法的首要任务,就是把不能直接相加总的现象过渡到可以加总对比,从而反映复杂经济现象的总变动方向及变动幅度。

(2)分析现象总变动中各因素变动的影响方向及影响程度。利用指数体系理论可以测定复杂社会经济现象总变动中,各构成因素的变动对现象总变动的影响情况,并对经济现象变化作综合评价。任何一个复杂现象都是由多个因子构成的,如:销售额＝价格×销售量,又如影响利润总额变化的各种因素有产品产量、产品销售量、产品成本、产品销售价格等。运用指数法编制商品零售价格指数和零售量指数,可分析它们的变动对商品零售总额变动的影响。编制产品产量指数、产品销售量指数、产品成本指数和产品销售价格指数等并分别对它们进行测定,根据各因素变动影响,可综合评价利润总额变动的情况。

(3)反映同类现象变动趋势。编制一系列反映同类现象变动情况的指数形成指数数列,可以反映被研究现象的变动趋势。例如,根据1980—2002年共23年的零售商品价格资料,编制22个环比价格指数,从而构成价格指数数列。这样,就可以揭示价格的变动趋势,研究物价变动对经济建设和人民生活水平的影响程度。

此外,利用统计指数还可以进行地区经济综合评价、对比,研究计划执行情况。

7.1.4 统计指数的种类

指数的种类很多,可以按不同的标志作不同的分类。

1. 按其反映对象范围的不同分类

1) 个体指数

个体指数是说明单项事物(例如某种商品或产品等)变动的相对数,又称单项指数。个体指数通常记做 K,例如

$$个体产品产量指数\ K_q = \frac{q_1}{q_0}$$

$$个体产品成本指数\ K_z = \frac{z_1}{z_0}$$

$$个体物价指数\ K_p = \frac{p_1}{p_0}$$

式中,q 代表产量;z 代表单位产品成本;p 代表商品或产品的单价;下标 1 代表报告期,下标 0 代表基期。

可见,个体指数就是同一种现象的报告期指标数值与基期指标数值对比而得的发展速度指标。

2)总指数

总指数是说明度量单位不相同的多种事物综合变动的相对指数,例如工业总产量指数、零售物价总指数等。总指数与个体指数有一定的联系,可以用个体指数计算相应的总指数。用个体指数简单平均求得的总指数,称为简单指数;用个体指数加权平均求得的总指数,称为加权指数。

3)类(组)指数

类(组)指数是介于个体指数和总指数之间的另一种指数,即说明不同种类现象总变动中,某一部分现象变动程度的相对数。如零售物价指数中分食品类、衣着类、日用杂品类、文化娱乐用品类、书报杂志类、药及医药用品类、燃料类等大类商品价格指数,就是类指数。

2. 按其所反映的社会经济现象特征不同分类

1)数量指标指数

数量指标指数简称数量指数,是反映社会经济现象总的规模、水平变动程度的指数,例如商品销售量指数、工业产品产量指数、等等。

2)质量指标指数

质量指标指数简称质量指数,是指直接说明经济工作质量变化情况的指数,例如物价指数、产品成本指数、等等。

3. 按其采用基期的不同分类

1)定基指数

定基指数指在一个指数数列中的各个指数,都以某一固定基期为基期的指数。

2)环比指数

环比指数指在一个指数数列中的各个指数,都以其前一时期为基期的指数。

4. 按其对比内容的不同分类

1)动态指数

动态指数是指由两个不同时期的同类经济变量值对比形成的指数,说明现象在不同时间上发展变化的过程和程度。

2)静态指数

静态指数包括空间指数和计划完成情况指数两种。空间指数(地域指数)是将不同空间(如不同国家、地区、部门、企业等)的同类现象进行比较的结果,反映现象在不同空间的差异程度。计划完成程度指数是由同一地区、单位的实际指标值与计划指标数值对比而形成的指数,反映计划的执行情况或完成与未完成的程度。

指数方法论主要论述动态指数,动态指数是出现最早、应用最多的指数,也是理论上最为重要的统计指数。静态指数则是动态指数在实际应用中的扩展。

5. 按照常用的计算总指数的方法或形式不同分类

1)综合指数

综合指数是将两个时期的总量指标对比来计算的总指数,它是计算总指数的基本计算形式。

2)平均数指数

平均数指数是对个体指数进行加权平均来计算的总指数。

7.2 综合指数

7.2.1 综合指数的概念和特点

1. 综合指数的概念

综合指数是编制总指数的基本形式,它是由两个总量指标对比形成的指数。凡是一个总量指标可以分解为两个或两个以上的因素指标时,将其中一个或一个以上的因素指标固定下来,仅观察其中一个因素指标的变动程度,这样的总指数就叫综合法总指数。

如:要计算价格总指数和销售量总指数,设分别用 $\overline{K}_p$,$\overline{K}_q$ 代表价格总指数和销售量总指数,则有

$$\overline{K}_p = \frac{\sum p_1 q_1}{\sum q_0 q_1}, \quad \overline{K}_q = \frac{\sum q_1 p_0}{\sum q_0 p_0}$$

以上两式的分子和分母都是综合各种商品的不同总量而成的,所以从形式上看都是综合法总指数。就上述价格指数来看,它是两个价值指标(即销售额)之比,分子是报告期的实际销售额,分母是一个假定的、用基期价格估计的报告期销售额。由于把销售量固定在一定时期(即报告期)水平上,所以指数所反映的只是在一定销售量条件下各种商品价格的综合变动程度;就上述销售量指数来看,它也是两个价值指标(即销售额)之比,分子是假定的、用基期价格估计的报告期销售额,分母是基期的实际销售额,由于把销售价格固定在一定时期(即基期)水平上,所以,指数所反映的只是在一定销售价格下各种商品销售量的综合变动程度。

综合指数的重要意义:它能最完善地显示出所研究总体现象的实际经济内容,它们都是从现象内在的联系中,来确定所研究现象相关联的经济因素,并把这一因素固定下来,使各种原来不能直接相加的实物指标改变为能直接相加的价值指标。

计算综合法指数时,有两个因素,即指数化因素和同度量因素。指数化因数是指计算的综合法指数所反映变动的那个因素。同度量因素是指使不能直接进行相加或对比的数值转化为能直接相加或对比的那个媒介因素。

同度量因素有两个基本作用:第一,同度量作用,即使得不同度量单位的现象总体转化为数量上可以加总;第二,权属作用,它客观上体现了在实际经济现象或过程中的份额或比重。

2. 综合指数的特点

从其概念与形式的分析可以看出,用综合指数计算总指数有如下特点:

(1)借助于同度量因素进行"先综合,后对比"。在社会经济现象的变动中,不同度量的现

象显然是不能直接相加的,但有时又往往需要把它们作为一个总体来研究,必须把它们加总起来,这就是用综合指数法编制总指数首先要解决的矛盾。人们从事社会生产活动的结果,创造了各种各样的产品,这些不同产品具有不同的使用价值,是不能同度量的现象。马克思在分析商品二重性时指出:"作为使用价值,商品首先有质的差别;作为交换价值,商品只能有量的差别,因而不包含任何一种使用价值的原子。"(《马克思恩格斯全集》第23卷,人民出版社,1972年版,第50页)这就是说,使用价值不同的产品或商品是不能同度量的,但所有的产品或商品都是人们从事社会劳动的成果,都是人类劳动的结晶,都具有一定的价值,而价值对于任何产品或商品来说都是相同性质的东西,是能同度量的现象。由此可见,为了使不同度量单位的现象改变为可以加总的总体,需要将各种产品或商品由使用价值形态还原为价值形态。

如在分析各种商品销售量的总动态中,可把各种商品销售量分别乘上销售价格来计算总销售额。在分析各种商品销售价格的总动态中,可把它们分别乘以相应的销售量求得总销售额。这样,就可以从两个时期的总销售额的对比中进行分析。

(2)同度量因素的时期要加以固定。引入同度量因素并没有解决上面所提出的分析各种商品销售量和价格的综合动态的任务。因为总销售额的变动包括了销售量和价格两个因素的变化。现在,对复杂现象总体所包含的两个因素,把其中一个因素即同度量因素加以固定,以便消除其变化,来测定我们所要研究的那个因素即指数化指标的变动。这就是说,采用同一时期的价格作为同度量因素来计算两个时期的总销售额,进行对比,以测定各种商品的销售量动态;采用同一时期的销售量作为同度量因素来计算两个时期的总销售额,进行对比,以反映各种商品的价格变动。这样,我们分析各种商品销售量和价格等指标动态的目的也就达到了。

回顾指数发展的历史,关于同度量因素的时期固定问题,有多种观点。具有代表性的有拉氏指数公式与派氏指数公式。1864年德国经济统计学家拉斯佩雷斯(Etienne Laspeyres,1834—1913)主张以基期的数量为权数编制价格指数,其后又被推广到各种数量指标指数和质量指标指数的计算,即

$$\overline{K}_q = \frac{\sum q_1 p_0}{\sum q_0 p_0}, \quad \overline{K}_p = \frac{\sum p_1 q_0}{\sum p_0 q_0} \qquad (7.2.1)$$

1874年另一位德国经济统计学家派许(Hermann Paasche,1851—1925)提出用计算期数量为权数编制价格指数,有关方法其后也被推广到各种数量指标指数和质量指标指数的计算,即

$$\overline{K}_q = \frac{\sum q_1 p_1}{\sum q_0 p_1}, \quad \overline{K}_p = \frac{\sum p_1 q_1}{\sum p_0 q_1} \qquad (7.2.2)$$

纵观上述公式,拉氏公式的特点是将同度量因素固定在基期,而派氏公式的特点是将同度量因素固定在报告期。事实上,在综合指数公式中,同度量因素不仅起着加总综合的作用,而且起着权衡轻重的作用。对于同一资料,采用基期数值作为同度量因素或是采用报告期数值作为同度量因素,其计算结果是不一样的。

(3)编制综合指数,使用的是全面的实际资料,所以没有代表性误差。如用综合指数编制商品销售量指数,要求使用全部商品销售量报告期和基期的资料,即利用全面统计的资料。全面统计资料只存在登记性误差,而不存在代表性误差。

(4)指数的分子、分母所研究的对象范围原则上应当一致。如可以编制一个企业、一个地

区、一个部门或全国的指数,无论范围的大小,分子分母的范围应当一致。

7.2.2 综合指数编制的方法和步骤

1. 确定同度量因素

首先要根据经济现象的内在联系确定同度量因素,把不能直接相加的指标转化为可以加总的价值形态总量指标。

在社会经济现象中,存在着各种经济关系等式,如:

$$商品销售额 = 价格 \times 销售量$$
$$总生产费用 = 产量 \times 单位产品成本$$
$$工资总额 = 工资水平 \times 职工人数$$
$$总产值 = 产量 \times 价格$$

以产品销售为例,在编制价格指数时,不同商品的价格不能直接相加,但商品的销售额可以相加,把不同的价格过渡到销售额,必须通过销售量,销售量就称为编制价格指数的同度量因素。在编制销售量指数时,要反映多种商品销售量的变动,由于销售量也不能直接相加,要过渡到能够相加的销售额,价格就是销售量指数的同度量因素。

要注意同度量因素不是随意确定的,必须依据经济关系式。

2. 固定同度量因素的时期

由于同度量因素有两个不同时期,因此必须把它固定在同一时期,以消除同度量因素本身变化对所研究现象产生的影响。至于同度量因素固定在哪一时期,要根据研究目的和指数所要说明的问题来确定。

为了计算的统一和指数体系的成立,一般在编制数量指标指数时,我国常把作为同度量因素的质量指标固定在基期;编制质量指标指数时常把作为同度量因素的数量指标固定在报告期上。

1)计算数量指标指数要将同度量固定在基期(以产品销售为例)

(1)拉氏公式($\overline{K_q} = \dfrac{\sum q_1 p_0}{\sum q_0 p_0}$)以基期价格作为同度量因素,亦即价格仍维持原来的水平,所反映的仅仅是销售量的变动情况,不包括价格变动的影响。

(2)派氏公式($\overline{K_q} = \dfrac{\sum q_1 p_1}{\sum q_0 p_1}$)是以报告期价格作为同度量因素,从基期来看,价格已经发生变化,所以这一公式包含了两个因素的变动影响,即在反映商品销售量变动情况的同时,也含有价格变动的因素。

2)计算质量指标指数要将同度量固定在报告期(以产品销售为例)

(1)为了保证与数量指标指数间的联系,即数量指标指数采用拉氏公式,质量指标指数就要采用派氏公式;反之,数量指标指数采用派氏公式,质量指标指数就要采用拉氏公式。

$$\dfrac{\sum q_1 p_0}{\sum q_0 p_0} \times \dfrac{\sum p_1 q_1}{\sum p_0 q_1} = \dfrac{\sum q_1 p_1}{\sum q_0 p_0}, \quad \dfrac{\sum q_1 p_1}{\sum q_0 p_1} \times \dfrac{\sum p_1 q_0}{\sum p_0 q_0} = \dfrac{\sum q_1 p_1}{\sum q_0 p_0}$$

(2)如果采用拉氏公式($\overline{K_p} = \dfrac{\sum p_1 q_0}{\sum p_0 q_0}$),$\sum p_1 q_0$ 表示过去卖的那么多东西按报告期价

格收款,现实中不存在。另外,该公式的比值及差额,只能说明在基期商品销售量的规模及构成条件下,商品价格的变动程度和变动绝对额,不能反映物价变动实际产生的影响,缺乏现实意义。

3. 对比所计算的总量指标

根据研究目的,将前面计算的两个总量指标对比,得出综合指数。继而分析所研究现象的发展变化情况。

7.2.3 综合指数的编制

综合指数的编制,可以分别按数量指标综合指数和质量指标综合指数两个总指数类别来进行讨论。

1. 数量指标综合指数的编制

商品销售量总指数,产品产量总指数等都属于数量指标指数。

【例1】现以表7.2.1中的商品销售量指数为例,说明数量指标总指数的编制方法。

表 7.2.1 某商场三种商品销售量和价格资料

商品名称	计量单位	销售量		价格/元		销售额/元			
		基期 q_0	报告期 q_1	基期 p_0	报告期 p_1	基期 $p_0 q_0$	报告期 $p_1 q_1$	$p_1 q_0$	$p_0 q_1$
甲	公斤	50	62.5	10	15	500	937.5	750	625
乙	件	100	115	20	18	2000	2070	1800	2300
丙	只	75	90	25	20	1875	1800	1500	2250
合计	—	—	—	—	—	4375	4807.5	4050	5175

上表中三种不同种类的商品,由于计量单位不同,其销售量不能直接相加。因此,必须通过同度量因素价格,将各种商品的销售量过渡到可以相加综合的商品销售额,再将两个时期的商品销售额加以对比。为了反映商品销售量的变动,必须把价格这一因素固定起来。计算数量指标指数时,有三种可能采用的价格,即报告期价格、基期价格和固定价格(不变价格)。采用不同价格作同度量因素,所得结果不同,经济意义也不相同。通常我们将同度量因素即价格固定在基期。

把同度量因素固定在基期,以基期价格 p_0 作为权数,则商品销售量综合指。数公式(即拉氏销售量综合指数公式)为

$$\overline{K_q} = \frac{\sum q_1 p_0}{\sum q_0 p_0}$$

根据表7.2.1中的资料计算商品销售量指数:

$$\overline{K_q} = \frac{\sum q_1 p_0}{\sum q_0 p_0} = \frac{5175}{4375} = 118.29\%$$

$\overline{K_q}$ 具有双重意义:①说明销量的变动方向和程度;②说明由于销量的变动引起销售额变动的方向和程度。分子 $\sum p_0 q_1$ 是按基期价格计算的报告期假定销售额,分母 $\sum p_0 q_0$ 表示

基期实际销售额,分子与分母的差额表示由于销售量的变动而增加或减少的金额。

$$\sum p_0 q_1 - \sum p_0 q_0 = 5175 - 4375 = 800(元)$$

计算结果表明,三种商品的报告期销售量比基期平均增长了18.29%,由于销售量的增加使商品销售额增加了800元。

2. 质量指标综合指数的编制

现以物价指数为例,说明质量指标综合指数的编制方法。

【**例2**】根据表7.2.1中的资料要求计算三种商品的物价指数。

不同商品的价格不能直接相加,但商品价格乘上商品销售量等于商品销售额,而商品销售额是可以直接加总的价值总量。因此,在这里商品销售量就是使不能直接相加的各种商品的价格,过渡到能直接加总的价值总量的媒介因素,即同度量因素。计算质量指标指数同度量我们通常固定在报告期。

把同度量因素固定在报告期,以报告期销售量 q_1 作为权数。则物价指数公式(即为派氏物价指数公式)为

$$\overline{K_p} = \frac{\sum p_1 q_1}{\sum p_0 q_1}$$

根据表7.2.1中的资料计算商品物价指数:

$$\overline{K_p} = \frac{\sum p_1 q_1}{\sum p_0 q_1} = \frac{4807.5}{5175} = 92.20\%$$

$\overline{K_p}$ 也具有双重含义:①说明价格的变动方向和程度;②说明由于价格的变动引起销售额变动的方向和程度。公式的分子 $\sum p_1 q_1$ 是报告期实际销售额,分母 $\sum p_0 q_1$ 是按基期价格计算的报告期假定销售额,分子与分母的差额说明由于价格的变化带来销售额的变化绝对额。

$$\sum p_1 q_1 - \sum p_0 q_1 = 4807.5 - 5175 = -367.5(元)$$

计算结果表明,三种商品价格平均下降了7.1%,因物价的下降使商品销售额减少了367.5元。

7.3 平均指数

7.3.1 平均指数的概念

运用综合法计算的总指数,是将一个真实的现象总量指标与一个假定现象总量指标进行对比,尽管其中有假设的成份,但由于它是按照指数的实质性定义来安排的,是合理可行的。计算出来的总指数不仅可以反映所研究现象的变动方向和程度,还可以利用分子分母的差额反映所研究现象变动的实际经济效果。然而不论是质量指标指数,还是质量指标指数,都需掌握 $\sum p_0 q_1$ (各种产品或商品的基期价格乘以报告期数量之积的和),然而在实际工作中,这项资料难以取得,另外两项资料 $\sum p_1 q_1$ 和 $\sum p_0 q_0$ (各种产品或商品的基期和报告期的物值)都比较容易取得。因此,我们可以在不违反综合指数计算原则的前提下,改变公式的形式,利用容易掌握的资料来推算不容易掌握的资料进而计算指数。

平均指数就是通过对个体指数进行加权平均而求得的反应不能直接加总的多个个体所组成的复杂总体综合变动的指数。

它一般有两种具体形式：一是加权算术平均法总指数，二是加权调和平均法总指数。

7.3.2 加权算术平均指数

加权算术平均指数就是以各种产品或商品的数量指标或质量指标的个体指数为变量，以一定时期的总值资料为权数，对个体指数加权算术平均而计算的总指数。

根据经济分析的一般要求，平均指数的权数数值应该是与所要编制的指数密切关联的价值总量，即 pq，但权数的水平却可以是不同时期，既可以是基期，即可以是报告期。

设 $K_q = \dfrac{q_1}{q_0}$ 表示个体数量指标指数，$p_0 q_0$ 为基期价值总量指标，则加权算术平均数量指标指数的公式为

$$\overline{k_q} = \dfrac{\sum K_q q_0 p_1}{\sum q_0 p_0}$$

我们可以证明：

$$\overline{K_q} = \dfrac{\sum K_q q_0 p_0}{\sum q_0 p_0} = \dfrac{\sum \dfrac{q_1}{q_0} q_0 p_0}{\sum q_0 p_0} = \dfrac{\sum q_1 p_0}{\sum q_0 p_0}$$

这与拉氏数量指标综合指数公式一致。

设 $K_p = \dfrac{p_1}{p_0}$ 表示个体质量指标指数，$p_0 q_0$ 为基期价值总量指标，则加权算术平均质量指标指数的公式为

$$\overline{K_p} = \dfrac{\sum K_p p_0 q_0}{\sum p_0 q_0}$$

我们仍可以证明：

$$\overline{K_p} = \dfrac{\sum K_p p_0 q_0}{\sum p_0 q_0} = \dfrac{\sum \dfrac{p_1}{p_0} p_0 q_0}{\sum p_0 q_0} = \dfrac{\sum p_1 q_1}{\sum p_0 q_0}$$

这与拉氏质量指标综合指数公式一致。

由于数量指标综合指数我们常采用拉氏公式，质量指标综合指数常采用派氏公式，为与之相对应，加权算术平均指数通常用来编制数量指标指数即：

$$\overline{K_q} = \dfrac{\sum K_q q_0 p_1}{\sum q_0 p_0} = \dfrac{\sum \dfrac{q_1}{q_0} q_0 p_0}{\sum q_0 p_0} \tag{7.3.1}$$

一般来说，在已知数量指标综合指数的分母资料，而未知其分子资料的情况下，才适用加权算术平均指数公式，也即只有在权数为 $q_0 p_0$ 的情况下，加权算术平均数指数才可以看成是综合指数的一种变形。

【例1】根据表7.3.1，运用加权算术平均法总指数公式，计算销量指数。

表 7.3.1　某商场三种商品销售量和基期销售额资料

商品名称	计量单位	销售量		个体销量指数 $K_q=\dfrac{q_1}{q_0}$ /%	基期的实际销售额 $q_0 p_0$/元	假定销售额 $k_q q_0 p_0$/元
		基期 q_0	报告期 q_1			
甲	千克	50	62.5	125	500	625
乙	件	100	115	115	2000	2300
丙	只	75	90	120	1875	2250
合计	—	—	—	—	4375	5175

上述资料直接用综合指数计算有点困难,可采用平均指数来计算,即采用加权算术平均指数公式计算。

$$\overline{K_q} = \frac{\sum K_q q_0 p_0}{\sum q_0 p_0} = \frac{\sum \dfrac{q_1}{q_0} q_0 p_0}{\sum q_0 p_0} = \frac{5175}{4375} = 118.29\%$$

$$\sum K_q q_0 p_0 \sum q_0 p_0 = 5175 - 4375 = 800(元)$$

计算结果表明,三种商品的报告期销售量比基期平均增长了 18.29%,由于销售量的增加使商品销售额增加了 800 元。

可以看出,这些计算结果与同度量因素固定在基期的拉氏综合指数的结果完全一样。

但是,在现实的经济指数编制过程中,权数一般不是用 $p_0 q_0$,而是某固定权数 W,习惯上称为固定权数加权算术平均数指数。W 是经过调整计算的一种不变权数,通常用比重表示。这时加权算术平均数与综合指数之间不存在变形关系,两者计算结果也不会一致。其一般表达式为

$$\overline{K} = \frac{\sum KW}{\sum W} \quad 或 \quad \overline{K} = \sum \left[K \cdot \frac{W}{\sum W} \right] \tag{7.3.2}$$

其中,K 为个体指数,即可以是个体数量指标指数,也可以是个体质量指标指数。

这种指数形式在国内外统计工作中得到广泛的应用。如我国零售物价总指数,职工生活费用价格总指数、工业经济效益综合指数都是这种以相对数做权数来编制的加权算术平均数指数。

下面以我国每年的商品零售物价总指数为例来介绍固定加权平均指数的计算。

零售市场上的商品种类繁多,编制商品零售价格指数所需的价格资料不可能进行全面调查。实际工作中,都是按《商品零售价格指数的商品目录》统一规定的必报商品计算。目前我国零售商品价格指数的商品目录包括 14 大类商品:①食品类,②饮料烟酒类,③服装鞋帽类,④纺织品类,⑤中西药品类,⑥化妆品类,⑦书报杂志类,⑧文化体育用品类,⑨日用品类,⑩家用电器类,⑪首饰类,⑫燃料类,⑬建筑装潢材料类,⑭机电产品类。下面再划分若干个中类和小类,然后在各小类中选取若干代表性规格品,计算出每种规格品的价格个体指数,最后采用固定权数加权算术平均数公式,依次编制各小类、中类的零售价格指数和零售价格总指数。所用的权数是经过调整的各种商品基期销售额占基期总销售额的比重。

【例2】下面就以商品零售价格总指数为例,说明固定权数加权算术平均指数的编制方法,见表 7.3.2。

表 7.3.2 商品零售价格指数计算表

类别及品名	规格等级	计量单位	平均价格/元		权数/%	以上年为基期	
			上年	本年		指数/%	指数×权数/%
(甲)	(乙)	(丙)	(1)	(2)	(3)	(4)	(5)=(4)×(3)
一、食品类					38	110.3	41.91
(一)粮食					【25】	96.6	24.15
1.细粮					(95)	95.9	91.11
面粉	富强粉	千克	2.10	2.20	[40]	104.8	41.92
梗米	一等	千克	2.50	2.25	[60]	90.0	54.00
2.粗粮					(5)	110.5	5.53
(二)副食品					【48】	116.9	56.11
(三)其他					【27】	111.2	30.1
二、饮料烟酒类					4	100.1	4.00
三、服装鞋帽类					10	95.0	9.50
…							
十四、机电产品类					8	109.5	8.76
合　　计			—	—	100	—	101.57

利用表中资料,具体编制过程如下:

(1)根据代表性规格品报告期和基期的综合平均价格,计算其个体价格指数。如梗米价格指数为

$$K_p = \frac{p_1}{p_0} = \frac{2.25}{2.50} = 90.00\%$$

(2)根据代表性规格品的个体指数及其权数,计算小类价格指数,如细粮类价格指数为

$$\overline{K}_p = \sum \left(K \cdot \frac{W}{\sum W} \right) = 104.8\% \times 40\% + 90.0\% \times 60\% = 95.9\%$$

(3)根据小类的价格指数及其权数,计算中类价格指数,如粮食类价格指数为

$$\overline{K}_p = \sum \left(K \cdot \frac{W}{\sum W} \right) = 95.9\% \times 95\% + 110.5\% \times 5\% = 96.6\%$$

(4)根据中类的价格指数及其权数,计算大类价格指数,如食品类价格指数为:

$$\overline{K}_p = \sum \left(K \cdot \frac{W}{\sum W} \right) = 96.56\% \times 25\% + 116.9\% \times 48\% + 111.2\% \times 27\% = 110.3\%$$

(5)根据大类的价格指数及其权数,计算零售商品价格总指数为

$$\overline{K}_p = \sum \left(K \cdot \frac{W}{\sum W} \right) = 110.3\% \times 38\% + 110.1\% \times 4\% + 95.0\% \times 10\% + \cdots + 109.4\% \times 8\% = 101.57\%$$

计算结果表明,我国本年同上年相比,商品零售价格平均上涨了 1.57%。

7.3.3 加权调和平均指数

加权调和平均指数就是以各种产品或商品的数量指标或质量指标的个体指数为变量,以一定时期的总量指标为权数,按加权调和平均形式进行加权计算的平均数。

设 $K_q = \dfrac{q_1}{q_0}$ 表示个体数量指标指数,$p_1 q_1$ 为报告期总量指标,则加权调和平均数量指标指数的公式为

$$\overline{K}_q = \frac{\sum q_1 p_1}{\sum \dfrac{1}{K_q} q_1 p_1}$$

我们可以证明:

$$\overline{K}_q = \frac{\sum q_1 p_1}{\sum \dfrac{1}{K_q} q_1 p_1} = \frac{\sum q_1 p_1}{\sum \dfrac{q_0}{q_1} q_1 p_1} = \frac{\sum q_1 p_1}{\sum q_0 p_1}$$

这与派氏数量指标综合指数公式一致。

设 $K_p = \dfrac{p_1}{p_0}$ 表示个体质量指标指数,$p_1 q_1$ 为报告期总量指标,则加权调和平均质量指标指数的公式为

$$\overline{K}_p = \frac{\sum p_1 q_1}{\sum \dfrac{1}{K_q} p_1 q_1}$$

我们仍可以证明:

$$\overline{K}_p = \frac{\sum p_1 q_1}{\sum \dfrac{1}{K_p} p_1 q_1} = \frac{\sum p_1 q_1}{\sum \dfrac{p_0}{p_1} p_1 q_1} = \frac{\sum p_1 q_1}{\sum p_0 q_1}$$

这与派氏质量指标综合指数公式一致。

由于数量指标综合指数我们常采用拉氏公式,质量指标综合指数常采用派氏公式,为与之相对应,加权调和平均法总指数通常用来编制质量指标指数,即

$$\overline{K}_p = \frac{\sum p_1 q_1}{\sum \dfrac{1}{K_p} p_1 q_1} = \frac{\sum p_1 q_1}{\sum \dfrac{p_0}{p_1} p_1 q_1} \qquad (7.3.3)$$

一般来说,在已知质量指标综合指数的分子资料,而未知其分母资料的情况下,才适用加权调和平均指数公式,也即只有在权数为 $p_1 q_1$ 的情况下,加权调和平均指数才可以看成是综合指数的一种变形。

【例 3】根据表 7.3.3,运用加权调和平均指数公式,计算物价指数。

表 7.3.3　某商场三种商品物价和报告期销售额资料

商品名称	计量单位	销售量 基期 p_0	销售量 报告期 p_1	个体销量指数 $K_p=\dfrac{p_1}{p_0}$/%	基期的实际销售额 p_1q_1 /元	假定销售额 $\dfrac{1}{K_p}p_1q_1$ /元
甲	公斤	10	15	150	937.5	625
乙	件	20	18	90	2070	2300
丙	只	25	20	80	1800	2250
合计	—	—	—	—	4807.5	5175

用上述资料直接计算综合指数有点困难,可采用平均指数来计算,即采用加权调和平均指数公式计算。

$$\overline{K}_p = \frac{\sum p_1 q_1}{\sum \dfrac{1}{K_p} p_1 q_1} = \frac{\sum p_1 q_1}{\sum \dfrac{p_0}{p_1} p_1 q_1} = \frac{4807.5}{5175} = 92.90\%$$

$$\sum p_1 q_1 - \sum \frac{1}{K_p} p_1 q_1 = 4807.5 - 5175 = -367.5(元)$$

计算结果表明,三种商品价格平均下降了 7.1%,因物价的下降使商品销售额减少了 367.5 元。

可以看出,这些计算结果与同度量因素固定在报告期的派氏综合指数的结果完全一样。

这种指数形式在国内外统计工作中也得到广泛的应用。如农产品收购价格指数,综合反映全社会农产品收购者以各种形式收购各种农产品价格的变动总趋势及平均幅度,它是我国国民经济价格指数体系的重要组成部分。

我国农产品收购价格指数的编制,是根据《农副产品收购价格指数的商品目录》,将商品按三级分类,即分为 11 个商品大类,大类下分为 22 个小类、小类下细分为 276 种代表规格品。这 11 大类商品分别为:①粮食类,②经济作物类,③竹木材类,④工业用油漆类,⑤蓄禽产品类,⑥蚕茧蚕丝类,⑦干鲜果类,⑧干鲜菜及调味品类,⑨药材类,⑩土副产品类,⑪水产品类。

由于农产品收购季节性强,时间比较集中,产品品种也比较少,其当年的收购金额资料容易获得,因此,长期以来我国的农产品收购价格指数都是采用以报告期实际收购额加权的调和平均指数公式计算的。其计算公式为

农产品收购价格指数

$$\overline{K}_p = \frac{\sum p_1 q_1}{\sum \dfrac{1}{K_q} p_1 q_1}$$

式中,$K_p = \dfrac{p_1}{p_0}$,代表各种(类)农产品收购价格指数;$p_1 q_1$ 表示各种(类)农产品报告期收购金额。

编制步骤为:先计算各种商品的个体价格指数,继而依次计算各小类指数、大类指数,直至最后计算出农产品收购价格总指数。

同样,也存在固定权数加权调和平均指数。其公式为

$$K = \frac{\sum W}{\sum \dfrac{1}{K} W}$$

这个公式应用较少。目前,我房地产价格指数就是用这种方法编制的。

7.3.4 平均法总指数的特点

与综合指数相比较,平均指数具有以下几个特点:

1. 先对比后综合

平均指数与综合指数的计算程序不同,它不像综合指数那样,先综合后对比,而是先对比计算出个体指数,然后再综合平均。

2. 所用资料要求不同

综合指数适用于根据全面资料编制,而平均指数既可以用全面资料编制,也可以用非全面资料编制,即只需对少数有代表性个体的个体指数进行加权平均,由于所需资料比较少,它比综合指数更具有现实应用的意义。如社会商品零售物价指数。市场上成千上万种零售商品,不可能取得其全部的零售量与价格资料来编制物价指数,反映零售商品价格的变动。即使选用代表性规格品来编制零售价格综合指数,也只能反映代表性规格品价格的变动。而采用平均指数,可以选用代表性规格品计算个体物价指数,然后采用各自所代表的集团零售额为权数进行加权平均计算,这样,就可以比较完整地反映出市场上的零售物价的变动了。

3. 所使用的权数不同

综合指数一般要用实际资料作为同度量因素(权数),而平均指数不仅可以用实际资料作为权数,而且可以用固定权数加权计算,这就为指数的计算提供了便利条件,从而可以保证指数计算结果的及时性。这是经济指数编制工作中值得引起重视的实际问题。如我国零售价格指数就是根据上期的零售额,参照当期的计划与市场供求实际情况修正而定的。

4. 具体作用不同

平均指数由于它一般是采用非全面资料计算,因此,通常只能反映现象变动的方向和程度。综合指数由于采用的是全面资料,且分子分母有明确的经济内容,它既可表明所研究现象的变动方向和程度,也可进行绝对效果的分析。

需要指出:

(1)如果选择的个体指数不够多或不具有代表性,将影响总指数计算结果的准确性。

(2)虽然说平均指数与综合指数有变形关系,但是那是在特定条件下形成的,即只有用综合指数的分母资料(通常用基期实际资料 $p_0 q_0$)为权数,加权算术平均指数才是综合指数的变形;当用综合指数的分子资料(通常用报告期实际资料 $p_1 q_1$)为权数,加权调和平均指数才是综合指数的变形。离开上述特定条件,两种形式的总指数之间就不存在变形关系。所以说,平均指数是一种独立的总指数形式。

7.4 因素分析

7.4.1 指数体系的概念和作用

在综合指数原理与方法的基础上,产生了一种重要的统计方法——指数的因数分析方法,简称因数分析法。因数分析法的方法论基础是指数体系,因此首先要弄清楚指数体系的概念。

1. 数体系的概念

指数体系的概念有广义和狭义两种理解。

1）广义

指数体系是由若干个经济上有一定联系的指数所构成的总体。由于现象之间的联系是多种多样的,指数间联系形式也是多种多样的。如要观察市场价格的变动情况,可以利用一系列的价格指数,如工业品批发价格指数、农产品收购价格指数、消费品零售物价指数、投资价格指数、国内生产总值价格指数、等等,各个指数能从不同侧面反映物价的变动情况。

2）狭义

指数体系是指不仅经济上有一定的联系,而且数量上具有一定对等关系的三个或三个以上的指数所构成的总体。显然,狭义指数强调了指数间的数量对等关系。

例如：

商品销售额指数＝商品销售量指数×商品销售价格指数

生产总成本指数＝产品产量指数×单位产品成本指数

总产值指数＝产量指数×产品价格指数

销售利润指数＝销售量指数×销售价格指数×销售利润率指数

可以看出,指数体系要能具有类似上述的数量对等关系,至少要有三个指数构成。作为因素分析方法基础的指数体系是狭义指数体系。本节主要研究这种狭义的指数体系。

指数体系中各指数间数量对等关系的依据是现象客观上存在的经济联系,这种经济联系表现为指标间的数量对等关系。上述四个指标体系的依据是如下四组指标间关系：

商品销售额＝商品销售量×商品销售价格

生产总成本＝产品产量×单位产品成本

总产值＝产量×产品价格

销售利润＝销售量×销售价格×销售利润率

如果我们把上述等式中左边的指标称为"对象指标",把等式的右边指标称为"因素指标",则我们可以把指数体系的客观依据,从指标的角度概括为：对象指标等于各个因素指标的连乘积。利用"对象指标"和"因素指标'这两个概念,我们可以进一步把指数体系中指数联系,也就是指数间的数量对等关系,具体表述为：对象指数等于各个因素指数的连乘积。指数体系也就是利用指数间具有的这种数量关系,来反映对象指标和因素指标在变动中的联系。

2. 指数体系特征

从上面所举的例子中可发现,统计指数体系一般具有两个特征：

(1)具备三个或三个以上的指数。

(2)体系中的各个指数在数量上能相互推算。如已知销售额指数、销售量指数,则可推算出价格指数;已知价格指数、销售量指数,则可推出销售额指数。

(3) 一个指数体系总是表现为一个数量指标指数和一个质量指标指数的乘积,现象总变动差额等于各个因素变动差额的和。

3. 指数体系的作用

指数体系在统计分析中的作用主要有以下三方面：

(1)对现象进行因素分析,即分析现象的总变动中,各个因素变动对总变动的影响程度。

(2)进行指数推断,即利用指数在数量上的对等关系,根据已知的指数推算未知的指数。例如,我国商品销售量总指数往往就是根据商品销售额总指数和价格总指数进行推算的,即

商品的销售量指数＝销售额指数÷价格指数

(3)指数体系对单个综合指数的编制亦有其指导意义。在应用综合指数形式编制总指数时,在确定同度量因素及所属时期时,应考虑指数体系在数量上对等关系的要求。为此我们从现实经济意义出发,将综合指数编制的一般原则确定为:编制质量指标指数时,以报告期数量指标为同度量,编制数量指标指数时,以基期的质量指标为同度量。

7.4.2 指数因素分析法的意义及种类

1. 因素分析的意义

1)概念

指数因素分析法是利用指数体系对现象的综合变动从数量上分析其受各个因数影响程度的一种分析方法。

2)因素分析的客观基础

事物是普遍联系和相互作用的,一种现象的变动往往会引起其他一些想象的变动,却又是另一些现象变动的结果。事物间这种普遍联系和相互作用的关系是因素分析的客观基础。

3)因素分析的意义

因素分析法就是要从数量上分析被研究现象的变动中,分别受各个因素影响的方向、程度及绝对量。在经济研究与经济管理中,这种分析对揭示现象发展中的问题,挖掘进一步发展的潜力,分析现象发展变化的特点及规律都有重要的意义。如某企业生产总值增加了,什么原因呢?根据经济常识可知,是受产出和价格两因素共同影响的结果,这两个因素各自的影响方向如何,影响程度多大,利用因素分析法便能从数量上对各个因素的影响作出具体的定量分析,从而为经营管理提供依据上。

2. 因素分析的种类

因素分析法可以从不同角度分类:

(1)按分析对象的特点,可以分为简单现象因素分析和复杂因素分析。

所谓的简单现象,是指其数量可以直接相加和对比的现象,如分析某种产品产量变动中,受投入劳动量和劳动生产率变动的影响分别是多少,则属于简单现象因素分析;如果分析的是多种商品销售额的变动受价格和销售量的影响分别是对少,则属于复杂现象因素分析。

(2)按分析指标的表现形式不同,可分为总量指标变动的因素分析、平均指标变动的因素分析和相对指标变动的因素分析。本节介绍总量指标变动的因素分析和平均指标变动的因素分析。

(3)按影响因素的多少不同,可分为两因素分析和多因素分析。

7.4.3 因素分析的内容与步骤

1. 因素分析的内容

因素分析只能在具有乘积关系的指数体系中进行。因素分析的内容包括相对数分析和绝对数分析。相对数分析是指数体系间乘积关系的分析,指数分析一般就是指这种分析;绝对数分析是指指数体系中分子与分母差额关系的分析。

(1)利用综合指数体系,分析社会经济现象总体总量指标的变动受各种因素变动的影响程度。

(2)利用综合指数编制的方法原理,通过平均指标指数体系,分析社会经济现象总体平均指标变动受各种因素变动的影响程度。例如,总平均工资的变动受不同技术级别工人平均工资和受不同技术级别工人结构变动的影响程度,分析企业总平均劳动生产率变动受各个工人组劳动生产率变动和各工人组工人数结构变动的影响程度。

2. 因素分析的步骤和方法

进行因素分析,有如下步骤和方法:

(1)在定性分析的基础上,确定要分析的对象及各个影响因素。

这个要从研究的目的和任务出发进行确定。如对产品生产总量变动进行分析时,即可从劳动要素的角度,确定其影响因素是劳动量和劳动生产率两因素;也可以从物的要素角度,确定其影响因数是设备投入量和设备利用率两因素。如何确定其影响因素,取决于研究的目的和分析对象的性质。

(2)根据对象指标和因素指标之间的数量对等关系,即对象指标等于各个因素指标的连乘积,列出其关系形态。其关系式可表示如下:

$$E=ab \text{ 或 } E=abc\cdots$$

其中,E 表示对象指标;a、b、$c\cdots$表示各个因素指标。

因素指标的个数可以是两个,也可以是多个,以分析的目的和要求决定,为了便于分析,在对因素指标进行排列时,应按先数量指标,后质量指标的顺序进行排列,尤其是对多因素指标的排列,更应注意这一点。

(3)根据指标间关系式建立分析所需要的指数体系关系式和相应的绝对量增减额关系式。

指数体系的关系式为:对象指数等于各个因素指数的连乘积。其中因素指数的个数应与因素指标的个数相对应,并且因素指数是按照综合指数选择同度量因素及所属时期的一般原则编制的,即数量指标指数的同度量因素——质量指标,固定在基期;质量指标指数的同度量因素——数量指标,固定在报告期,以两因素分析的指数体系为例,其指数体系的关系式用公式表示为

$$\frac{E_1}{E_0}=\frac{a_1b_1}{a_0b_0}=\frac{a_1b_0}{a_0b_0}\times\frac{a_1b_1}{a_1b_0} \tag{7.4.1}$$

这里假设 a 为数量指标,b 为质量指标。

绝对量增减额关系式为:对象指数分子和分母相减的差额等于各个因素指数分子和分母相减的差额之和。仍以两因素分析的指数体系为例,其绝对额增减关系式表示为

$$E_1-E_0=a_1b_1-a_0b_0=(a_1b_0-a_0b_0)+(a_1b_1-a_1b_0) \tag{7.4.2}$$

三因素分析的指数体系及绝对量关系式的一般形式如下(设 a、b、c 为先数量后质量排序):

$$\frac{E_1}{E_0}=\frac{a_1b_1c_1}{a_0b_0c_0}=\frac{a_0b_0c_0}{a_0b_0c_0}\times\frac{a_1b_0c_0}{a_1b_0c_0}\times\frac{a_1b_1c_1}{a_1b_1c_0} \tag{7.4.3}$$

$$E_1-E_0=(a_1b_1c_1-a_0b_0c_0)$$
$$=(a_1b_0c_0-a_0b_0c_0)+(a_1b_1c_0-a_1b_0c_0)+(a_1b_1c_1-a_1b_1c_0) \tag{7.4.4}$$

这里,b 指标具有双重身份,相对于 a 指标,b 是质量指标,但相对于 c 指标,b 指标是数量指标。

上述一般形式是一个概括的表达式,既适合用于简单现象分析,也适用于复杂现象分析。

(4)应用实际资料,进行具体分析。即根据指数体系及绝对量关系式,首先求出总现象指数,然后依次计算每一个因素指数,以分析每一个因素的变动对总现象变动的相对程度和绝对

程度。

7.4.4 因素分析的应用

由于分析对象和分析目的的多样性,因素分析法的应用也是多种多样的。下面我们介绍几种常用形式。

1. 总量指标变动的两因素分析

总量指标两因素分析分为简单现象的两因素分析和复杂现象的两因素分析。

1)简单现象的两因素分析

在简单现象的条件下,各个指数指标可以直接对比,计算和分析方法比较简单,其指数体系及绝对量关系式如下:

$$\frac{E_1}{E_0} = \frac{a_1 b_1}{a_0 b_0} = \frac{a_1 b_0}{a_0 b_0} \times \frac{a_1 b_1}{a_0 b_0}$$

$$E_1 - E_0 = a_1 b_1 - a_0 b_0 = (a_1 b_0 - a_0 b_0) + (a_1 b_1 - a_1 b_0)$$

【例1】 设某企业销售甲商品,其销售量和价格资料,见表7.4.1。试分析由于价格和销量的变化带来销售额的变化

表 7.4.1 某企业甲商品销售量和价格资料

商品名称	计量单位	商品销售量		商品价格/元		商品销售额/元			
		q_0	q_1	p_0	p_1	$p_0 q_0$	$p_0 q_1$	$p_1 q_0$	$p_1 q_1$
(甲)	(乙)	(1)	(2)	(3)	(4)	(5)=(3)×(1)	(6)=(3)×(2)	(7)=(4)×(1)	(8)=(4)×(2)
甲	台	400	600	200	280	80 000	120 000	112 000	168 000

分析简单现象总体的总量变化,可以利用个体指数进行。

要对表7.4.1中的甲商品进行销售额变动的因素分析。显然,甲商品的个体销售量指数与商品价格指数的乘积恒等于相应的个体销售额指数,有

$$K_{qp} = K_q \times K_p$$

即

$$\frac{q_1 p_1}{q_0 p_0} = \frac{q_1}{q_0} \times \frac{p_1}{p_0}$$

指数体系中的数量上的对等关系既包括相对数关系,还包括绝对数关系。在相对数分析时可以不使用同度量因素,但在进行绝对数分析时,一定要引入同度量因素,否则,数量上的对等关系就不成立。这是简单现象总体因素变动分析的主要特点。绝对数关系如下:

$$q_1 p_1 - q_0 p_0 = (q_1 p_0 - q_0 p_0) + (p_1 q_1 - p_0 q_1)$$
$$= (q_1 - q_0) p_0 + (p_1 - p_0) q_1$$

解: (1)销售额变动分析。

甲商品品销售额变动指数:

$$K_{qp} = \frac{q_1 p_1}{q_0 p_0} = \frac{168\ 000}{80\ 000} = 210\%$$

甲商品销售额变动绝对额:

$$q_1 p_1 - q_0 p_0 = 168\ 000 - 80\ 000 = 88\ 000(元)$$

(2)销售量变动影响分析:

甲商品销售量变动影响程度:

$$K_q = \frac{q_1}{q_0} = \frac{600}{400} = 150\%$$

甲商品销售量变动影响绝对额:

$$(q_1 - p_0)p_0 = (600 - 400) \times 200 = 40\,000(元)$$

(3)价格变动影响分析。

甲商品价格变动影响程度:

$$K_p = \frac{p_1}{p_0} = \frac{280}{200} = 140\%$$

甲商品价格变动影响绝对额:

$$(p_1 - p_0) \times q_1 = (280 - 200) \times 600 = 48000(元)$$

(4)影响因素综合分析。

$$K_{qp} = K_q \times K_p$$
$$210\% = 150\% \times 140\%$$
$$q_1 p_1 = (q_1 p_0 - q_0 p_0) + (p_1 q_1 - p_0 q_0)$$
$$= (q_1 - q_0)p_0 + (p_1 - p_0)q_1$$
$$88\,000 = 40\,000 + 48\,000$$

这表明,由于甲商品的销售量增长 50%,使销售额增加了 40 000 元,由于价格上涨 40%,使销售额增加了 48 000 元,两者共同作用的结果使甲商品的销售额增长 110%,增加额为 88 000元。

2)复杂现象的两因素分析

复杂现象中各个因素指标不能直接相加和对比,计算各个因素指数时可以借助于综合指数的形式进行编制,其指数体系及绝对量关系如下:

$$\frac{E_1}{E_0} = \frac{\sum a_1 b_1}{\sum a_0 b_0} = \frac{\sum a_1 b_0}{\sum a_0 b_0} \times \frac{\sum a_1 b_1}{\sum a_1 b_0} \tag{7.4.5}$$

$$E_1 - E_0 = \sum a_1 b_1 - \sum a_0 b_0$$
$$= (\sum a_1 b_0 - \sum a_0 b_0) + (\sum a_1 b_1 - \sum a_1 b_0) \tag{7.4.6}$$

式中,E 表示对象指标;a、b 为因素指标,其中 a 为数量指标,b 为质量指标。

【例2】现以 7.2 节表 7.2.1 为例,试分析销售额的变动受销售量和价格的影响分别为多少。

在一个由数量指标指数与质量指标指数所组成的最基本的综合指数体系中,数量指标与质量指标互为对方的同度量因素。一般地,数量指标指数采用拉氏指数公式,质量指标指数采用帕氏指数公式。两因素综合指数体系中相对数及绝对数关系的基本的形式为

$$\begin{cases} \dfrac{\sum q_1 p_1}{\sum q_0 p_0} = \dfrac{\sum q_1 p_1}{\sum q_0 p_0} \times \dfrac{\sum p_1 q_1}{\sum p_0 q_1} \\ \sum q_1 p_1 - \sum q_0 p_0 = (\sum q_1 p_0 - \sum q_0 p_0) + (\sum p_1 q_1 - \sum p_0 q_1) \end{cases}$$

解:(1)总量指标变动分析。

总量指标变动指数:

$$\overline{K}_{qp} = \frac{\sum q_1 p_1}{\sum q_0 p_0} = \frac{4807.5}{4375} = 109.89\%$$

总量指标变动绝对额:

$$\sum q_1 p_1 - \sum q_0 p_0 = 4807.5 - 4375 = 432.5(元)$$

(2)商品销售量变动影响分析。

商品销售量变动影响程度:

$$\overline{K}_{qp} = \frac{\sum q_1 p_1}{\sum q_0 p_0} = \frac{5175}{4375} = 118.29\%$$

商品销售量变动影响绝对额:

$$\sum p_0 q_1 - \sum p_0 q_0 = 5175 - 4375 = 800(元)$$

(3)商品价格变动影响分析。

商品价格变动影响程度:

$$\overline{K}_p = \frac{\sum p_1 q_1}{\sum p_0 q_0} = \frac{4807.5}{5175} = 92.90\%$$

商品价格变动影响绝对额:

$$\sum p_1 q_1 - \sum p_0 q_1 = 4807.5 - 5175 = -367.5(元)$$

(4)影响因素综合分析。

$$\begin{cases} \dfrac{\sum q_1 p_1}{\sum q_0 p_0} = \dfrac{\sum q_1 p_0}{\sum q_0 p_0} \times \dfrac{\sum p_1 q_1}{\sum p_0 q_1} \\ \sum q_1 p_1 - \sum q_0 p_0 = \left(\sum q_1 p_0 - \sum q_0 p_0\right) + \left(\sum p_1 q_1 - \sum p_0 q_1\right) \end{cases}$$

$$109.89\% = 118.29\% \times 92.90\%$$
$$432.5 = 800 + (-367.5)$$

计算结果表明,三种商品的报告期销售量比基期平均增长了18.29%,由于销售量的增加使商品销售额增加了800元。三种商品价格平均下降了7.1%,因物价的下降使商品销售额减少了367.5元。两者共同作用的结果,使销售额增长了9.89%,销售额增加的绝对额为432.5元。

此外,在总量指标复杂现象的两因素分析中,计算各个因素指数时,如果掌握的是全面资料,除了借助于综合指数的形式外,还可以采用综合指数变形的加权指数形式,以销售额指数、销售量指数、销售价格指数为例,其平均指数体系及绝对量关系式如下:

$$\frac{\sum q_1 p_1}{\sum q_0 p_0} = \frac{\sum K_q q_0 p_0}{\sum q_0 p_0} \times \frac{\sum q_1 p_1}{\sum \dfrac{1}{K_p} q_1 p_1} \tag{7.4.7}$$

$$\sum q_1 p_1 - \sum q_0 p_0 = \left(\sum K_q q_0 p_0\right) - \sum q_0 p_0 + \left(\sum q_1 p_1 - \sum \frac{1}{K_p} q_1 p_1\right) \quad (7.4.8)$$

这里销售量指数用加权算术平均法指数,销售价格指数用加权调和平均数指数。

【例3】仍以本节例1为例,试分析销售额的变动受销售量和价格的影响分别为多少?

解:(1)总量指标变动分析。

总量指标变动指数:

$$\overline{K_{qp}} = \frac{\sum q_1 p_1}{\sum q_0 p_0} = \frac{4807.5}{4375} = 109.89\%$$

总量指标变动绝对额:

$$\sum q_1 p_1 - \sum q_0 p_0 = 4807.5 - 4375 = 432.5(元)$$

(2)销售量变动影响分析。

销售量变动影响程度:

$$\overline{K_q} = \frac{\sum K_q q_0 p_0}{\sum q_0 p_0} = \frac{\sum \frac{q_1}{q_0} q_0 p_0}{\sum q_0 p_0} = \frac{5175}{4375} = 118.29\%$$

销售量变动影响绝对额:

$$\sum K_q q_0 p_0 - \sum q_0 p_0 = 5175 - 4375 = 800(元)$$

(3)价格变动影响分析。

价格变动影响程度:

$$\overline{K_p} = \frac{\sum p_1 q_1}{\sum \frac{1}{K_p} p_1 q_1} = \frac{\sum p_1 q_1}{\sum \frac{p_0}{p_1} p_1 q_1} = \frac{4807.5}{5175} = 92.90\%$$

价格变动影响绝对额:

$$\sum p_1 q_1 - \sum \frac{1}{K_p} p_1 q_1 = 4807.5 - 5175 = -367.5(元)$$

(4)影响因素综合分析。

$$\frac{\sum q_1 p_1}{\sum q_0 p_0} = \frac{\sum K_q q_0 p_0}{\sum q_0 p_0} \times \frac{\sum q_1 p_1}{\sum \frac{1}{K_p} q_1 p_1}$$

$$109.89\% = 118.29\% \times 92.90\%$$

$$\sum q_1 p_1 - \sum q_0 p_0 = \left(\sum K_q q_0 p_0 - \sum q_0 p_0\right) + \left(\sum q_1 p_1 - \sum \frac{1}{K_p} q_1 p_1\right)$$

$$432.5 = 800 + (-367.5)$$

计算结果表明,三种商品的报告期销售量比基期平均增长了18.29%,由于销售量的增加使商品销售额增加了800元。三种商品价格平均下降了7.1%,因物价的下降使商品销售额减少了367.5元。两者共同作用的结果,使销售额增长了9.89%,销售额增加的绝对额为432.5元。

【例4】已知某市基期社会商品零售额为8600万元,计算期为12890万元,零售物价上涨11.5%。试分析该市零售商品销售总额变动中,受零售量和零售价格两因素的变动的影响。

解:已知
$$\sum p_1q_1 = 12\ 890 \text{ 万元}, \sum p_0q_0 = 8600 \text{ 万元}$$

物价指数 $= \dfrac{\sum p_1q_1}{\sum p_0q_1} = 1 + 11.5\% = 111.5\%$

所以
$$\sum p_0q_1 = \frac{\sum p_1q_1}{111.5\%} = \frac{12\ 890}{111.5\%} = 11\ 561(\text{万元})$$

相对数分析:
$$\frac{\sum p_1q_1}{\sum p_0q_0} = \frac{\sum p_0q_1}{\sum p_0q_0} \times \frac{\sum p_1q_1}{\sum p_0q_1}$$

所以 $\dfrac{12\ 890}{8600} = \dfrac{11\ 561}{8600} \times \dfrac{12\ 890}{11\ 561} \Rightarrow 149.9\% = 134.4\% \times 111.5\%$

零售额计算期比基期增长 49.9%,是由于零售量增长 34.4% 和物价上涨 11.5% 两个因素作用所形成。

$$\sum p_1q_1 - \sum p_0q_0$$
$$= (\sum p_0q_1 - \sum p_0q_0) + (\sum p_1q_1 - \sum p_0q_1)$$
$$12\ 890 - 8600$$
$$= (11\ 561 - 8600) + (12\ 890 - 11\ 561)$$
$$\Rightarrow 4290 = 2961 + 1329$$

社会商品零售总额计算期比基期增长 4290 万元,是由于销售量的增加而增加 2961 万元和物价上涨而增加 1329 万元的结果。

2. 总量指标变动的多因素分析(本部分内容由各个教学班选学)

客观现象是比较复杂的,有时某一现象的变动可能要受到三个或三个以上因素的影响。当一个总量指标的变动可以表示为三个或三个以上因素指标变动的连乘积时,同样可以利用指数体系测定各因素变动对总量指标变动的影响,这种分析就是对总量指标变动的多因素分析。

如要分析原材料费用总额变动时,可以从原材料消耗量和单位原材料价格两个方面进行分析,而原材料耗用量的变动又决定于产品产量和单位产品原材料耗用量两个因素的变动。这样,原材料耗用额的变动就可以分解为产品产量、单位产品原材料耗用量和单位原材料价格三个因素进行变动影响分析。

多因素现象的指数体系,由于所包括的现象因素较多,指数的编制过程比较复杂,必须注意以下几个问题:

(1)在编制多因素指标所组成的综合指数时,为了测定某一个因素指标的变动影响,必须将其他因素全部加以固定。这里仍然利用综合指数编制的一般要求,来确定同度量因素所属的时期,即当编制数量指标指数时,将作为同度量因素的质量指标固定在基期;当编制质量指标指数时,将作为同度量因素的数量指标固定在报告期。

(2)数量指标与质量指标的确定,要根据指标所说明的现象内容的不同和因素间的联系来判断。

判断是数量指标还是质量指标是通过两两比较而言的。如上述经济关系中:产品产量与单耗比较,产品产量是数量指标,单耗是质量指标。而单耗与单价比较,单耗又成了数量指标,单价则是质量指标。

(3)第三,对综合指数中的多因素排列顺序,要具体分析现象总体的经济内容,依据现象因素的联系关系加以具体确定。一般是,数量指标在前,质量指标在后,并保证使相邻的指标之间的联系有一定的经济意义。如:

原材料费用总额(qmp)=产品产量(q)×单位产品原材料消耗量(m)×单位原材料价格(p)

写成指数形式:

原材料费用总额指数=产品产量指数×单位产品原材料消耗量指数×单位原材料价格指数

用符号表示为

$$\frac{\sum q_1 m_1 p_1}{\sum q_0 m_0 p_0} = \frac{\sum q_1 m_0 p_0}{\sum q_0 m_0 p_0} \times \frac{\sum q_0 m_1 p_0}{\sum q_0 m_0 p_0} \times \frac{\sum q_0 m_1 p_1}{\sum q_1 m_1 p_0} \tag{7.4.9}$$

即,总指数的变动等于个因素指数的乘积。

在绝对数上:总指数变动的绝对数额等于各因素变动绝对数额的和。用符号表示为

$$\sum q_1 m_1 p_1 - \sum q_0 m_0 p_0 = \left(\sum q_1 m_0 p_0 - \sum q_0 m_0 p_0\right) + \left(\sum q_1 m_1 p_0 - \sum q_1 m_0 p_0\right) + \left(\sum q_1 m_1 p_1 - \sum q_1 m_1 p_0\right) \tag{7.4.10}$$

【例5】 假定某企业生产的三种产品的有关资料如下,见表7.4.2。利用指数体系,分析产品产量、单耗及价格对原材料费用总额的影响。

表7.4.2 某企业生产的三种产品的有关资料情况表

产品				原材料					
名称	单位	产量		名称	单位	单耗		购进价(元)	
		基期	报告期			基期	报告期	基期	报告期
(甲)	(乙)	q_0	q_1	(丙)	(丁)	m_0	m_1	p_0	p_1
甲	件	100	124	铸铁	千克	10	8	16	20
乙	件	30	39	生铁	千克	12	7	16	38
丙	件	60	63	钢材	千克	5	8	50	54

解: 列原材料费用总额因素分析计算表见表7.4.3。

表7.4.3 原材料费用总额因素分析计算表

产品名称	$q_0 m_0 p_0$/元	$q_1 m_1 p_1$/元	$q_1 m_0 p_0$/元	$q_1 m_1 p_0$/元
甲	16 000	19 840	19 840	15 872
乙	5760	10 374	7488	4368
丙	15 000	27 216	15 750	25 200
合计	36 760	57 430	43 078	45 440

(1)总体变动分析。

$$\text{原材料费用总额指数} = \frac{\sum q_1 m_1 p_1}{\sum q_0 m_0 p_0} = \frac{57430}{36760} = 156.23\%$$

$$\text{原材料费用实际总变动额} = \sum q_1 m_1 p_1 - \sum q_0 m_0 p_0 = 57\,430 - 36\,760 = 20\,670(\text{元})$$

该数值表明:由于原材料费用总额报告期较基期增长了 56.23%,使原材料费用总额多支出 20 670 元。

(2)因素分析。

$$\text{产品产量指数} = \frac{\sum q_1 m_0 p_0}{\sum q_0 m_0 p_0} = \frac{43\,078}{36\,760} = 117.19\%$$

由于产量的增长,使原材料费用总额多支出的差额为

$$\sum q_1 m_0 p_0 - \sum q_0 m_0 p_0 = 43\,078 - 36\,760 = 6318(\text{元})$$

即,由于产品产量增长 17.19%,使原材料费用总额多支出 6318 元。

$$\text{原材料单耗指数} = \frac{\sum q_1 m_1 p_0}{\sum q_1 m_0 p_0} = \frac{45\,440}{43\,078} = 105.48\%$$

由于原材料单耗的增长,使原材料费用总额多支出

$$\sum q_1 m_1 p_0 - \sum q_1 m_0 p_0 = 45\,440 - 43\,078 = 2362(\text{元})$$

即,由于原材料单耗增长 5.48%,使原材料费用总额多支出 2362 元。

$$\text{原材料单价指数} = \frac{\sum q_1 m_1 p_1}{\sum q_1 m_1 p_0} = \frac{57\,430}{45\,440} = 126.39\%$$

由于单价的变动对原材料费用影响的绝对额为

$$\sum q_1 m_1 p_1 - \sum q_1 m_1 p_0 = 57\,430 - 45\,440 = 11\,990(\text{元})$$

即,由于单价提高了 26.39%,使原材料费用总额多支出 11 990 元。
它们之间的关系:

$$156.23\% = 117.19\% \times 105.48\% \times 126.39\%$$
$$20\,670(\text{元}) = 6318(\text{元}) + 2362(\text{元}) + 11\,990(\text{元})$$

分析结果表明:原材料费用总额报告期较基期增长了 56.23%,使原材料费用总额多支出 20 670 元。这是由于以下三个因素共同作用导致的。其中,由于产品产量增长 17.19%,使原材料费用总额多支出 6318 元;由于原材料单耗增长 5.48%,使原材料费用总额多支出 2362 元;由于单价提高了 26.39%,使原材料费用总额多支出 11 990 元。

3. 平均指标变动的因素分析(本部分内容由各个教学班选用)

1)平均指标指数的概念

前面所讲综合法总指数和平均法总指数都是从绝对量上反映总体的变动方向和程度,而平均指标指数是从总体的两个总平均水平的对比中反映其变动方向和变动程度的。

所谓平均指标指数,是指将两个不同时期、同一经济内容的平均指标对比,以说明同类现象在两个不同时期平均水平的动态变化的相对指标。又称均值指数或平均指标对比指数。

需要指出的是,平均指标指数是平均数的指数,而作为总指数之一的平均法指数,则是个

体指数的平均数,两者是截然不同的。

2) 平均指标的因素分析

在统计工作中,常遇到要研究工人平均工资的变动情况、企业劳动生产率的变动情况或单位产品成本的变动情况。

研究平均指标变动的相对数,即平均指标指数应等于报告期的平均指标与基期的平均指标之比。其公式为

$$K_{fx} = \frac{\overline{x_1}}{\overline{x_0}} = \frac{\dfrac{\sum x_1 f_1}{\sum f_1}}{\dfrac{\sum x_0 f_0}{\sum f_0}} \tag{7.4.11}$$

该指数 K_{fx} 称为可变组成指数。反映了平均指标的变动方向和变动的程度。其分子与分母的差额表示由于平均指标的变动而增减的差额,即

$$\frac{\sum x_1 f_1}{\sum f_1} - \frac{\sum x_0 f_0}{\sum f_0}$$

在统计工作中,不仅要分析平均指标的总变动,而且还要分析导致这个结果的各个因素的变动情况对它的影响。在这里,加权算术平均指标 $\bar{x}$ 受两个因素影响:变量值 x 和结构 $\dfrac{f}{\sum f}$。即影响平均指标变动的因素有两个:x 的变动和结构 $\dfrac{f}{\sum f}$ 的变动。利用指数体系特点,两者变动的相对数的乘积等于平均指标的总变动的相对数。但在编制指数时必须确定同度量因素,即编制变量值变动,必须把结构固定下来,这样组成的平均指标的变动就纯粹是由变量值导致的。即用公式表示如下:

$$K_x = \frac{\sum x_1 \dfrac{f}{\sum f}}{\sum x_0 \dfrac{f}{\sum f}}$$

这里,结构 $\dfrac{f}{\sum f}$ 作同度量因素,根据指数体系特点,一个指数体系总可以分解为一个数量指标和一个质量指标。影响平均指标的两因素为变量值 x 和结构 $\dfrac{f}{\sum f}$。二者比较,变量值因素 x 更接近质量指标,结构因素 $\dfrac{f}{\sum f}$ 更接近数量指标。因此在编制变量指标指数时,把变量值指标作为质量指标,则另一因素指标 $\dfrac{f}{\sum f}$ 就作为同度量因素,因为把它视为数量指标,因此应固定在报告期。用公式表示如下:

$$K_x = \frac{\sum x_1 \dfrac{f_1}{\sum f_1}}{\sum x_0 \dfrac{f_1}{\sum f_1}} \tag{7.4.12}$$

由于结构固定,该指数 K_x 称为固定构成指数。其分子与分母的差额表示由于变量值的变动而使平均指标增减的差额,即

$$\frac{\sum x_1 f_1}{\sum f_1} - \frac{\sum x_0 f_1}{\sum f_1}$$

同理:编制结构影响指数 K_f,需要把质量指标变量值固定,并固定在基期。该指数由于反映的是结构的变动,所以该指数 K_f 称为结构影响指数。用公式表示如下:

$$K_f = \frac{\sum x_0 \dfrac{f_1}{\sum f_1}}{\sum x_0 \dfrac{f_0}{\sum f_0}} \tag{7.4.13}$$

其分子与分母的差额表示由于结构指标的变动而使平均指标增减的差额,即

$$K_f = \frac{\sum x_0 \dfrac{f_1}{\sum f_1}}{\sum x_0 \dfrac{f_0}{\sum f_0}}$$

它们之间的关系如下:
相对数对等式:

$$\frac{\overline{x_1}}{\overline{x_0}} = \frac{\dfrac{\sum x_1 f_1}{\sum f_1}}{\dfrac{\sum x_0 f_0}{\sum f_0}} = \frac{\sum x_0 \dfrac{f_1}{\sum f_1}}{\sum x_0 \dfrac{f_0}{\sum f_0}} \times \frac{\sum x_1 \dfrac{f_1}{\sum f_1}}{\sum x_0 \dfrac{f_1}{\sum f_1}} \tag{7.4.14}$$

绝对数对等式:

$$\frac{\sum x_1 f_1}{\sum f_1} - \frac{\sum x_0 f_0}{\sum f_0} = \left(\frac{\sum x_0 f_1}{\sum f_1} - \frac{\sum x_0 f_0}{\sum f_0}\right) + \left(\frac{\sum x_1 f_1}{\sum f_1} - \frac{\sum x_0 f_1}{\sum f_1}\right) \tag{7.4.15}$$

【例6】 某公司所属的两个企业的工人人数及劳动生产率资料如表 7.4.4 所示。

表 7.4.4　某公司所属的两个企业的工人人数及劳动生产率资料

公司所属企业	平均工人人数 f/人		劳动生产率 x/万元	
	基期 f_0	报告期 f_1	基期 x_0	报告期 x_1
甲	200	260	6	6.8
乙	120	110	5	7

要求:对该公司的劳动生产率的变动进行因素分析。
解:该公司的劳动生产率指数计算表见表 7.4.5。

表 7.4.5 该公司的劳动生产率指数计算表

公司所属企业	平均工人人数 f/人		劳动生产率 x/万元		总产值 xf/万元		
	基期 f_0	报告期 f_1	基期 x_0	报告期 x_1	基期 $x_0 f_0$	报告期 $x_1 f_1$	假定 $x_0 f_1$
甲	200	260	6	6.8	1200	1768	1560
乙	120	110	5	7.0	600	770	550
合计	320	370	5.63	6.86	1800	2538	2110

(1)该公司的劳动生产率可变构成指数：

$$K_{fx} = \frac{\overline{x_1}}{\overline{x_0}} = \frac{\frac{\sum x_1 f_1}{\sum f_1}}{\frac{\sum x_0 f_0}{\sum f_0}} = \frac{2538/370}{1800/320} = \frac{6.86}{5.63} = 121.85\%$$

由于劳动生产率的提高而增加的差额：

$$\frac{\sum x_1 f_1}{\sum f_1} - \frac{\sum x_0 f_0}{\sum f_0} = 6.86 - 5.63 = 1.23(万元)$$

(2)该公司所属两个企业劳动生产率的变动对该公司的平均劳动生产率的影响如下：

相对数：$K_x = \dfrac{\sum x_1 \dfrac{f_1}{\sum f_1}}{\sum x_0 \dfrac{f_1}{\sum f_1}} = \dfrac{6.86}{2110/370} = \dfrac{6.86}{5.70} = 120.35\%$

绝对数：$\dfrac{\sum x_1 f_1}{\sum f_1} - \dfrac{\sum x_0 f_1}{\sum f_1} = 6.86 - 5.7 = 1.16(万元)$

(3)两企业工人人数的变动对该公司的平均劳动生产率的影响如下：

相对数：$K_f = \dfrac{\sum x_0 \dfrac{f_1}{\sum f_1}}{\sum x_0 \dfrac{f_0}{\sum f_0}} = \dfrac{5.7}{5.63} = 101.24\%$

绝对数：$\dfrac{\sum x_0 f_1}{\sum f_1} - \dfrac{\sum x_0 f_0}{\sum f_0} = 5.7 - 5.63 = 0.07(万元)$

(4)他们之间的关系式：

相对数对等式：$\dfrac{\overline{x_1}}{\overline{x_0}} = \dfrac{\dfrac{\sum x_1 f_1}{\sum f_1}}{\dfrac{\sum x_0 f_0}{\sum f_0}} = \dfrac{\sum x_0 \dfrac{f_1}{\sum f_1}}{\sum x_0 \dfrac{f_0}{\sum f_0}} \times \dfrac{\sum x_1 \dfrac{f_1}{\sum f_1}}{\sum x_0 \dfrac{f_1}{\sum f_1}}$

即 $121.85\% = 101.24\% \times 120.35\%$。

绝对数对等式：$\dfrac{\sum x_1 f_1}{\sum f_1} - \dfrac{\sum x_0 f_0}{\sum f_0} = (\dfrac{\sum x_0 f_1}{\sum f_1} - \dfrac{\sum x_0 f_0}{\sum f_0}) + (\dfrac{\sum x_1 f_1}{\sum f_1} - \dfrac{\sum x_0 f_1}{\sum f_1})$

即 1.23(万元)＝0.07(万元)＋1.16(万元)。

分析总结：该公司的劳动生产率报告期比基期提高了 21.85%，平均每人多创造产值 1.23 万元。这是由于，该公司所属的两个企业的劳动生产率的提高使公司的平均劳动生产率提高 20.35% 使得每人多创造产值 1.16 万元和由于两个企业的工人人数结构的变化使该公司的平均劳动生产率提高 1.24% 使得每个工人多创造产值 0.07 万元两者共同作用导致的。

3）包含平均指标指数的总量指标因素分析

在统计工作中，不仅要分析平均工资的变动、劳动生产率的变动或单位产品成本的变动，而且要分析工资总额的变动、产品产值的变动及产品总成本的变动，例如：

产品产值指数＝平均工人人数指数×劳动生产率指数

用符号表示为

$$\frac{\overline{x_1}\sum f_1}{\overline{x_0}\sum f_0} = \frac{\sum f_1}{\sum f_0} \times \frac{\overline{x_1}}{\overline{x_0}}$$

而 $\dfrac{\overline{x_1}}{\overline{x_0}} = \dfrac{\dfrac{\sum x_1 f_1}{\sum f_1}}{\dfrac{\sum x_0 f_0}{\sum f_0}} = \dfrac{\sum x_0 \dfrac{f_1}{\sum f_1}}{\sum x_0 \dfrac{f_0}{\sum f_0}} \times \dfrac{\sum x_1 \dfrac{f_1}{\sum f_1}}{\sum x_0 \dfrac{f_1}{\sum f_1}}$

因此

$$\frac{\overline{x_1}\sum f_1}{\overline{x_0}\sum f_0} = \frac{\sum f_1}{\sum f_0} \times \frac{\overline{x_1}}{\overline{x_0}} = \frac{\sum f_1}{\sum f_0} \times \frac{\sum x_0 \dfrac{f_1}{\sum f_1}}{\sum x_0 \dfrac{f_0}{\sum f_0}} \times \frac{\sum x_1 \dfrac{f_1}{\sum f_1}}{\sum x_0 \dfrac{f_1}{\sum f_1}} \quad (7.4.16)$$

产品产值增减的差额：

$$\overline{x_1}\sum f_1 - \overline{x_0}\sum f_0 = (\sum f_1 - \sum f_0)\overline{x_0} + (\frac{\sum x_0 f_1}{\sum f_1} - \frac{\sum x_0 f_0}{\sum f_0})\sum f_1$$
$$+ (\frac{\sum x_1 f_1}{\sum f_1} - \frac{\sum x_0 f_1}{\sum f_1})\sum f_1 \quad (7.4.17)$$

如上例题中，对该公司的总产值进行因素分析：

(1)分析总产值的总变动。

变动的相对数：$\dfrac{\overline{x_1}\sum f_1}{\overline{x_0}\sum f_0} = \dfrac{2538}{1800} = 141\%$

变动的绝对数：$\overline{x_1}\sum f_1 - \overline{x_0}\sum f_0 = 6.86 \times 370 - 5.63 \times 320 = 736.6$(万元)

(2)分析构成总产值的各因素对总产值的影响。

工人人数的变动对总产值的影响的相对数：$\dfrac{\sum f_1}{\sum f_0} = \dfrac{370}{320} = 115.625\%$

工人人数的变动对总产值的影响的绝对数：

$$(\sum f_1 - \sum f_0)\overline{x_0} = (370 - 320) \times 5.63 = 281.5(万元)$$

工人结构变动对总产值的影响的相对数：

$$\frac{\sum x_0 \frac{f_1}{\sum f_1}}{\sum x_0 \frac{f_0}{\sum f_0}} = \frac{5.7}{5.63} = 101.24\%$$

工人结构变动对总产值的影响的绝对数：

$$\left(\frac{\sum x_0 f_1}{\sum f_1} - \frac{\sum x_0 f_0}{\sum f_0}\right) \sum f_1 = (5.7 - 5.63) \times 370 = 25.9(万元)$$

工人劳动生产率的变动对总产值的影响的相对数：

$$\frac{\sum x_1 \frac{f_1}{\sum f_1}}{\sum x_0 \frac{f_1}{\sum f_1}} = \frac{6.86}{2110/370} = \frac{6.86}{5.70} = 120.35\%$$

工人劳动生产率的变动对总产值的影响的绝对数：

$$\left(\frac{\sum x_1 f_1}{\sum f_1} - \frac{\sum x_0 f_1}{\sum f_1}\right) \sum f_1 = (6.86 - 5.7) \times 370 = 429.2(万元)$$

(3)构成指数体系。

相对数对等关系式：141% = 115.625% × 101.24% × 120.35%

绝对数对等关系式：736.6(万元) = 281.5(万元) + 25.9(万元) + 429.2(万元)

分析总结：该公司的总产值报告期比基期增长了41%，增加的绝对数额为736.6万元。这是由于以下三个方面的原因导致的。其一，该公司所属的两个企业的工人人数的变动使总产值提高15.625%，增加的绝对数额为281.5万元；其二，工人结构的变动使总产值提高1.24%，增加的绝对数额为25.9万元；其三，两个企业工人劳动生产率的提高，使该公司的总产值提高20.35%，增加的绝对数额为429.2万元。

【例7】利用指数体系计算下列各题。

(1)某商店销售额增长2.9%，价格下降2%，求销售量指数。

解：销售额指数＝销售量指数×价格指数

则，102.9%＝销售量指数×98%，解得销售量指数为105%。

(2)某地区30种商品普遍降价后，用同样多的人民币可多购商品15%。求物价指数。

解：销售额指数＝销售量指数×物价指数

则，1＝(1+15%)×物价指数，解得物价指数＝1/1.15＝86.96%

(3)某厂工资水平提高了4.2%，职工人数增加了3%，工资总额增加多少？

解：工资总额指数＝工资水平指数×职工人数指数
　　　　　　　　＝104.2% × 103% ＝107.33%

故工资总额增长7.33%。

习题七

一、填空题

1. 统计指数按说明现象的特点不同,分为_____和_____。
2. 统计指数按所包括的范围不同,分为_____和_____。
3. 在只有两个因素乘积关系构成的经济现象中,必然有一个因素是_____,则另一个是_____。
4. 在综合产量指数中,_____是指数化指标,而_____是同度量因素。
5. 在综合价格指数中,产品产量是_____,而_____是指数化指标。
6. 平均指标对比指数又称为_____,它分解为_____和_____。
7. 指数体系中,总量指数等于各因素指数的_____,总量指数相应的绝对增减量_____各因素指数引起的相应的绝对增减量的_____。
8. 固定权数的加权算术平均数指数,其固定权数(W)是经过调整计算的_____,常用_____表示,其数量指标指数的计算公式为_____,质量指标指数的计算公式为_____。
9. 某工业局 2005 年和 1995 年对比,工业产品总产量增长了 50%,而按现行价格计算的全部工业产品价值翻了一番,那么,该局的工业产品的价格_____。
10. 某地区两年中,每年都用 100 元购买商品甲,而第二年购回的甲商品数量,却比第一年少了 20%,甲商品的价格第二年比第一年_____。
11. 编制指数的一般原则,在编制数量指标指数时,应将同度量因素固定在_____,而编制质量指标指数时,应将同度量因素固定在_____。
12. 平均数指数是个体指数的加权平均数,常用的基本形式有两种,一是_____平均数指数,二是_____平均数指数。
13. 在计算综合指数的过程中,同度量因素除了起到_____的作用外,还起到_____作用。
14. 综合指数与平均数指数既有区别又有联系,只有在一定_____下,两者间才有_____关系。加权算术平均数物量指数只有使用_____加权才能变成综合物量指数,加权调和平均数价格指数只有使用_____加权才能变成综合价格指数。
15. 某产品生产总费用 2005 年为 12.9 万元,比 2004 年多 9000 元,单位产成本比 2004 年降低 3%,则生产总费用指数为_____,产品物量指数为_____,由于成本降低而节约的绝对量为_____。

二、单项选择题

1. 同度量因素在计算综合指数中( )。
   A. 只起同度量作用 B. 只起权数作用
   C. 起权数与同度量作用 D. 既不起同度量作用,也不起权数作用
2. 数量指标指数和质量指标指数的划分依据是( )。
   A. 指数化指标的性质不同 B. 所反映的对象范围不同

C. 编制指数的任务不同　　　D. 所比较的现象特征不同

3. 下列指数中,属于质量指标指数的是(　　)。
　　A. 产量指数　　　　　　　B. 商品销售量指数
　　C. 职工人数指数　　　　　D. 劳动生产率指数

4. 用综合指标法编制总指数的关键是(　　)。
　　A. 确定对比对象　　　　　B. 确定同度量因素及固定时期
　　C. 拥有全面资料　　　　　D. 计算个体指数

5. 已知某商店经营的三种产品,在掌握其基期、报告期销售量和基期的销售额时,编制三种产品产量总指数应采用(　　)。
　　A. 加权调和平均数指数　　B. 固定权数加权平均指数
　　C. 数量指标综合指数　　　D. 加权算术平均数指数

6. 在由三个指数组成的指数体系中,影响的因素(　　)。
　　A. 一个是数量指标,另一个是质量指标
　　B. 两个都是数量指标
　　C. 两个都是质量指标
　　D. 不一定

7. 某商店的商品同年比上年商品零售价格下降2%,销售量增加5%,则商品零售额(　　)。
　　A. 增加10%　　B. 下降2.5%　　C. 增加2.9%　　D. 无法计算

8. 某工厂今年一季度同去年一季度相比,工人的平均工资提高了3%,工人人数增长了5%,则该工厂今年比去年支付的工资(　　)。
　　A. 提高8.15%　　B. 提高15%　　C. 无法计算　　D. 提高3%

9. 同样的人民币报告期比基期多购买15%的商品,则该商品的价格(　　)。
　　A. 下降15%　　B. 下降13.04%　　C. 没有变化　　D. 无法计算

10. 价格总指数 $K_p = \dfrac{\sum q_1 p_1}{\sum q_1 p_0}$ 是(　　)。
　　A. 平均数指数　　B. 可变构成指数　　C. 质量指标指数　　D. 数量指标指数

11. 能分解为固定构成指数和结构影响指数的平均数指数,其分子、分母通常是(　　)。
　　A. 简单调和平均数　　　　B. 简单算术平均数
　　C. 加权调和平均数　　　　D. 加权算术平均数

12. 数量指标综合指数 $K_q = \dfrac{\sum q_1 p_0}{\sum q_0 p}$ 变形为加权算术平均数时的权数是(　　)。
　　A. $q_1 p_1$　　　　　　　B. $q_0 p_0$
　　C. $q_1 p_0$　　　　　　　D. $q_0 p_1$

三、多项选择题

1. 某商店经营的多种产品销售量报告期比基期提高了12%,这是(　　)。
　　A. 数量指数　　　　　　　B. 质量指数
　　C. 动态指数　　　　　　　D. 总指数

2. 下列指数中属于质量指数的有(　　)。

A. 产品产量指数 B. 产品价格指数
C. 产品单位成本指数 D. 工人平均工资指数

3. 已知某工业企业报告期的生产费用为 2000 万元,比基期多支出 300 万元,产品的单位成本报告期比基期降低 3%,则( )。

   A. 生产费用总指数为 117.65%
   B. 单位成本总指数为 103%
   C. 产品产量总指数为 121.3%
   D. 生产费用总指数为 115%
   E. 由于单位成本降低而节约 62.1 万元

4. 综合指数法和平均指数法的区别在于( )。

   A. 综合指数法和平均指数法表示的经济意义相同
   B. 平均指数法除了具有综合指数法表示的意义外,还具有独立的意义
   C. 在获悉的资料都是全面资料的情况下,平均指数法是综合指数法的变形
   D. 综合指数法是先综合后对比,平均指数法是先对比后综合

5. 采用固定权数加权平均法编制的指数有( )。

   A. 商品零售价格指数 B. 居民消费价格指数
   C. 职工生活费用指数 D. 农产品收购价格指数

6. 同度量因素的作用有( )。

   A. 平衡作用 B. 比较作用 C. 权数作用 D. 同度量作用

7. 指数具有( )

   A. 综合性 B. 平均性 C. 相对性 D. 总量性

8. 属于数量指标指数的有( )

   A. 人均销售额指数 B. 土地面积指数
   C. 产品产量指数 D. 平均工资指数

9. 某地区 2004 年农副产品的收购额为 200 万元,比 2003 年多收购 34 万元,已知农副产品价格 2004 比 2003 年提高了 20%。则:( )。

   A. 2004 年农副产品收购额提高了 20.48%
   B. 农民增加收益 33.33 万元
   C. 收购量提高了 0.4%
   D. 由于多收购而增加的收购额为 0.664 万元

10. 利用指数体系能解决( )问题。

    A. 指数体系能进行因素分析
    B. 利用指数体系可以分析复杂现象的总的变动方向及变动程度
    C. 分析导致这个结果的各因素的影响程度及影响的绝对值
    D. 利用指数体系各因素之间的关系进行推算
    E. 利用综合指数编制总指数时,指数体系是确定同度量因素的根据之一

11. 企业管理人员在抓劳动生产率时,不仅要抓各部门的生产效率,而且还要抓人本管理,合理地调配资源,该做法可以从( )方面得到解释。

    A. 通过劳动生产率的因素分析

B. 管理理论
C. 统计学理论
D. 市场营销理论

四、判断题

1. 凡是相对数都可以认为是指数，统计上研究的是不可同度量现象进行综合对比的相对数。（ ）
2. 依据抽样资料计算得到的个体指数进行加权平均的平均数指数具有独立意义。（ ）
3. 平均数指数是综合指数的变形。（ ）
4. 编制数量指标指数以报告期的质量指标作同度量因素。（ ）
5. 加权调和平均法是以报告期的总值指标作权数进行加权平均。农产品收购价格指数就是采用这种方法。（ ）
6. 某地区居民的消费价格指数上涨了4%，在货币收入不变的条件下，居民的实际收入则下降了3.8%。（ ）
7. 在一个指数体系中，总是由数量指标和质量指标构成。（ ）
8. 多因素分析的关键是确定同度量因素。（ ）
9. 固定权数加权平均法的权数是根据抽样调查资料计算确定的，一旦确定就一直不变。（ ）
10. 指数体系是因素分析的依据。（ ）

五、简答题

1. 什么叫综合指数，有什么特点？
2. 综合指数和平均数指数有何联系和区别？
3. 平均数指数在什么条件下才能成为综合指数的变形？
4. 什么叫同度量因素，作用是什么？
5. 指数体系中指数之间的数量对等关系如何理解？
6. 平均指标指数和平均指标对比指数有何区别？

六、计算题

1. 已知三种产品的成本与产量如下表所示。

企业名称	单位产品成本/元		产量/万件	
	基期	报告期	基期	报告期
甲	2.5	2.3	15	15.5
乙	2.4	2.4	10	12
丙	2.2	2.1	10	15

要求计算：
(1) 每种产品的个体成本指数、个体产量指数。
(2) 三种产品的单位成本指数及单位成本的变动对总成本的影响额。
(3) 三种产品的总产量指数及产量的变动对总成本的影响额。
(4) 三种产品的总成本指数及总成本变动的绝对额。

2. 某地区收购的三种新鲜水果产品资料如下表所示。

产品名称	2005 年		2004 年	
	旺季平均单价/元	收购额/万元	旺季平均单价/元	收购额/万元
苹果	2.0	100	1.9	80
香蕉	1.6	170	1.5	150
芦柑	1.8	200	1.6	180

试计算：

(1)该地区收购的三种新鲜水果产品的收购价格指数，说明由于收购的三种新鲜水果产品价格的提高使农民增加的收益；

(2)由于多收购，使该地区的收购额提高的程度及多支付的数额。

3. 某商业企业经营的四种产品的统计资料如下表所示。

商品种类	计量单位	销售量		价格/元	
		基期	报告期	基期	报告期
甲	件	300	340	9	12
乙	千克	200	150	30	35
丙	千克	400	350	28	35
丁	件	500	540	10	10

试对该商业企业经营的四种产品的销售额进行因素分析。

4. 商店经营的三种商品的销售额及价格变动资料如下表所示。

商品名称	商品销售额/万元		价格变动率/%
	基期	报告期	
甲	80	82	+1
乙	60	55	-3
丙	120	140	0
合计	260	277	—

要求计算：

(1)商品价格总指数及由于价格的变动对该商店的销售额影响绝对额。

(2)商品销售量总指数及由于销售量的变动对该商店的销售额影响绝对额

5. 某工业企业的统计资料如下表所示。

产品名称	计量单位	产品产值/万元		出厂价变动率/%
		基期	报告期	
甲	件	500	560	0
乙	吨	1000	1400	3
丙	台	100	97	-2

根据上表资料计算：

(1) 该企业三种产品的出厂价总指数；
(2) 产品产量总指数；
(3) 出厂价格的变动对总产值的影响数额；
(4) 产品产量变动对总产值影响的绝对数额；
(5) 产品总产值的变动相对数和绝对数。

6. 某公司所属两个工厂的工人工资资料如下表所示。

企业名称	月工资水平/元		工人人数/人	
	基期	报告期	基期	报告期
甲	1200	1500	220	240
乙	900	1000	240	500
合计	—	—	460	740

要求计算：
(1) 分析两个企业工人的月工资水平和结构的变动对该公司的全体工人平均工资的影响。
(2) 由于工人人数的变动对工资总额的影响。
(3) 对该公司所属两个工厂的工资总额进行因素分析。

七、技能题

某地区各类商品价格个体指数资料如下表所示。

商品类型	个体指数 K_p /%	权数 ω
(一)食品类	101.51	44.0
(二)烟酒及用品	102.79	12.0
(三)衣着	102.69	8.0
(四)家庭设备用品及服务	102.63	7.0
(五)医疗保健及个人用品	101.30	8.0
(六)交通和通信	102.94	6.0
(七)娱乐教育文化用品	107.56	6.0
(八)居住	101.50	9.0

要求计算：该地区居民消费价格指数。

第 8 章 动态数列

【教学目的及要求】

　　了解动态数列的概念、作用、种类和编制原则;掌握现象发展水平指标和现象发展速度指标的计算;了解时间数列的影响因素;了解长期趋势和季节变动的分析方法;掌握直线趋势测定的各种方法;掌握利用动态数列对社会经济现象的发展趋势进行判断和预测。

8.1　动态数列概述

　　社会经济统计不仅要从社会经济现象的静态方面加以观察,而且要从社会经济现象的运动和发展变化中进行研究,也就是从动态方面加以观察。动态数列就是进行动态研究的一种重要形式。

8.1.1　动态数列的概念

　　动态数列亦称为时间数列,或时间序列,指同一观察现象的统计观察数值按其发生的时间先后顺序排列而形成的数列。

　　任何现象,随着时间的推移,都会呈现出一种在时间上的发展和运动过程。动态数列分析,是指从时间的发展变化角度,研究客观事物在不同时间的发展状况,探索其随时间推移的演变趋势和规律,揭示其数量变化和时间的关系,预测客观事物在未来时间上可能达到的数量和规模。动态数列分析的依据是动态数列。

　　动态数列的特点主要表现为:动态数列总是以统计数据本身的时间限制要素作为排序单位,反映时间变化与数量变化的相互对应关系。因此,现象所属的时间和反映该现象的统计数据成为动态数列构成的两个基本要素。

　　现象所属的时间可以是年份、季度、月份或其他任何时间形式。现象的观察值根据表现形式不同有绝对数、相对数和平均数。因此,从观察表现形式上看,动态数列可分为绝对数时间数列、相对数时间数列和平均数时间数列。

8.1.2　动态数列的作用

　　(1)可以描述社会经济现象的发展状况和结果。
　　(2)可以研究社会经济现象的发展速度、发展趋势,探索现象发展变化的规律,并据以统计预测,为统计决策提供基本统计数据。
　　(3)可以利用不同的但有互相联系的数列进行对比分析或相关分析,揭示现象之间的联系程度及动态演变关系。

8.1.3 动态数列的种类

动态数列按照其指标的性质,可以分为总量指标、相对指标和平均数时间数列等三大类型。总量指标时间数列也称绝对数时间数列,是基本的时间数列,相对指标和平均数时间数列都是在总量指标时间数列的基础上派生出来的。

1. 总量指标时间数列

总量指标时间数列是指把一系列同类的总量指标按时间先后顺序排列起来形成的时间数列。它反映社会经济现象在各个时间达到的绝对水平及其变化发展的状态。表 8.1.1 中的国内生产总值、年末人口和第三产业产值都属于总量指标时间数列。按照总量指标所反映的内容的不同,可以分为总体单位总量和总体标志总量两种。年末人口数是总体单位总量指标,而国内生产总值和第三产业产值是总体标志总量指标。根据总量指标反映的社会经济现象所属的时间不同,又可将总量指标时间数列分为时期数列和时点数列。下面来讨论时期数列和时点数列的特点。

表 8.1.1 中国的国内生产总值、人口及第三产业产值

年份	国内生产总值/亿元	年末人口数/万人	年平均人口数/万人	人均国内生产总值/元/人/	第三产业产值/亿元	第三产业所占比重/%
(1)	(2)	(3)	(4)	(5)	(6)	(7)
1995	60 793.7	121 121	120 486	5 046	20 094.3	33.1
1996	71 176.6	122 389	121 755	5 846	23 455.8	33.0
1997	78 973.0	123 626	123 007.5	6 420	27 165.4	34.4
1998	84 402.3	124 761	124 193.5	6 796	30 780.1	36.5
1999	89 677.1	125 786	125 273.5	7 159	34 095.3	38.0
2000	99 214.6	126 743	126 264.5	7 858	38 942.5	39.3
2001	109 655.2	127 627	127 185	8 622	44 626.7	40.7
2002	120 332.7	128 453	128 040	9 398	50 197.3	41.7
2003	135 822.8	129 227	128 840	10 542	56 318.1	41.5
2004	159 878.3	129 988	129 607.5	12 336	65 018.2	40.7
2005	183 084.8	130 756	130 372	14 040	72 967.7	39.9

注:人均国内生产总值按年平均人口数计算。
资料来源:《中国统计年鉴》(2006),中国统计出版社。

1) 时期数列

时期数列又称时期序列。当动态数列中所包括的各时间单位上的总量指标都是反映某种现象在一段时期内发展过程的总量,该时间数列称为时期数列。例如表 8.1.1 中第(2)列的国内生产总值和第(6)列的第三产业产值,每一项指标都反映在一年的发展总量。时期数列的特点如下:

(1)时间上的可加性。不同时期的总量指标可以相加,所得数值表明现象在更长一个时期的数值。例如,月度国内生产总值相加得到季度国内生产总值,季度国内生产总值相加得到年

度国内生产总值。

(2) 具时间长度。序列中每个指标数值的大小与所属的时期长短有直接的联系。一般指标所属时期越长,指标值越大。

(3) 连续登记取得。每个指标的数值,通过连续不断的登记而取得。由于时期指标是反映现象在一段时间内的发展过程总量,因而必须在这段时间把现象发生的数量逐一登记,并进行累计得到指标值。

2) 时点数列

时点数列又称时点序列。当动态数列中所包括的各时间单位上的总量指标是反映现象在某一时点上(瞬间)所处的数量水平,这样的时间数列称为时点数列。表 8.1.1 中的年末人口数就是时点序列。它具有以下特点:

(1) 时间上的不可加性。由于时点数列中每个指标都是表明某一时间上瞬间现象的数量,因此相加以后无法说明属于哪一时点的数量,相加后不具有实际经济意义。

(2) 不具时间长度。指标数值的大小与时点间隔的长短没有直接关系。在时点序列中两个相邻指标在时间上的距离叫做"间隔"。时点指标的时间单位是瞬间,因而许多现象时间间隔的长短与指标值的大小没有直接关系。如果现象本身存在长期变化趋势,呈现增长或下降趋势,则指标数值与时间间隔有一定的关系。例如,我国总人口呈增长趋势,时点间隔越长,指标的数值越大。

(3) 间断登记取得。指标值采取间断统计的方法获得。例如,我国历年的人口普查就是采取 10 年一次的方式获得。

2. 相对指标时间数列

将一系列同一种相对数按时间先后顺序排列而形成的时间数列叫相对数时间数列。这些相对数包括结构相对数、比例相对数、比较相对数、计划完成相对数、强度相对数等。它反映现象对比关系的发展变化情况,说明社会经济现象的比例关系、结构、速度的发展变化过程。

表 8.1.1 中第(7)列的第三产业所占比率属于相对指标时间数列。相对数动态数列中的各个指标数值是不能相加的。

3. 平均数时间数列

将一系列同一种平均数按时间先后顺序排列而形成的时间数列叫平均数时间数列,它反映社会现象一般水平的发展趋势,如表 8.1.2 和表 8.1.3 所示。

表 8.1.2 某企业单位成本资料

时间	一季度	二季度	三季度	四季度
单位成本/元	122.8	136.1	118.5	118.5

表 8.1.3 2001 年某水泥厂各季度平均每月产量

季度	一季度	二季度	三季度	四季度
平均月产量/万吨	230	270	280	260

不同时间上的平均数不能相加,即相加以后没有意义。但作为一个计算步骤,则是可以的。

平均指标根据其反映的内容不同分为一般算术平均数(或一般平均数、静态平均数)、动态平均数(或序时平均数)。

一般平均数是总体标志总量除以总体单位总量，用来反映总体各单位某一数量标志值在一定时间上的一般水平。动态平均数是根据时间数列中的各指标数值计算的，用来反映社会现象在某一段时期内一般水平的一个代表值。

一般平均数与动态平均数的区别与联系如下。

联系：

(1)都是将研究现象的个别数量差异抽象化。

(2)都是反映社会现象一般水平的一个代表值。

区别：

(1)抽象的对象不一样。一般平均数是将总体各单位数量差异抽象化。动态平均数是将社会现象某一指标在不同时间上的数值差异抽象化。

(2)反映的内容不一样。一般平均数反映的总体各单位某一数量标志值在一定时间上的一般水平。动态平均数反映的是社会现象某一指标在某一段时期内一般水平。

(3)计算依据不一样。一般平均数一般是根据变量数列计算的。动态平均数是根据时间数列计算的。

(4)计算方法不一样。一般平均数是总体标志总量除以总体单位总量。动态时平均数因时间数列类型不同计算方法多样。

由于平均数分为一般平均数和动态平均数，相应的，平均数时间数列有静态平均数时间数列和动态平均数时间数列。

静态平均数时间数列(静态平均指标时间数列、静态平均指标动态数列)如表 8.1.2 所示。

动态平均数时间数列(动态平均指标时间数列、动态平均指标动态数列、

序时平均数时间数列)如表 8.1.3 所示。

8.1.4 编制动态数列的原则

编制时间数列的目的，是为了进行时间数列分析，从而保证数列中各项观察值具有可比性，是编制时间数列的基本原则。所谓可比性，是要求各观察值所属时间、总体范围、经济内容、计算方法、计算价格、计量单位等可比。具体含义如下。

1. 各项观察值所属时间可比

即要求各观察值所属时间的一致性。对时期数列而言，由于各观察值的大小与所属时期的长短直接相关，因此各观察值所属时间的长短应该一致，否则不便于对比分析。对于时点数列，虽然两时点间间隔长短与观察值无明显关系，但为了更好地反映现象的发展变化状况，两时点间的间隔也应尽可能相等。

2. 各项观察值总体范围可比

这是就所属空间范围而言，如地区范围、隶属范围、分组范围等。当时间数列中某些观察值总体范围不一致时，必须进行适当调整使其一致，否则前后期指标数值不能直接对比。

3. 各项观察值经济内容可比

指标的经济内容是由其理论内涵所决定的，随着社会经济条件的变化，有些指标的经济内容发生了变化。对于名称相同而经济内涵不一致的指标，尤其要注意这一点，务必使各时间上

的观察值内涵一致,否则也不具备可比性。例如:我国的工业总产值指标,有的年份包括了乡村企业的工业产值,有的年份则不包括。

4. 各项观察值的计算方法可比

对于指标名称总体范围和经济内容都相同的指标,计算方法不同也会导致数值差异,有时甚至是极大的差异。例如国内生产总值(GDP),按照生产法、支出法、分配法计算的结果就有差异。因此,同一时间数列中,各个时期(时点)指标值的计算方法要统一。如果从某一时期,计算方法做了重大改变,那么发布资料必须注明,以便动态比较时进行调整。

5. 计算价格和计量单位可比

统计指标的计算价格种类很多,有现行价格和不变价格之分。不变价格为了适应客观经济条件的变化也在不断调整,形成了多个时期的不变价格,编制时间序列遇到前后时期所用的计算价格不同,就需要进行调整,使其统一。对于实物指标的时间序列,则要求计量单位保持一致,否则也要进行调整。

8.1.5 动态数列常用分析方法

时间数列分析最常用的方法有两种,一是指标分析法,二是构成因素分析法。

1. 时间数列指标分析法

所谓指标分析法,是指通过计算一系列时间数列分析指标,包括发展水平、平均发展水平、增减量、平均增减量、发展速度、平均发展速度、增减速度、平均增减速度等来揭示现象的发展状况和发展变化程度。

2. 时间数列构成因素分析法

这种方法是将时间数列看做是由长期趋势、季节变动、循环变动和不规则变动几种因素所构成,通过对这些因素的分解分析,揭示现象随时间变化而演变的规律,并在揭示这些规律的基础上,假定事物今后的发展趋势遵循这些规律,从而对事物的未来发展做出预测。

时间数列的这两种基本分析方法,各有不同的特点和作用,各揭示不同的问题和状况。分析问题时应视研究的目的和任务,分别采用或综合应用。

8.2 动态数列的水平指标

8.2.1 发展水平

发展水平就是指时间数列中每一项具体的指标数值。它反映现象在各个不同时期或时点发展所达到的水平,是计算其他动态分析指标的基础。

发展水平通常用总量指标表示,也可以用相对指标或平均指标表示。

发展水平按其在时间数列中所处的位置不同可分为最初水平、中间水平和最末水平。数列中第一项的指标数值称为最初水平,最后一项指标数值叫做最末水平,其余各个指标数值叫中间水平。在进行动态对比分析时,把用作比较标准的时期或时点发展水平称做基期水平,所要研究的那个时期或时点的发展水平,称为报告期水平或计算期水平。发展水平通常用 a_i 表示,则时间数列各期的发展水平分别为 $a_1,a_2,\cdots,a_{n-1},a_n$。$a_1$ 代表最初水平,a_n 代表最末水平,其余就是中间水平。这些发展水平的表示方法都不是固定不变的,而是随着人们研究的目的和对时间要求的不同而改变的。

发展水平在文字说明上,习惯用"增加到",或"增加了"及"降低为"来表示。

8.2.2 平均发展水平

平均发展水平就是指时间数列中各个时期或时点上的发展水平的平均数,用来表明现象在一段时期内发展的一般水平。统计上又称为序时平均数或动态平均数。

序时平均数可以根据总量指标时间数列计算,也可以根据相对指标和平均指标时间数列计算。而总量指标时间数列序时平均数的计算方法是最基本的。

1. 根据总量指标时间数列计算序时平均数

1) 由时期数列计算的序时平均数

时期数列中各个指标数值是可以直接相加的,可以采用简单算术平均法,即用各期指标值之和除以时期的项数来计算序时平均数。假如各时期的指标数值分别为 $a_1, a_2, \cdots, a_{n-1}, a_n$,以 $\bar{a}$ 表示序时平均数,则

$$\bar{a} = \frac{a_1 + a_2 + \cdots + a_n}{n} = \frac{\sum a}{n} \tag{8.2.1}$$

【例1】根据表 8.1.1 第(2)列的数据计算 1996—2005 年期间我国的年均国内生产总值。

解:将 1996 年至 2005 年的国内生产总值代入公式 8.2.1,即 1996 年至 2005 年的平均国内生产总值为

$$\bar{a} = \frac{\sum a}{n} = \frac{71\,176.6 + 78\,973 + \cdots + 183\,084.8}{10} = 113\,221.74 \text{(亿元)}$$

2) 由时点数列计算序时平均数

在社会经济统计中一般是将一天看做一个时点,即以"一天"作为最小时间单位。这样时点数列可认为有连续时点和间断时点数列之分;而间断时点数列又有间隔相等与间隔不等之别。其序时平均数的计算方法略有不同,分述如下:

(1)连续时点数列计算的序时平均数。在统计中,通常把以日为单位逐日登记的时点数据称为连续时点数列。连续时点数列有间隔相等和间隔不等两种情况。

①间隔相等的连续时点数列。如果逐日登记并逐日排列资料时,即数列中各时点指标值之间的时间间隔相等,都是以日为间隔,这样数列称为间隔相等的连续时点数列。可采用简单算术平均法,即以各时点指标值总和除以时点个数求得序时平均数。则

$$\bar{a} = \frac{a_1 + a_2 + \cdots + a_n}{n} = \frac{\sum a}{n} \tag{8.2.2}$$

【例2】某车间 2006 年 5 月上旬生产工人人数资料如表 8.2.1 所示。

表 8.2.1

日期	5.1	5.2	5.3	5.4	5.5	5.6	5.7	5.8	5.9	5.10
生产工人人数/人	176	182	183	179	180	178	179	183	184	186

求该车间 5 月上旬日平均生产工人人数。

该车间 5 月上旬日平均生产工人人数为

$$\bar{a} = \frac{\sum a}{n} = \frac{176+182+183+179+180+178+179+183+184+186}{10} = 181(人)$$

②间隔不等的连续时点数列。如果是逐日登记但并不是逐日排列,或者说虽以日为单位进行登记但只在它发生变动时做记录,不变动不做记录,这样形成的数列称为间隔不等的连续时点数列。间隔不等连续时点数列中的各时点指标数值不是逐日排列的,相邻时点指标值之间的时间间隔不相等。可采用加权算术平均法,即以每次变动持续的时间间隔长度(f)为权数对各时点指标值进行加权平均,求得序时平均数。则

$$\bar{a} = \frac{a_1 f_1 + a_2 f_2 + a_3 f_3 \cdots + a_n f_n}{f_1 + f_2 + f_3 + \cdots + f_n} = \frac{\sum af}{\sum f} \tag{8.2.3}$$

【例3】某企业人事部门,2006年1月对本单位在册职工人数有如表8.2.2记录:1月1日有职工218人,1月11日调出18人,1月16日调入6人,1月25日又调入9人,2月5日调出4人。问1月份该单位平均在册人数是多少?

表 8.2.2

日期	1日—10日	11日—15日	16日—24日	25日—31日
职工人数/人	218	200	206	215

该企业1月份平均在册职工人数为

$$\bar{a} = \frac{218 \times 10 + 200 \times 5 + 206 \times 9 + 215 \times 7}{10+5+9+7} = 211(人)$$

(2)由间断时点数列计算序时平均数。实际统计工作中,很多现象并不是逐日对其时点数据进行统计,而是隔一段时间(如一月、一季度、一年等)对其期末时点数据进行登记。这样得到的时点数列称为间断时点数列。如果每隔相同的时间登记一次,则所得数列称为间隔相等的间断时点数列;如果每两次登记时间的间隔不尽相同,则所得数列称为间隔不等的间断时点数列。

当其时点资料是以月度、季度、年度为时间间隔单位,我们已不可能像连续时点资料那样求得准确的时点平均数。这种情况下,我们可以根据资料所属时间的间隔特点,选用不同的计算公式。

①间隔相等的间断时点数列。间隔相等的间断时点数列是根据间隔相等的各期期初或期末时点资料编制的时点数列。可以假定相邻两个时点之间现象的变动是均匀的。这样的假定条件下,就可以采用简单序时平均法近似地计算出序时平均数。

【例4】某车间工人人数资料如表8.2.3所示。

表 8.2.3

时间	1月1日	2月1日	3月1日	4月1日
工人人数/人	2100	2500	2640	2800

求该车间第一季度的平均工人数。

根据表8.2.3的资料,假定两个相邻时点之间人数是均匀变动的,可将两个时点人口数相加再除以2,就可求出各月的平均人数,即

$$1月份平均工人数 = \frac{2100+2500}{2} = 2300(人)$$

2月份平均工人数 $= \dfrac{2500+2640}{2} = 2570$（人）

3月份平均工人数 $= \dfrac{2640+2800}{2} = 2720$（人）

根据各月的平均人数，采用简单平均法可以求出第一季度的平均工人数：

$$\bar{a} = \dfrac{2300+2570+2720}{3} = 2530（人）$$

将上述计算第一季度的平均工人数的步骤合并为一个步骤，其计算过程可以简化为

$$\bar{a} = \dfrac{\dfrac{2100+2500}{2}+\dfrac{2500+2640}{2}+\dfrac{2640+2800}{2}}{3} = \dfrac{\dfrac{2100}{2}+2500+2640+\dfrac{2800}{2}}{3} = 2530（人）$$

由上可见，对于间隔相等的连续时点数列计算序时平均数时，可以将首末两项折半，加上中间各项数值，再用时点个数 n 减 1 去除即得。此种计算方法一般称为"首末折半法"，概括为一般公式：

$$\bar{a} = \dfrac{\dfrac{a_1}{2}+a_2+a_3+\cdots+a_{n-1}+\dfrac{a_n}{2}}{n-1} \tag{8.2.4}$$

②间隔不等的间断时点数列

间隔不等的间断时点数列是根据间隔不等的各期期初或期末时点资料编制的时点数列。同样要假定间断的各时点之间的指标是均匀变动的，由于各时点之间的间隔不等，所以各时点之间的间隔作为权数（f），对各相应时点的平均值进行加权平均，求得序时平均数。计算公式为：

$$\bar{a} = \dfrac{\dfrac{a_1+a_2}{2}\cdot f_1+\dfrac{a_2+a_3}{2}\cdot f_2+\cdots+\dfrac{a_{n-1}+a_n}{2}\cdot f_{n-1}}{\sum\limits_{i=1}^{n-1}f_i} \tag{8.2.5}$$

【例5】某企业 2004 年职工人数资料如表 8.2.4 所示。

表 8.2.4 某企业职工人数资料

时间	1月初	3月初	7月初	11月初	12月末
职工人/人	240	230	256	250	260

则 2000 年该企业的月平均职工人数为

$$\bar{a} = \dfrac{\dfrac{240+230}{2}\times 2+\dfrac{230+256}{2}\times 4+\dfrac{256+250}{2}\times 4+\dfrac{250+260}{2}\times 2}{2+4+4+2}$$

$$= \dfrac{470+972+1012+510}{12}$$

$$= 247（人）$$

根据间断时点数列计算序时平均数，是假定现象在相邻时点之间均匀变动为前提的，而实际上各种现象不可能都是均匀变动的。所以所求得的结果只能是一个近似值。由于时点数列的间隔越小，求得的结果就越接近于实际，因此间断时点数列的间隔不宜太长。

2. 根据相对指标时间数列计算序时平均数

相对指标时间数列一般是由两个密切联系的问题指标时间数列的相应项对比得到的相对

指标所形成的。由于各个相对指标不能直接相加,所以计算它们的序时平均数,应分别计算其分子数列的序时平均数($\bar{a}$)和分母数列的序时平均数($\bar{b}$),然后将这两个序时平均数对比,即得相对指标时间数列的序时平均数($\bar{c}$)。基本计算公式如下:

$$\bar{c}=\frac{\bar{a}}{\bar{b}} \tag{8.2.6}$$

上式在具体运用时,应先分析对比的分子和分母是时期数列,还是时点数列,是哪一种时点数列,然后再选择前面所叙述过的相应公式计算。具体有下列三种情况:

(1)分子和分母都是时期数列。因为

$$\bar{a}=\frac{\sum a}{n}, \bar{b}=\frac{\sum b}{n}$$

所以

$$\bar{c}=\frac{\bar{a}}{\bar{b}}=\frac{\sum a}{n} \div \frac{\sum b}{n}=\frac{\sum a}{\sum b}$$

又由于 $c=\frac{a}{b}$,则将 $a=bc$ 或 $b=\frac{a}{c}$ 代入上式,得

$$\bar{c}=\frac{\sum bc}{\sum b}, c=\frac{\sum a}{\sum \frac{a}{c}}$$

根据所掌握的实际资料来确定选用上述哪一个公式,三个公式计算的结果完全相同。

【例6】某企业第二季度总产值的计划完成情况如表 8.2.5 所示。

表 8.2.5 某企业第二季度生产情况表

日期	4月份	5月份	6月份
A:实际产值/万元	650	700	750
B:计划产值/万元	620	680	700
C:计划完成/%	104.84	102.94	107.14

如果分子 a 和分母 b 的资料都掌握,按 $\bar{c}=\frac{\sum a}{\sum b}$ 计算,则第二季度月平均产值计划完成程度为

$$\bar{c}=\frac{\sum a}{\sum b}=\frac{650+700+750}{620+680+700}=\frac{2100}{2000}=105\%$$

如果掌握的资料是分母 b 和相对指标 c,按 $\bar{c}=\frac{\sum bc}{\sum b}$ 计算,则第二季度月平均产值计划完成程度为

$$\bar{c}=\frac{\sum bc}{\sum b}=\frac{1.0484 \times 620+1.0294 \times 680+1.0714 \times 700}{620+680+700}=\frac{2100}{2000}=105\%$$

如果掌握的资料是分子 a 和相对指标 c,按 $\bar{c}=\frac{\sum a}{\sum \frac{a}{c}}$ 计算,则第二季度月平均产值计划

完成程度为

$$\bar{c} = \frac{\sum a}{\sum \dfrac{a}{c}} = \frac{650+700+750}{\dfrac{650}{1.0484}+\dfrac{700}{1.0294}+\dfrac{750}{1.0714}} = \frac{2100}{2000} = 105\%$$

(2)分子和分母都是时点数列。由时点数列计算序时平均数,有连续和间断之分,而每种又有间隔相等和间隔不等之分,这样就形成四种不同的情况。分子和分母进行对比后就会得出各种变形公式,但基本计算方法是不变的,仍然按 $\bar{c}=\dfrac{\bar{a}}{\bar{b}}$ 计算。现举例说明由两个间隔相等的间断时点数列对比而形成的相对数时间数列计算方法。

【例7】某企业2005年第四季度职工人数如表8.2.6所示,计算该企业第四季度生产工人数占全部职工人数的平均比重。

表 8.2.6　某企业 2005 年第四季度职工人数

日期	9月末	10月末	11月末	12月末
a:生产工人数/人	4350	4520	4620	5760
b:全部职工人数/人	5800	5800	6000	7200
c:生产工人人数占全部职工人数/%	75	78	77	80

首先,计算生产工人数的序时平均数:

$$\bar{a} = \frac{\dfrac{4350}{2}+4520+4620+\dfrac{5760}{2}}{4-1} = \frac{14195}{2} = 4732(人)$$

其次,计算全部职工的序时平均数:

$$\bar{b} = \frac{\dfrac{5800}{2}+5800+6000+\dfrac{7200}{2}}{4-1} = \frac{18300}{3} = 6100(人)$$

最后,将生产工人的序时平均数和全部职工的序时平均数对比,即得该企业第四季度生产工人数占全部职工人数的平均比重

$$\bar{c} = \frac{\bar{a}}{\bar{b}} = \frac{4372}{6100} = 77.5\%$$

将上述计算序时平均数的方法,用公式表示为:

$$\bar{c} = \frac{\bar{a}}{\bar{b}} = \frac{\dfrac{a_1}{2}+a_2+a_3+\cdots+\dfrac{a_n}{2}}{n-1} \div \frac{\dfrac{b_1}{2}+b_2+b_3+\cdots+\dfrac{b_n}{2}}{n-1} = \frac{\dfrac{a_1}{2}+a_2+a_3+\cdots+\dfrac{a_n}{2}}{\dfrac{b_1}{2}+b_2+b_3+\cdots+\dfrac{b_n}{2}}$$

(3)分子和分母是两不同性质的数列。当分子和分母是两个不同性质的相对数时间数列时,计算序时平均数的基本公式仍用

$$\bar{c} = \frac{\bar{a}}{\bar{b}}$$

对于 a 和 b 的具体计算方法,则根据分子数列和分母数列的性质和类别而定。

【例8】某公司2004年第二季度每月流动资金周转次数如表8.2.7所示。

表 8.2.7 某公司 2004 年第二季度月流动资金周转次数

日期	4月	5月	6月	7月
a:商品销售收入/万元	1400	1200	1700	—
b:月初流动资金占用额/万元	400	600	600	200
c:流动资金周转次数/次	2.8	2	4.25	—

根据上表资料要求计算该公司第二季度月平均流动资金周转次数和第二季度流动资金周转次数。

$$流动资金周转次数 = \frac{商品销售收入}{流动资金平均占用额}$$

由于商品销售收入是时期指标,而各月初的流动资金占用额为时点指标,所以两者不能直接比较,尚需求出各月流动资金平均占用额,才能对比求出各月的流动资金周转次数。计算结果见表 8.2.7 中 C 栏,例如:

$$4月份流动资金周转次数 = \frac{1400}{\frac{400+600}{2}} = \frac{1400}{500} = 2.8(次)$$

计算第二季度月平均流动资金周转次数,不能直接将各月的流动资金周转次数相加平均,仍要按基本公式求出 $\bar{a}$ 和 $\bar{b}$,再对比求得 $\bar{c}$。

第二季度月平均流动资金周转次数为

$$\bar{c} = \frac{\bar{a}}{\bar{b}} = \frac{\frac{a_1+a_2+a_3}{3}}{\frac{\frac{b_1}{2}+b_2+b_3+\frac{b_4}{2}}{4-1}} = \frac{\sum a}{\frac{b_1}{2}+b_2+b_3+\frac{b_4}{2}} = \frac{1400+1200+1700}{\frac{400}{2}+600+600+\frac{200}{2}}$$

$$= \frac{4300}{1400} = 2.867(次)$$

计算第二季度流动资金周转次数,同样也不能将各月的流动资金周转次数直接相加,它应该等于第二季度的商品销售总额($\sum a$)除以第二季度的月平均流动资金占用额($\bar{b}$),或等于第二季度的月平均流动资金周转次数($\bar{c}$)乘以月数(n)。

第二季度流动资金周转次数为

$$\bar{c} = \frac{\sum a}{\bar{b}} = \frac{4300}{\frac{\frac{400}{2}+600+600+\frac{200}{2}}{4-1}} = \frac{4300}{\frac{1500}{3}} = 8.6(次)$$

或

$$\bar{c}_1 = \bar{c} \cdot n = 2.867 \times 3 = 8.6(次)$$

3. 由平均指标时间数列计算序时平均数

平均指标时间数列可由一般平均数或序时平均数所组成。

1) 由一般平均数组成的平均指标时间数列

由一般平均数组成的平均指标时间数列,也是由两个问题指标时间数列对比而形成的。其中,分子是标志问题数列(a),通常为时期数列;分母是总体单位数数列(b),一般属于时点数列,也可能为时期数。可先分别求出 $\bar{a}$ 和 $\bar{b}$,再对比求得这类平均指标时间数列的序时平均数 ($\bar{c}$)。

$$\bar{c} = \frac{\bar{a}}{\bar{b}} \tag{8.2.7}$$

其计算方法同于相对数时间数列,也要注意派生数列 c 与基础数列 a、b 的关系。

【例9】某厂产品成本资料如表8.2.8所示,求全年平均单位成本。

表8.2.8　某厂企业产量与单位成本资料

时间	一季度	二季度	三季度	四季度
产量 b/只	366	342	382	402
单位成本 c/元	122.8	136.1	118.5	118.5

因为　　　　　平均单位成本(c) = $\dfrac{总成本(a)}{总产量(b)}$

在表8.2.8中,缺少分子数列(a)的资料,可以用 $a=bc$ 的关系计算得表8.2.9。

表8.2.9　平均单位成本计算表

时间	一季度	二季度	三季度	四季度	合计
产量 b/只	366	342	382	402	1474
单位成本 c/元	122.8	136.1	118.5	118.5	123.44
总成本 $a=bc$/元	44 944.8	44 096.4	45 267	47 637	181 945.2

根据上表资料,该厂产品平均单位成本为

$$\bar{c} = \frac{\bar{a}}{\bar{b}} = \frac{\dfrac{\sum a}{n}}{\dfrac{\sum b}{n}} = \frac{\sum a}{\sum b} = \frac{\sum bc}{\sum b} = \frac{181\ 945.2}{1474} = 123.42(元)$$

2)由序时平均数组成的平均指标时间数列

由序时平均数组成的平均指标时间数列,分时期相等和不等。

(1)如果时期相等,可采用简单算术平均法计算:

$$\bar{a} = \frac{\sum a}{n} \tag{8.2.8}$$

以表8.1.3为例,各季水泥产量时期相等,可用简单算术平均法计算全年平均月产量。

$$全年平均月产量 = \frac{230+270+280+260}{4} = 260(万吨)$$

(2)时期不等,以时期长度(t)为权数,采用加权算术平均法计算:

$$\bar{a} = \frac{\sum at}{\sum t} \tag{8.2.9}$$

【例10】某年某旅游区旅客的月平均人数如表8.2.10所示,求全年平均每月的游客人次。

表 8.2.10 某年某旅游区旅客的月平均人数

时间	1月	2月—3月	4月—8月	9月—11月	12月
月平均人数/万人次	10	13	16	14	10

全年平均每月的游客人次 $= \dfrac{10 \times 1 + 13 \times 2 + 16 \times 5 + 14 \times 3 + 10 \times 1}{1 + 2 + 5 + 3 + 1} = 14$(万人次)。

8.2.3 增长量和平均增长量

1. 增长量

增长量是报告期水平与基期水平之差,表明现象在一定时期内增加或减少的绝对量,又称增减水平或增减量,即

$$\text{增长量} = \text{报告期水平} - \text{基期水平} \tag{8.2.10}$$

增长量若为正值,表明现象水平的增加;若为负值,表明现象水平的下降。按对比选择的基期不同,增长量可以分为逐期增长量和累积增长量两种。

1) 逐期增长量

逐期增长量就是报告期水平与前一期水平之差,表明现象在一段时期内逐期增减变动的绝对数量。

$$\text{逐期增长量} = \text{报告期水平} - \text{前一期水平} \tag{8.2.11}$$

如用符号表示,则为,

逐期增长量:$a_1 - a_0, a_2 - a_1, a_3 - a_2, \cdots, a_n - a_{n-1}$

2) 累计增长量

累计增长量就是报告期水平与某一固定基期水平之差,表明现象在某一段时期内总的增减绝对数量。

$$\text{累计增长量} = \text{报告期水平} - \text{固定基期水平} \tag{8.2.12}$$

如用符号表示,则为

累积增长量:$a_1 - a_0, a_2 - a_0, a_3 - a_0, \cdots, a_n - a_0$

3) 逐期增长量与累计增长量关系

【例 11】根据表 8.2.11 的资料分别计算各年逐期增长量和累计增长量。

表 8.2.11 某钢铁厂钢产量资料

年 份		1996	1997	1998	1999	2000	2001
增长量	符号	a_0	a_1	a_2	a_3	a_4	a_5
	钢产量/万吨	200	240	300	340	360	378
增长量	符号	—	$a_1 - a_0$	$a_2 - a_1$	$a_3 - a_2$	$a_4 - a_3$	$a_5 - a_4$
	逐期/万吨	—	40	60	40	20	18
	符号	—	$a_1 - a_0$	$a_2 - a_0$	$a_3 - a_0$	$a_4 - a_0$	$a_5 - a_0$
	累计/万吨	—	40	100	140	160	178

可以看出,逐期增长量和累积增长量存在下列关系:

(1)首项相等,即都为 $a_1 - a_0$。

(2)各个逐期增长量之和等于相应时期的累积增长量,即,

$$(a_1 - a_0) + (a_2 - a_1) + (a_3 - a_2) + \cdots + (a_n - a_{n-1}) = a_n - a_0 \quad (8.2.13)$$

(3)相邻两个累积增长量之差等于相应时期的逐期增长量,即:

$$(a_n - a_0) - (a_{n-1} - a_0) = a_n - a_{n-1} \quad (8.2.14)$$

必须指出,增长量是一个时期指标,不论由时期数列还是由时点数列计算得到的增长量,都是时期指标,因为这一段时期的增长量并非突然增长的。

4)年距增长量

为了消除季节变动的影响,实际工作中常计算年距增长量,它是本期发展水平与去年同期发展水平之差,即

$$年距增长量 = 本期发展水平 - 去年同期发展水平 \quad (8.2.15)$$

【例12】我国2005年8月份工业增加值是5967.51亿元,2004年8月份工业增加值为4544.46亿元,即

年距增长量=5967.51－4544.46＝1423.05(亿元)

表明2005年工业增加值比2004年同期增加1423.05亿元。

2. 平均增长量

平均增长量是某种现象逐期增长量的序时平均数,它表明该现象在一段时期内,单位时间平均增长的绝对数量。由于增长量是时期指标,所以平均增长量可以用简单算术平均法计算。平均增长量计算公式:

$$\overline{\Delta a} = \frac{逐期增长量之和}{逐期} = \frac{累积增长量}{时间数列项数 - 1} \quad (8.2.16)$$

据表8.2.11,计算1996年至2001年,该企业每年的平均钢增长量:

$$年均钢增长量 = \frac{40 + 60 + 40 + 20 + 18}{5} = 35.6(万吨) = \frac{178}{6-1} = 35.6(万吨)$$

平均增长量有正负之分,正值为平均增长量,负值为平均减少量。若现象在一定时期内的逐期增长量大体相同,其平均增长量可作为预测的依据。

8.3 动态数列的速度指标

动态数列的速度分析是动态相对数和平均数的具体应用。它是从相对数和平均数的角度来分析社会经济现象的发展程度和增长幅度。动态数列的速度指标有:发展速度、增减速度、平均发展速度、平均增减速度。

8.3.1 发展速度和增长速度

1. 发展速度

发展速度是将现象的报告期水平除以基期水平求得的,表示报告期水平是基期水平的百分比或若干倍,表明某种现象发展变化程度的动态相对指标,即

$$发展速度 = \frac{报告期水平}{基期水平} \quad (8.3.1)$$

根据对比的基期不同,发展速度可以分为定基发展速度与环比发展速度。

1)定基发展速度

定基发展速度是各报告期水平与某一固定基期水平之比,表明现象在一段内总的发展速度,故又称总速度。

$$\text{定基发展速度} = \text{报告期水平} \div \text{固定基期水平} \tag{8.3.2}$$

定基发展速度用符号表示如下:

$$\frac{a_1}{a_0}, \frac{a_2}{a_0}, \cdots, \frac{a_n}{a_0}$$

2)环比发展速度

环比发展速度是各报告期水平与前一期水平之比,表明现象的报告期水平比前一期水平的逐期发展变动的程度。用符号表示如下:

$$\text{环比发展速度} = \text{报告期水平} \div \text{前一期水平} \tag{8.3.3}$$

环比发展速度用符号表示如下:

$$\frac{a_1}{a_0}, \frac{a_2}{a_1}, \cdots, \frac{a_n}{a_{n-1}}$$

3)定基发展速度与环比发展速度的关系

【例1】根据表8.3.1的资料分别计算各年环比发展速度和定基发展速度。

表 8.3.1 某钢铁厂钢产量资料

年 份		1996	1997	1998	1999	2000	2001
增长量	符号	a_0	a_1	a_2	a_3	a_4	a_5
	钢产量/万吨	200	240	300	340	360	378
发展速度(%)	符号	—	$a_1 \div a_0$	$a_2 \div a_1$	$a_3 \div a_2$	$a_4 \div a_3$	$a_5 \div a_4$
	环比		120	125	113.33	105.88	105
	符号	—	$a_1 \div a_0$	$a_2 \div a_0$	$a_3 \div a_0$	$a_4 \div a_0$	$a_5 \div a_0$
	定基		120	150	170	180	189

可以看出,环比发展速度与定基发展速度之间存在以下的关系:

(1)首项相等。1997年环比发展速度和定基发展速度都是 $a_1 \div a_0$,即120%。

(2)各环比发展速度的连乘积等于相应的定基发展速度,即

$$\frac{a_1}{a_0} \times \frac{a_2}{a_1} \times \frac{a_3}{a_2} \times \cdots \times \frac{a_n}{a_{n-1}} = \frac{a_n}{a_0} \tag{8.3.4}$$

(3)两个相邻的定基发展速度之商等于相应的环比发展速度,即

$$\frac{a_n}{a_0} \div \frac{a_{n-1}}{a_0} = \frac{a_n}{a_{n-1}} \tag{8.3.5}$$

2. 增长速度

增长速度又称增长率,是某种现象的报告期增长量与基期水平之比,表明该现象增长程度的相对指标。

$$\text{增长速度} = \frac{\text{报告期增长量}}{\text{基期水平}} = \frac{\text{报告期水平} - \text{基期水品}}{\text{基期水平}} = \frac{\text{报告期水平}}{\text{基期水平}} - 1(\text{或}100\%)$$

$$= \text{发展速度} - 1(\text{或}100\%)$$

$$\tag{8.3.6}$$

由于采用基期的不同,增长速度也有定基增长速度和环比增长速度两种。

1)定基增长速度

定基增长速度是累计增长量与某一固定基期水平之比的相对数,它表示客观事物在一个较长时期内总的增长速度。

$$定基增长速度 = \frac{报告期累计增长量}{固定基期水平} = \frac{报告期水平 - 固定基期水平}{固定基期水平}$$
$$= 定基发展速度 - 1(或100\%) \tag{8.3.7}$$

定基增长速度用符号表示如下:

$$\frac{a_1 - a_0}{a_0}, \frac{a_2 - a_0}{a_0}, \cdots, \frac{a_n - a_0}{a_0} 或 \frac{a_1}{a_0} - 1, \frac{a_2}{a_0} - 1, \cdots, \frac{a_n}{a_0} - 1$$

2)环比增长速度

环比增长速度是逐期增长量与前一期发展水平之比的相对数,它表示客观事物逐期的增长程度。

$$环比增长速度 = \frac{报告期逐期增长量}{前一期水平} = \frac{报告期水平 - 前一期水平}{前一期水平}$$
$$= 环比发展速度 - 1(或100\%) \tag{8.3.8}$$

环比增长速度用符号表示如下:

$$\frac{a_1 - a_0}{a_0}, \frac{a_2 - a_1}{a_1}, \cdots, \frac{a_n - a_{n-1}}{a_{n-1}} 或 \frac{a_1}{a_0} - 1, \frac{a_2}{a_1} - 1, \cdots, \frac{a_n}{a_{n-1}} - 1$$

上述可见,增长速度等于发展速度减1。增长速度有正负之分,当报告期水平高于基期水平时,发展速度大于100%,增长速度为正值,表明现象增长的程度,也称增长率。当报告期水平低于基期水平时,发展速度小于100%,增长速度为负值,表明现象下降的程度,也称降低率。

3)定基增长速度与环比增长速度的关系

增长速度是发展速度的派生指标,定基增长速度与环比增长速度相互间不能直接换算,要想换算中间需要经过发展速度这个指标。换算流程如下:

$$定期增长速度 \Longleftrightarrow 定基发展速度$$

$$环比增长速度 \Longleftrightarrow 环比发展速度$$

【**例2**】根据表8.3.2的资料,分别计算各年环比发展速度和定基发展速度。

表8.3.2 某钢铁厂钢产量资料

年份		1996	1997	1998	1999	2000	2001
增长量	钢产量/万吨	200	240	300	340	360	378
发展速度 %	环比	—	120	125	133.33	105.88	105
	定基	—	120	150	170	180	189
增长速度 %	环比	—	20	25	13.33	5.88	5
	定基	—	20	50	70	80	89

8.3.2 增长1%的绝对值

增长速度是相对数指标,它抽象了现象数量对比的绝对差异。同样是增长1%,它所代表的绝对量由于对比的基数不同可能相差较大。因为,低水平基础上的发展速度显然与高水平基础上的发展速度是不可比的,基数小,发展速度相应就快;基数大,发展速度相应就慢。也就是说,高速度有可能掩盖低水平,低速度则有可能隐含高水平。因此,对现象进行动态分析时,既要看速度,增减的百分比,又要看水平,增减1个百分比所包含的绝对量,这样才不会产生片面性。增长1%的绝对值就是将现象的速度与水平结合起来分析的一个指标。计算结果用绝对数表示:

$$增长1\%的绝对值 = \frac{逐期增长量}{环比增长速度} \times 1\% = \frac{逐期增长量}{\frac{逐期增长量}{前一期水平}} \times \frac{1}{100} = \frac{前一期水平}{100}$$

(8.3.9)

【例3】甲乙两个工厂有关资料如表8.3.3所示。

表8.3.3 甲乙两企业总产值增长1%的绝对值

厂名	基期总产值/万元	报告期总产值/万元	发展速度/%	增长速度/%	增长量/万元
甲厂	400	440	110	10	40
乙厂	10	13	130	30	3

甲厂增长1%的绝对值 $= \frac{440-400}{10\%} \times 1\% = 4$(万元)

乙厂增长1%的绝对值 $= \frac{13-10}{30\%} \times 1\% = 0.1$(万元)

从速度上看,乙厂比甲厂高得多,但增长1%的绝对值甲厂为4万元,乙厂为0.1万元,甲厂远高于乙厂。所以,用增长1%的绝对值来分析研究问题,能够帮助我们看到问题的两个方面。

8.3.3 平均发展速度和平均增长速度

1. 平均发展速度和平均增长速度的概念

平均发展速度和平均增长速度都是平均速度指标。

平均发展速度是某种现象各期环比发展速度的序时平均数,用以说明该现象在一个较长时期内逐期平均发展变化的程度。平均增长速度是某种现象各期环比增长速度的序时平均数,用以说明该现象在一个较长时期内,平均单位时间增减变化的程度。

平均增长速度虽然是各环比增长速度的平均数,但不能根据各个环比增长速度直接求得,而应通过平均发展速度来计算。即:

$$平均增长速度 = 平均发展速度 - 1 \tag{8.3.10}$$

2. 平均速度指标的应用意义

平均指标的性质,表明某种现象在一个长时期中各个阶段发展变化的一般情况,可用来综合反映国民经济各个发展阶段中的平均发展程度或增减程度;还可用于社会经济现象不同历史时期发展变化程度的比较,或不同地区、不同国家发展状况的比较;平均速度指标还是编制和分析国民经济长期计划以及进行预测和决策的重要依据。

3. 平均发展速度的计算方法

在社会经济统计中,计算平均发展速度常用的方法有两种:水平法(几何平均法)、累计法(方程法)。

1) 几何平均法

由于平均发展速度是经济现象在各个时期环比发展速度的序时平均数,现象发展的总速度不等于各年环比发展速度之和,而等于各年环比发展速度的连乘积,所以求环比发展速度的平均值即平均发展速度时,就不能用算术平均法而要用几何平均法计算。计算公式为

$$\bar{x} = \sqrt[n]{x_1 \cdot x_2 \cdot x_3 \cdots x_n}$$
$$= \sqrt[n]{\frac{a_n}{a_0}} \qquad (8.3.11)$$
$$= \sqrt[n]{R}$$

式中,$\bar{x}$ 为平均发展速度;

$x_1, x_2, x_3, \cdots, x_n$ 为各期环比发展速度;a_0 为基期水平;a_n 为报告期水平;R 为总发展速度;n 为环比发展速度的项数;

几何平均法的特点:从最初水平 a_0 出发,在平均发展速度 $\bar{x}$ 下,经过 n 期,达到最末水平 a_n。这种方法重点在于考核最末期水平,因此又叫水平法。

$$a_0(\bar{x})^n = a_n \Rightarrow \bar{x} = \sqrt[n]{\frac{a_n}{a_0}}$$

有些现象,如产量、产值、商品销售额和职工人数,它们的发展规模适合用年发展水平表现,因此,我们考核时往往侧重于最末水平,此时计算年平均发展水平时一般用水平法。

【例4】 以表8.3.2为例,计算该钢厂1996年至2001年钢产量平均发展速度。

$\bar{x} = \sqrt[5]{120\% \times 125\% \times 113.33\% \times 105.88\% \times 105\%} = 113.58\%$

或 $\bar{x} = \sqrt[5]{\frac{378}{200}} = 113.58\%$

或 $\bar{x} = \sqrt[5]{1.89} = 113.58\%$

假设该厂钢产量按这一平均发展速度发展,到2008年可达到什么水平?

$$a_{2008} = a_{2001} \cdot \bar{x} = 378 \times (113.58\%)^7 = 921.73(万吨)$$

水平法可以直接用期末水平与期初水平资料计算,其优点是简便易算。但它忽略了中间各期水平,当中间各期水平波动很大,各环比发展速度差异很大时,水平法计算的平均发展速度就不能确切反映实际的发展过程。

在开高次方根时,有两三种方法:

(1) 直接用计算器开 n 次方根。

(2) 利用对数计算。

如将公式 $\bar{x} = \sqrt[n]{x_1 \cdot x_2 \cdot x_3 \cdots x_n}$ 的等式两端同时取对数,

$$l_g \bar{x} = \frac{1}{n}(l_g x_1 + l_g x_2 + l_g x_3 + \cdots + l_g x_n)$$

根据计算的结果,查反对数表,则可求出平均发展速度 $\bar{x}$

(3) 查平均增长速度查对表。

为提高工作效率，统计学界根据几何级数原理编制了"水平法平均增长速度查对表"。这种查对表分为平均增长和平均下降两部分，只要有现象某一段时期的定基发展速度 R（以百分数表示）和该段时间的间隔年数或环比发展速度的个数，就可查表直接得到平均增长速度或下降速度，然后将其加 100% 即得平均发展速度。查表前，先判断现象是否增长或下降，凡 $R > 100\%$，属增长，应在增长部分查表；相反，在下降部分查表。

若某种现象在一定时期内的各期环比发展速度（或增长速度）大体相同，则可依次作为预测的依据。

2）方程法

方程式法计算平均发展速度的着眼点是从最初水平 a_0 出发，各期按一个平均发展速度计算发展水平，则计算的各期发展水平累计总和等于各期实际发展水平之和。

$$\sum a_n = \sum a_0 (\bar{x})^n$$

由此推导：

$$a_0 \sum (\bar{x})^n = \sum a_n$$

$$\sum (\bar{x})^n = \frac{\sum a_n}{a_0}$$

$$\sum (\bar{x})^n - \frac{\sum a_n}{a_0} = 0 \qquad (8.3.12)$$

这就要建立代数方程，由此计算平均发展速度的方法称为方程式法。而这种方法重点要考察各期发展水平的累计总和（$\sum a_n$），所以又称累计法。

有些现象，如固定资产投资额、造林面积、新增生产能力和干部培训数的发展规模，则适合用若干年（如 3 年、5 年或 10 年）的累计数表现。对于用若干年累计数表现其规模的现象，平均发展速度的计算适合高次方程法。

解此高次方程所得的正根，即为所求得的平均发展速度。但解此方程的计算过程比较麻烦，通常借助于事先编制的"累计法平均增长速度查对表"解决。这种查对表也分为平均增长和平均下降两部分，只要有现象某一时期的总发展速度（即各年发展水平总和与基期水平之比，通常以 M 且用百分数表示，$M = \frac{\sum a}{a_0} \times 100\%$）和该段时间的间隔年数，就可查表直接得到平均增长速度或平均下降速度。但在查表前，须先判断现象是增长还是下降。凡 $\frac{M}{m} > 100\%$，为增长，在增长部分查表；反之，$\frac{M}{m} < 100\%$，在下降部分查表。

【**例 5**】设某地区固定资产投资额 2003 年为 4679 万元（a_0）。2004 年至 2007 年各年分别为 5220 万元、5628 万元、5943 万元和 6124 万元，共计 22915 万元（Σa_n）。试用累计法求此期间年平均增长速度和年平均发展速度。

由上述可知：

$$M = \frac{22915}{4679} \times 100\% = 489.74\%, \qquad n = 4$$

$$\frac{M}{n} = \frac{489.74\%}{4} = 122.43\% > 100\%$$

现象发展类型属于增长,应在增长部分查表(见表 8.3.4)。

表 8.3.4　累计法平均增长速度查对表(部分)　　　　%

平均每年增长	总发展速度				
	1 年	2 年	3 年	4 年	5 年
8.2	108.20	225.27	351.94	489.00	637.30
8.3	108.30	225.59	352.61	490.18	639.16

从 $n=4$ 年看,总发展速度 489.74% 是在 489.00% 与 490.18% 之间,按比例计算:

$$\frac{489.74 - 489.00}{490.18 - 489.00} = 0.6$$

则 $8.2 + (8.3 - 8.2) \times 0.6 = 8.26$,即所求均增长速度为 8.26%,平均发展速度为 108.26%。

【例 6】设某地区造林面积 2002 年为 200 万公顷(a_0)。2003 年至 2007 年各年分别为 198 万公顷、188 万公顷、175 万公顷、170 万公顷和 160 万公顷,共计 891 万公顷($\sum a_n$)。试用累计法求此期间年平均增长速度和年平均发展速度。

由上述可知:

$$M = \frac{891}{200} \times 100\% = 445.5\%, \qquad n = 5$$

$$\frac{M}{n} = \frac{445.5\%}{5} = 89.1\% < 100\%$$

现象发展类型属于下降,应在下降部分查表(见表 8.3.5)。

表 8.3.5　累计法平均增长速度查对表(部分)　　　　%

平均每年增长	总发展速度				
	1 年	2 年	3 年	4 年	5 年
−3.8	96.20	188.74	277.77	363.42	445.81
−3.9	96.10	188.45	277.20	362.49	444.45

从 $n=5$ 年看,总发展速度 445.5% 是在 445.81% 与 444.45% 之间,按比例计算:

$$\frac{445.5 - 444.45}{445.81 - 444.45} = 0.8$$

则 $-3.9 + [-3.8 - (-3.9)] \times 0.8 = -3.83$,即所求均下降速度为 3.82%,平均发展速度为 $100\% - 3.82\% = 96.18\%$。

8.3.4　计算和应用平均速度指标时应注意的问题

(1)要根据研究目的正确选择基期,并注意资料的稳定性。如果资料中有几年环比发展速度较大,而另几年又降低较多,出现大起大落的情况,或者选择的最初水平受特殊因素影响悬殊过大,就不宜计算平均速度指标,以免失去代表性而难以准确说明实际情况。

(2)用分段平均速度来补充说明总平均速度。由于总平均速度指标,只能概括地反映现象在一段较长时期内现象发展程度和增长程度的一般水平。如其中某个时期现象的发展具有特殊性，则应联系该特殊的环比发展速度来补充平均速度。这对于深入具体地了解现象整个发展过程的变化情况是十分必要的。

（3）平均速度指标应和其他动态分析指标结合运用，相互补充，才能全面了解现象发展的过程和特点，得出正确、完整的认识。

8.4 长期趋势的测定

8.4.1 时间数列的构成因素

客观事物随着时间推移而发展变化，是受多种因素共同影响的结果。在诸多影响因素中，有的是长期因素在起作用，对事物的发展变化发挥着决定性作用；有的只是短期因素在起作用，或者只是偶然性因素发挥着决定性的作用。例如，一个国家的经济发展可能受到劳动力、资源和生产力水平的长期稳定的影响，同时也可能受到自然灾害、国际环境、政治因素等非长期因素的影响。在分析时间数列的变动规律时，我们很难将这些因素的影响精确地一一区分，但是我们可以对这些影响因素进行归纳分类，以更好地揭示时间数列变动的规律性。可以将时间数列的构成要素归纳为四类：长期趋势、季节变动、循环变动和不规则变动。

1. 长期趋势（T）

长期趋势是指现象在一段相当长的时期内所表现出来的持续上升或下降或不变的趋势。长期趋势受某种根本性的支配因素影响。例如，我国的国民生产总值呈现逐年上升的趋势，人口总量也呈现逐年上升的趋势（如图 8.4.1 所示）。需要注意的是，这里的长期并非时间意义上的绝对长短，而是针对时间数列的各期间隔而言的。也就说，当我们的时间数列以年为间隔，那么两年三年不为长期，所表现出来的变化趋势不具有长期规律性；如果时间数列以月为间隔，则一年有 12 个月，也可以从中看出一些长期规律。

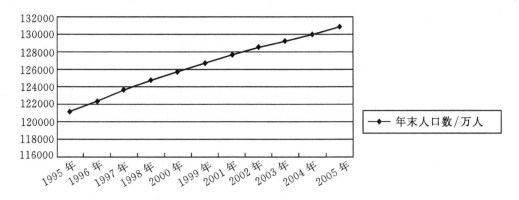

图 8.4.1 1995—2005 年我国人口数量的长期趋势

2. 季节变动（S）

季节变动指客观现象由于受自然因素和生产或生活条件的影响，在一年内随着季节的更换而引起的比较有规律的变动。原来最基本的意义是受自然界季节更替影响而发生的年复一年的有规律的变化。例如，农产品的生产、水电消费的季节变动等。在实际分析中，季节变动也包括一年内由于社会、政治、经济、自然因素影响形成的有规律的周期性的重复变动。例如，民工潮造成的交通部门的客流量在一年中的规律性变化。图 8.4.2 是某农场禽蛋产值一年内随月份变动的图形。

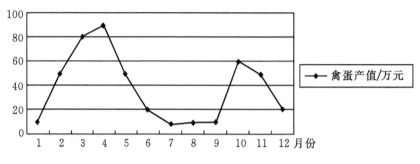

图 8.4.2 某农场禽蛋产值季节变化

3. 循环变动(C)

循环变动是指变动周期大于一年的有一定规律的重复变动,如商业周期的繁荣、衰退、萧条、复苏四个阶段的循环变动。循环变动和季节变动都是一种重复出现的周期性变动,不同的是,季节变动是一年内的按月或按季的周期性变动,而循环变动的周期一般超过一年,而且循环变动的周期长短不一致,规律性不明显。

4. 不规则变动(I)

不规则变动亦称剩余变动或随机变动,指现象受偶然因素的影响而出现的不规则变动。是各种偶然的(或突发性的)因素,如自然灾害、战争以及无法预料和具体解释的随机性因素影响的结果。不规则变动与时间无关。

例如,2005 年那场海啸对东南亚地区的旅游业造成的影响表现在旅游人数上就是一种不规则变动。

8.4.2 时间数列的组合模型

时间数列分析的目的就是对以上的四大构成要素进行测定,揭示现象变动的规律性,为认识和预测事物的发展提供依据。

时间数列的上述四种变动按一定的方式组合,成为一种模式,称为时间数列传统模式或经典模式。按对四种变动因素相互关系的不同假设,可分为加法模式和乘法模式。

1. 加法模式

若假设四种变动因素是相互独立的,时间数列便是各因素相加的和,表现为

$$Y = T + S + C + I$$

式中,Y 为绝对数指标的原时间数列;长期趋势 T 也是绝对数指标,与 Y 同单位;S、C、I 分别为季节变动、循环变动和不规则变动对长期趋势所产生的偏差,或是正值,或是负值。这种模式,季节性影响不管处在循环变动的哪个阶段,它在各年的变动方向和程度都是大体相同的。

2. 乘法模式

若假设四种变动因素是相互交错影响的关系,时间数列便是各因素的乘积,表现为

$$Y = T \times S \times C \times I$$

式中,Y、T 均为绝对数指标;S、C、I 则是比率,或称为指数,是在 1 上下波动、对原数列指标增

加或减少的百分比。

这两种模式只是形式上不同。因为对乘法模式取对数,就成为加法模式,即
$$\lg Y = \lg T + \lg S + \lg C + \lg I$$

这表明四种变动因素也是可加的。实际应用中,无论哪种模式,当采用年度数据时,季节影响因素就被掩盖了。事实上,有些现象的时间数列并非四种变动俱在,或是只有 T、S 和 I,或是只有 T、C 和 I 等。在社会经济统计中,主要采用乘法模式。

对时间数列的分解方法也因组合模式不同而分为两种。加法模式用减法分解,例如:
$$T = Y - (S + C + I)$$
$$C + I = Y - (T + S)$$

乘法模式用除法分解,例如:
$$T = Y / (S \cdot C \cdot I)$$
$$S \cdot I = Y / (T \cdot C)$$

8.4.3 长期趋势的测定

时间数列的长期趋势是对一个较长的时期而言的,一般地说,分析长期趋势所选的时期越长越好。对长期趋势的测定和分析,是时间数列的重要工作,其主要目的有三个:一是为了认识现象随时间发展变化的趋势和规律性;二是为了对现象未来的发展趋势做出预测;三是为了从时间数列中剔除长期趋势成分,以便于分解出其他类型的影响因素。

长期趋势的测定方法很多,大致上可分为时距扩大片、序时平均数法、移动平均法和直线配合法。现结合例子说明方法的应用。

1. 时距扩大法

时距扩大法是把时间数列中各期指标数值按较长的时距加以归并,形成一个新的简化了的时间数列,以消除原数列中的季节变动和各种偶然因素的影响,显现长期趋势。时距扩大法适用于时期数列而不适用于时点数列。

【例1】某企业 2004 年各月的平均劳动生产率情况如表 8.4.1 所示。

表 8.4.1 某企业 2004 年各月的平均劳动生产率情况

月份	产品产量/吨	平均生产工人人数/人	月劳动生产率/吨/人	月份	产品产量/万吨	平均生产工人人数/人	月劳动生产率/万吨/人
1	3000	120	25	7	3500	110	31.8
2	3200	110	29.1	8	3200	120	26.7
3	3100	115	27.0	9	3400	124	27.4
4	3300	123	26.8	10	3400	115	29.6
5	3200	120	29.1	11	3500	125	28.0
6	3400	110	30.9	12	3400	120	28.3

从表 8.4.1 中看出,第一个动态数列的变化趋势不太明显,将时距由月扩大为季,组成一个新的动态数列,详见表 8.4.2。

表 8.4.2　某企业 2004 年各季度的产品产量

季度	1	2	3	4
产品产量/吨	3100	3300	3366.7	3433.3

应用时距扩大法要注意：

(1)时距扩大到多少为宜，要根据所考察现象本身的特点来定。如果现象的变动本身具有周期性，则时距长度应与波动周期相一致；一般情况下，需要逐步扩大时距试算，以较为充分地显示现象长期趋势为宜。由于时距扩大后，指标值的个数减少，现象变得较为笼统，因此不要过分追求大时距。

(2)由于时距的选择和对原数列分段不同，也就可能产生不同的结果。

时距扩大法的优点是简便直观。但是它的缺点也很突出，扩大间距后形成的新时间数列包含的数据减少，信息量大量流失，不便于做进一步分析。

2. 序时平均数法

由于时点数列各水平相加无独立意义，因此数点数列不能直接采用时距扩大法，必须利用序时平均数消除偶然因素的影响，以反映现象的变化趋势。

【例2】据上例表 8.4.1，该某企业 2004 年各季度的月平均生产工人人数计算如下：

第一季度月平均生产工人人数=(120+110+115)÷3=115(人)

以此类推，结果如表 8.4.3 所示。

表 8.4.3　某企业 2004 年各季度的平均生产工人人数

季度	1	2	3	4
平均生产工人人数/人	115	118	118	120

从表 8.4.3 中可看出各个季度的平均生产工人人数呈递增趋势。

序时平均法则可适用时期数列和时点数列，它是将全部数列资料分成若干段，计算各段的序时平均数，形成新的简化了的时间数列。

3. 移动平均法

移动平均法是对时距扩大法的一种改良。它是采取逐期递推移动的方法对原数列按一定时距扩大，得到一系列扩大时距的平均数。它的原理和时距扩大法类似，通过扩大时距来消除时间数列中的不规则变动和其他变动，揭示出时间数列的长期趋势，较时距扩大法的优点在于移动平均法可以保留更多的数据信息，对原时间数列的波动起一定的修匀作用。移动平均法的具体步骤如下：

(1)扩大原时间数列的时间间隔，选定一定的时距项数 N。

(2)采用递次移动的方法对原序列递次移动 N 项计算一系列序时平均数。

【例3】表 8.4.4 是某地粮食产量及其三项移动平均和四项移动平均的计算结果。

表 8.4.4　某地粮食产量　　　　　　　　　　　　　　　　　　　　吨

年份	粮食产量	3项移动	粮食产量	4项移动	2项移正
1993	2.86	—	2.86		—
1994	2.83	2.91	2.83		—
1995	3.05	3.07	3.05	3.02	3.06
1996	3.32	3.19	3.32	3.10	3.16
1997	3.21	3.26	3.21	3.21	3.27
1998	3.25	3.33	3.25	3.33	3.40
1999	3.54	3.55	3.54	3.47	3.58
2000	3.87	3.82	3.87	3.68	3.75
2001	4.07	3.91	4.07	3.82	—
2002	3.79	—	3.79		—

在三项移动中,

$$T_{1994} = \frac{Y_{1993} + Y_{1994} + Y_{1995}}{3} = \frac{2.86 + 2.83 + 3.05}{3} = 2.91$$

$$T_{1995} = \frac{Y_{1994} + Y_{1995} + Y_{1996}}{3} = \frac{2.83 + 3.05 + 3.32}{3} = 3.07$$

……

$$T_{2001} = \frac{Y_{2000} + Y_{2001} + Y_{2002}}{3} = \frac{3.87 + 4.07 + 3.79}{3} = 3.91$$

四项移动与三项移动有所不同,四项移动要求移动两次,第一次移动也是按照以上方法求的一个时间数列的趋势值。

$$T_{1994^*} = \frac{Y_{1993} + Y_{1994} + Y_{1995} + Y_{1996}}{4} = \frac{2.86 + 2.83 + 3.05 + 3.32}{4} = 3.02$$

$$T_{1995^*} = \frac{Y_{1994} + Y_{1995} + Y_{1996} + Y_{1997}}{4} = \frac{2.83 + 3.05 + 3.32 + 3.21}{4} = 3.10$$

……

$$T_{2000^*} = \frac{Y_{1999} + Y_{2000} + Y_{2001} + Y_{2002}}{4} = \frac{3.54 + 3.87 + 4.07 + 3.79}{4} = 3.82$$

然后再对以上求得的趋势值进行两项平均,得到长期趋势值。

$$T_{1995} = \frac{T_{1994^*} + T_{1995^*}}{2} = \frac{3.02 + 3.10}{2} = 3.06$$

$$T_{1996} = \frac{T_{1995^*} + T_{1996^*}}{2} = \frac{3.10 + 3.21}{2} = 3.16$$

……

$$T_{2000} = \frac{T_{1999^*} + T_{2000^*}}{2} = \frac{3.68 + 3.82}{2} = 3.75$$

从例 3 中我们可以看出,移动平均法具有以下特点:

(1)时距项数 N 越大,对时间数列的修匀效果越强。

(2)当移动平均时距项数 N 为奇数时,只需要一次移动平均,其移动平均值作为移动平均项数的中间一期的趋势代表值;当移动平均时距项数 N 为偶数时,移动平均值代表的是这偶数项的中间位置的水平,无法对正某一时期,所以需要进行一次相邻两项平均值的再次移动平均,如此才能使得平均值对正某一时期。第二次移动平均称为移正平均,也称中心化的移动平均数。

(3) N 的选择要考虑周期性波动的周期长短,平均时距 N 应和周期长度一致。当时间数列包含季节变动时,移动平均时距项数 N 应与季节变动长度一致,一般为 4 个季度或 12 个月。

(4) 移动平均以后,其序列的项数较原序列减少。当原序列的项数为 N 时,移动 n 项,那么,移动后新序列项数为 $N-(n-1)= N-n+1$ 项,比原序列项数减少 $n-1$ 项。

(5) 虽然移动项数越多,修匀效果更强,但是移动项数过多,还将造成数据丢失增加的结果。由此,必须综合地考虑以上几个特点来选择适合的移动平均时距项数。

4. 直线配合法

动态数列的趋势测定,除了上述方法外,还有直线配合法。当然,根据动态数列在散布图上表现形式接近某种曲线,也可以给它配合以适当的曲线,但直线是基本的、常用的,在此,仅讲直线配合。所谓直线配合,就是根据动态数列在散布图上表现的形式接近一条直线,可利用数学方法给它拟合一条直线,以反映现象的发展趋势。这条直线趋势方程中的参数,通常有下列两种配合法。

1) 半数平均法

该法的指导思想:利用 $\sum(y-y_t)=0$。将呈现直线变化的动态数列的项数分为两部分,(若数列项数为奇数时去掉首项)并求时间 t 和实际观察值 y 共四个平均数,在坐标系上就可绘制出两个点,连接该两点就得到一条趋势直线。将这两点代入直线方程求解即可。

设趋势直线方程为

$$y_t = a + bt$$

$$\begin{cases} \dfrac{\sum y_1}{n} - a - b\dfrac{\sum t_1}{n} = 0 & ① \\ \dfrac{\sum y_2}{n} - a - b\dfrac{\sum t_2}{n} = 0 & ② \end{cases}$$

解此二元一次方程解得 a 和 b,即得直线趋势方程。

【例 4】某企业 1995—2004 年的利润额资料如表 8.4.5 所示。利用半数平均法求该企业 1995—2004 年的利润额的趋势方程,并预测 2006 年该企业的利润额。

表 8.4.5 某企业 1995—2004 年的利润额资料计算表(半数法) 万元

年份	t	利润 y	y_t	$y-y_t$	年份	t	利润 y	y_t	$y-y_t$
1995	1	34.1	34.20	−0.13	2000	6	44.25	44.28	0.22
1996	2	36.3	36.21	0.05	2001	7	46.26	46.29	0.01
1997	3	38.1	38.22	−0.15	2002	8	48.27	48.3	−0.1
1998	4	40.2	40.23	−0.06	2003	9	50.28	50.31	−0.11
1999	5	42.4	42.24	0.13	2004	10	52.29	52.32	−0.22
合计	15	191.1	191.1		合计	40	241.3	241.38	
平均值	3	38.22			平均值	8	48.26		

经验表明,当现象的逐期增长量接近于一个常数时,我们给这个现象的变化趋势配以直线表示。

$$\overline{t_1} = \frac{\sum t}{n} = \frac{15}{5} = 3, \qquad \overline{y_1} = \frac{\sum y}{n} = \frac{191.1}{5} = 38.22 \text{(万元)}$$

$$\overline{t_2} = \frac{\sum t}{n} = \frac{40}{5} = 8, \qquad \overline{y_2} = \frac{\sum y}{n} = \frac{241.3}{5} = 48.26 \text{(万元)}$$

将 $\overline{t_1}, \overline{t_2}, \overline{y_1}, \overline{y_2}$ 代入①、②联立方程组中,计算得直线趋势的系数 a 和 b,即

$$\begin{cases} a + 3b = 38.22 \\ a + 8b = 48.26 \end{cases}$$

解得

$$\begin{cases} a = 32.19 \\ b = 2.01 \end{cases}$$

即所得趋势直线方程为

$$y_t = 32.19 + 2.01t$$

该趋势直线方程表明:当 $t=0$ 时,趋势值为 32.19 万元,说明趋势方程的起点为 32.19,以后每增加一年,该企业的利润增加 2.01 万元,将 $t=1,2,3,\cdots,10$,代入趋势直线方程得到各年的趋势值 y_t。

当 $t=12$ 时,即预测 2006 年该企业的利润额为

$$y_{12} = 32.19 + 2.0112 = 56.31 \text{(万元)}$$

2)最小平方法

最小平方法又叫最小二乘法。它是分析长期趋势较常用的方法。它的基本思想是通过一定的数学模型,对原有的时间数列配合一条较为理想的趋势线来揭示现象发展的长期趋势。这条趋势线必须满足下列两点要求:

第一,时间数列的实际观察值与趋势值的离差平方和为最小。

第二,时间数列的实际观察值与趋势值的离差总和等于零。

显然,第一点是基本的,如果第一条能满足,第二条也一定能满足。因此,最小平方法的数学依据是:

$$\sum (y - y_c)^2 = \text{最小值}$$
$$\sum (y - y_c) = 0$$

其中,y 代表观察值;y_c 代表趋势值。

最小平方法可以用于配合直线,也可以用于配合曲线。它是估计直线(或曲线)方程参数较理想的一种拟合方法。其具体步骤为:根据现象发展变化的趋势和特点选择合适的趋势方程;估计趋势方程的参数;根据趋势方程求出各个趋势值,可得一新数列,该数列能更明显地呈现出现象发展的长期趋势。

在此处我们只介绍直线趋势分析。

当时间数列每期按大致相同的数量增减变化,即逐期增减量(一级增减量)大体相同或相近,则时间数列发展的长期趋势接近直线型,(见表 8.4.6),可对时间数列拟合一条趋势直线来描述。

表 8.4.6 直线型趋势分析表

时期(t)	趋势值 $y_c = a + bt$	一级增减量
1	$a+b$	—
2	$a+2b$	b
3	$a+3b$	b
4	$a+4b$	b
5	$a+5b$	b
⋮	⋮	⋮

直线趋势方程为

$$y_c = a + bt$$

根据最小平方法的要求:

$$\sum (y - y_c)^2 = 最小值$$

即

$$\sum (y - a - bt)^2 = 最小值$$

式中,y 为原数列实际观察值;y_c 为趋势值;t 为时间序数值;a 为直线趋势方程的截距;b 为直线趋势的斜率,即 t 每变动一时间单位,y_c 平均增减的数量。

现令 $F = \sum (y - a - bt)^2$,运用高等数学分析中,求函数极值的原理,为使 F 具有最小值,则 F 对 a 和 b 的偏导数应等于 0,即

$$\frac{\partial F}{\partial a} = -2\sum (y - a - bt) = 0, \quad \frac{\partial F}{\partial b} = 2\sum (y - a - bt) \cdot (-t) = 0$$

将上式整理以后得下列两个标准方程:

$$\begin{cases} \sum y = na + b\sum t \\ \sum ty = a\sum t + b\sum t^2 \end{cases}$$

式中,n 为项数,即时间单位数;其他符号的意义同前。

解上述标准方程得

$$\begin{cases} b = \dfrac{n\sum ty - \sum t \sum y}{n\sum t^2 - (\sum t)^2} \\ a = \bar{y} - b\bar{t} \end{cases} \quad (8.4.1)$$

【例 5】现以某企业年产量资料为例,介绍最小平方法计算过程,如表 8.4.7 所示。

表 8.4.7　直线趋势最小平方法计算表

年份	时间顺序 t	产量 y/万吨	逐期增长量 Δy	ty	t^2	趋势值
1995	1	300	—	300	1	298.27
1996	2	310	10	620	4	309.07
1997	3	321	11	963	9	319.87
1998	4	331	10	1324	16	330.67
1999	5	340	9	1700	25	341.47
2000	6	350	10	2100	36	352.27
2001	7	362	12	2534	49	363.07
2002	8	372	10	2976	64	373.87
2003	9	383	11	3447	81	384.67
2004	10	392	9	3920	100	395.47
2005	11	414	12	4554	121	406.27
合计	66	3875	—	24 438	506	—

该产量时间数列各年的增长量大体相同,其发展趋势属直线型,可采用最小平方法拟合直线趋势方程。则:

$$b=\frac{n\sum ty-\sum t\cdot\sum y}{n\sum t^2-(\sum t)^2}=\frac{11\times 24\ 438-66\times 3\ 875}{11\times 506-66^2}=\frac{268\ 818-255\ 750}{5\ 566-4\ 356}=\frac{13\ 068}{1\ 210}=10.8$$

$$a=\bar{y}-b\bar{t}=\frac{3\ 875}{11}-10.8\times\frac{66}{11}=352.27-64.8=287.47$$

代入直线趋势方程,得:

$$y_c=287.47+10.8$$

将 t 值依次代入方程即得各年的趋势值,见表 8.4.7 最后一栏。

如果要预测 2006 年的产量,可取 $t=12$ 代入上述方程:

$y_{2006}=287.47+10.8\times 12=417.07$(万吨)

上述计算过程中的 t 是时间变量,t 的取值可以从第一项起顺次赋予 $1,2,3,\cdots$,也可以通过坐标平移,取中间为原点,使 $\sum t=0$ 来简化计算过程。当数列项数为奇数时,则可取中间一项为原点,记做 0,原点以前各项分别依次记做($-1,-2,-3,\cdots$),原点以后各项依次记做($1,2,3,\cdots$);当数列项数为偶数时,则用中间两个时期的中点为原点,前后各个时期依次用($-1,-3,-5,\cdots$)和($1,3,5,\cdots$)表示。由于原点前后两半部分的正值和负值相互抵消,使 $\sum t=0$,则原标准方程可以简化为

$$\begin{cases}\sum y=na\\\sum ty=b\sum t^2\end{cases}$$

求解 a、b 的方程即可简化为

$$\begin{cases}a=\dfrac{\sum y}{n}\\b=\dfrac{\sum ty}{\sum t^2}\end{cases} \quad (8.4.2)$$

现仍以表 8.4.7 资料进行简化运算,如表 8.4.8 所示。

表 8.4.8 直线最小平方法简便计算表

年份	时间顺序/t	产量 y/万吨	t^2	ty	趋势值
1995	−5	300	25	−1500	298.27
1996	−4	310	16	−1240	309.07
1997	−3	321	9	−963	319.87
1998	−2	331	4	−662	330.67
1999	−1	340	1	−340	341.47
2000	0	350	0	0	352.27
2001	1	362	1	362	363.07
2002	2	372	4	744	373.87
2003	3	383	9	1149	384.67
2004	4	392	16	1568	395.47
2005	5	414	25	2070	406.27
合计	0	3875	110	1188	—

根据以上资料计算 a、b:

$$a = \frac{\sum y}{n} = \frac{3875}{11} = 352.27$$

$$b = \frac{\sum ty}{\sum t^2} = \frac{1188}{110} = 10.8$$

则趋势直线方程为

$$y_c = 352.27 + 10.8t$$

若要预测 2000 年的产量,可取 $t=0$ 代入上述方程:

$$y_{2000} = 352.27 + 10.8 \times 0 = 352.27 (万吨)$$

可以看出,用两种方法求得的趋势方程虽然不同,但按方程推算所得的趋势值完全相同,都代表一条趋势直线。

8.4.4 季节变动的测定

季节变动是由于受自然和社会因素的影响,使现象随季节变化而呈现出周期性变动。冷饮、毛线等时令商品的销售量,瓜果、禽蛋的生产量均存在一定的季节变动。测定和分析季节变动的主要目的在于把握季节变动的规律,从而合理地组织生产、销售等各项经济活动;同时可以将测定出的季节变动从时间数列中剔除,更好地研究长期趋势和循环变动;还可以利用季节变动的规律,配合长期趋势,更科学地进行经济预测。

按照乘法模式测定季节变动的方法是计算各月(或各季)的季节指数(亦称季节比率)。按照加法模式测定季节变动的方法是计算各月(或各季)的季节变差。在这里仅以季节指数为例介绍季节变动的测定。

测定季节变动的方法从是否排除长期趋势的影响看,可分为两种:一是不排除长期趋势的影响,直接根据原时间数列来测定,二是依据消除长期趋势后的时间数列来测定。前者常用简单平均法即按月(季)平均法或同期(月,季)平均法,后者常用移动平均趋势剔除法。但是,不管采用哪种方法,都需具备连续多年的各月(季)资料(通常3年以上),以保证所求的季节比率具有代表性,从而能比较客观地描述现象的季节变动。现将两种测定方法介绍如下。

1. 按月(季)平均法

当时间数列的长期趋势不存在或不明显时,可采用按月(季)平均法,其测定季节变动的一般步骤如下:

(1) 计算若干年内同月(季)平均数。
(2) 计算总的月(季)平均数。
(3) 用同期平均数除以总平均数,得季节比率。

$$\text{季节指数(季节比率)} = \frac{\text{各年同月季平均数}}{\text{全期各月季总平均数}} \tag{8.4.3}$$

(4) 计算出的季节比率之和应该等于1200%(月资料)或400%(季资料),但实际上由于计算过程的四舍五入,往往季节比率之和与理论值不符,需要进行调整,即用调整系数乘以各季节比率。调整系数的计算式如下:

$$\text{调整系数} = \frac{12(4)}{\text{各月(季)季比率之和}}$$

【例6】 某地 2002—2004 年农贸市场某种商品各月交易量资料如表 8.4.9 所示。

表 8.4.9 某地农贸市场某种商品各月交易量 　　　　吨

月份	1	2	3	4	5	6	7	8	9	10	11	12
2002	54	52	50	48	44	42	36	32	37	46	50	58
2003	58	54	58	54	48	44	38	36	42	54	56	64
2004	68	70	64	62	56	48	44	40	46	58	60	76

根据上表资料,计算各月季节指数。

解: 计算结果见表 8.4.10 所示。

表 8.4.10 某地农贸市场某种商品各月交易量 　　　　吨

月份	2002	2003	2004	合计	月平均数	季节指数/%
1	54	58	68	180	60.00	116.94
2	52	54	70	176	58.67	114.35
3	50	58	64	172	57.33	111.75
4	48	54	62	164	54.67	106.55
5	44	48	56	148	49.33	96.15
6	42	44	48	134	44.67	87.06
7	36	38	44	118	39.33	76.67
8	32	36	40	108	36.00	70.17
9	37	42	46	125	41.67	81.21
10	46	54	58	158	52.67	102.65

续表 8.4.10

月份	2002	2003	2004	合计	月平均数	季节指数/%
11	50	56	60	166	55.33	107.85
12	58	64	76	198	66.00	128.64
合计	549	606	692	1847	615.67	1200.00
月平均数	45.75	50.5	57.67	51.31	51.31	100.00

利用季节指数预测:若计划 2005 年的该种商品交易量为 710 吨,则预测 2005 年一月份的商品交易量=(710/12)×116.94%=69.19(吨);若已知 2005 年 1、2、3 月份的该种商品交易量分别为 69.19、70.1、68.3,预测 2005 年 4 月份的该种商品的交易量:

$$4月份商品的交易量 = \frac{69.19+70.1+68.3}{1.1694+1.1435+1.1175} \times 106.55\% = 64.48(吨)$$

2. 移动平均趋势剔除法

该法基本思路是:先测定动态数列的长期趋势,然后将长期趋势从动态数列中消去,最后测定季节变动。长期趋势的测定有移动平均法和最小平方法等,这里采用移动平均法测定长期趋势。

该法基本原理:现象趋势值一般受四种因素影响,假定各因素的关系是建立在乘法模型基础上,即 $Y = T \cdot S \cdot C \cdot I$。采用符合现象变化周期的项数进行移动平均,这样消除季节变动和不规则变动,得到的新数列只有 T 和 C 因素,将原动态数列与新动态数列相除,即 $Y/(T \cdot C) = S \cdot I$ 得到的动态数列只含有季节因素和不规则因素,最后通过简单算术平均将 $S \cdot I$ 中的不规则变动消除了,得到了季节指数 S。

计算步骤及方法如下:

(1)根据时间数列中各年按月(季)的数值计算移动平均值。(月资料采用 12 项移动平均,季度资料采用 4 项移动平均)

由于是偶数项移动平均,趋势值 y_c 还要再一次 2 项移正平均。

(2)用时间数列中各月(季)的数值(y)与其相对应的趋势值(y_c)对比,计算 y/y_c 的百分比数值。

(3)把 y/y_c 的百分比数值按月(季)排列,计算出各年同月(季)的总平均数,这个平均数就是各月(季)的季节比率。

(4)把各月(季)的季节比率加起来,其总计数应等于 1200%(若为季资料其总计数应等于 400%)。如果不符,还应把 1200% 与实际加总的各月季节比率相除求出校正系数,把校正系数分别乘上各月的季节比率。这样求得的季节比率就是一个剔除了长期趋势影响后的季节比率。

【例 7】某商场某商品的销售量资料如表 8.4.11 所示。计算商场某商品的销售量季节指数。

表 8.4.11 某商场某商品的销售量季节指数计算表(一)

年份	季别	销售量 Y(台)	四季移动平均值	对正 y_c	$y/y_c = SI/\%$
甲	乙	(1)	(2)	(3)	(4)=(1)/(3)

续表 8.4.11

年份	季别	销售量 Y(台)	四季移动平均值	对正 y_c	$y/y_c = SI/\%$
2002	1	20	—	—	—
	2	25	—	—	—
	3	27	23.25	23.5	114.89
	4	21	23.75	24.13	87.03
2003	1	22	24.50	24.88	89.80
	2	28	25.25	25.63	109.25
	3	30	26.00	26.5	113.21
	4	24	27.00	27.25	88.07
2004	1	26	27.50	28.0	92.86
	2	30	28.5	29.0	103.45
	3	34	29.5	—	—
	4	28	—	—	—

表 8.4.12 某商场某商品的销售量季节指数计算表(二)   %

年份	2002	2003	2004	同季平均	调整后的季节比率
第一季	—	89.80	92.86	91.33	91.49
第二季	—	109.25	103.45	106.35	106.54
第三季	114.89	113.21	—	114.05	114.26
第四季	87.03	88.07	—	87.55	87.70
合计	—	—	—	399.28	399.99

调整系数的计算公式如下：

$$\text{调整系数} = \frac{400\%}{\sum \text{季节比率}} \left[\text{或} = \frac{1200\%}{\sum \text{季节比率}} \right] \qquad (8.4.4)$$

$$\text{调整系数} = \frac{400\%}{\sum \text{季节比率}} = \frac{400\%}{399.28\%} = 100.18\%$$

则调整后的季节指数：第一季度：$S_1 = 91.33\% \times 1.0018 = 91.49\%$

从表 8.4.12 中可以看出，第二季度和第三季度为旺季，其中第三季度的销售量最高。第一、四季度为淡季，第四季度的销售量最低。

利用季节指数预测。若已知该商场某商品 2006 年的计划销售量为 125 台，则 2006 年第一季度的销售量预测值为：$91.49\% \times 125/4 = 29$(台)。

显然，季节变动分析中的两种方法各有特点，前者计算简便，但所求出的季节比率包含长期趋势的影响。后者计算较繁，但却得到了一个反映现象发展过程中的季节变动的缩影——剔除长期趋势后的季节比率。

习题八

一、填空题

1. 时间数列一般由两个要素构成，一个是现象所属的_____，另一个是反映客观现象的_____。

2. 时间数列的影响因素按性质和作用大致可以归纳为4种，分别是_____、_____、_____和_____。

3. 由时期数列计算序时平均数，可以直接应用简单算术平均数方法，这是由于时期数列上仍具有_____的特点。

4. 某校在校学生2003年比2002年增加5％，2004年比2003年增加10％，2005年比2004年增加15％，那么这三年共增加学生_____，平均每年增加_____。

5. 某厂生产某种零件，四月份生产950件，其废品率为6％；五月份生产1200件，废品率为5％；六月份生产1500件，废品率为4％，则第二季度平均废品率为_____。

6. 某工厂1月份平均工人数190人，2月份平均工人数215人，3月份平均工人数220人，4月份平均工人数230人，那么第一季度的平均工人数为_____。

7. 在用几何平均法与方程法计算平均发展速度时，其结果一般是不同的。必须按照动态数列的性质和研究目的来决定采用哪种计算方法，如果动态分析中侧重于考察_____，采用几何平均法为好，如果动态分析中侧重于考察_____，宜采用累计法。

8. 季节变动分析是在现象呈现_____季节波动的情况下，为了研究它们的变动规律而进行的。最常用的是计算各月份平均水平对全年各月水平的_____。

9. 根据30年的产量资料做5项移动平均，得到新数列较原数列的项数少____项，移动后的新数列有____项。

二、判断题

1. 组成动态数列的指标可以是总量指标、相对指标，也可以是平均指标。（　）

2. 增长量是表明现象在一段时期内增长的绝对量，由时期指标计算的增长量是时期指标，由时点指标计算的增长量是时点指标。（　）

3. 用水平法计算平均发展速度时，往往强调现象在最后一年是否达到规定的水平。（　）

4. 在各种动态数列中，指标数值的大小都受到指标所反映的时间长短制约。（　）

5. 增长1％的绝对值是相对数。（　）

6. 长期趋势是受某种固定的、起根本性作用的因素影响的结果。（　）

7. 平均增长速度是各期环比增长速度的序时平均数。（　）

8. 指标的计算口径是指计算的方法、计算价格和计量单位等。（　）

9. 由按月平均法计算得到的季节指数可以用来作短期预测，也可以作长期预测。（　）

10. 测定季节指数需要的资料必须是三年以上的资料。（　）

11. 采用时点数列平均发展水平的公式计算的数值有的准确，有的不准确。（　）

12. 时点数列的每一项指标数值的大小与它在时间间隔上的长短没有直接关系。（　）

三、单项选择题

1. 动态数列中,每个指标数值可以相加的是( )。
   A. 相对数动态数列
   B. 时期数列
   C. 间断时点数列
   D. 平均数动态数列

2. 下面四个动态数列中,属于时点数列的是( )。
   A. 历年招生人数动态数列
   B. 历年增加在校生人数动态数列
   C. 历年在校生人数动态数列
   D. 历年毕业生人数动态数列

3. 某企业第一季度各月的平均职工人数:1月份平均为210人,2月份平均为215人,3月份平均为205人。第一季度平均各月的职工人数为( )。
   A. 210人
   B. 630人
   C. 不能计算
   D. 资料不全

4. 当动态数列中各期环比增长速度大体相同时,应拟合( )。
   A. 直线
   B. 二次曲线
   C. 三次曲线
   D. 指数曲线

5. 定基增长速度与环比增长速度的关系为( )。
   A. 定基增长速度等于相应的各个环比增长速度的算术和
   B. 定基增长速度等于相应的各个环比增长速度的连乘积
   C. 定基增长速度等于相应的各个环比增长速度加1后的连乘积再减1
   D. 定基增长速度等于相应的各个环比增长速度连乘积加1(或100%)

6. 根据时期数列计算序时平均数应采用( )。
   A. 几何平均法
   B. 简单算术平均法
   C. 首尾折半法
   D. 加权算术平均法

7. 以1990年为最初水平,2005年为最末水平,计算钢产量的年平均发展速度时,须开( )。
   A. 14次方
   B. 17次方
   C. 15次方
   D. 18次方

8. 已知某商店2004年某商品1—12各月初的商品库存量(单位:台)为:100,120,123,130,140,135,150,160,145,130,120,115。则该商店第一季度商品的月平均库存量为( )。
   A. $\dfrac{\frac{100}{2}+120+123+\frac{130}{2}}{4-1}$
   B. $\dfrac{100+120+123}{3}$
   C. $\dfrac{\frac{100}{2}+120+123+\frac{130}{2}}{4}$
   D. $\dfrac{100+120+123+130}{4-1}$

9. 某企业的某产品的产量每年的增加量等于一个常数,则该产品产量的环比增长速度( )。
   A. 年年下降
   B. 年年增长
   C. 年年保持不变
   D. 无法作出结论

10. 已知某地区的粮食产量的环比增长速度2000年为3.5%,2001年的环比增长速度为4%,2003年为5%。2003年的定基增长速度为16.4%,则2002年的环比增长速度为( )。
    A. 23.4%
    B. 37.25%
    C. 103.0%
    D. 3%

11. 假定某产品产量2004年比1995年增长了41%,则1995—2004年的平均发展速度为( )。

A. $\sqrt[9]{141\%}$ B. $\sqrt[10]{141\%}$ C. $\sqrt[10]{41\%}$ D. $\sqrt[9]{41\%}$

四、多项选择题（每题至少有两个正确答案）

1. 下列叙述正确的是（   ）。
   A. 发展速度表明了现象发展变化程度，是以基期水平为分母的
   B. 增长速度表明现象在某段时期增长程度的相对数
   C. 环比发展速度是报告期水平与前期水平的相对数，表现现象的逐期发展程度
   D. 定基发展速度是报告期水平与固定某期水平的相对数，体现现象的总速度
   E. 定基增长速度可由环比增长速度连乘积得到

2. 用于分析现象发展水平的指标有（   ）。
   A. 发展速度   B. 发展水平   C. 平均发展水平
   D. 增减量   E. 平均增减量

3. 下面属于序时平均数指标的有（   ）。
   A. 平均发展水平   B. 平均发展速度   C. 平均增长速度   D. 平均增长量

4. 下面哪些属于时点数列（   ）。
   A. 历年在校生人数动态数列
   B. 某企业某年各月末职工人数
   C. 某企业某年各月的销售额动态数列
   D. 某地区某商场各月末商品的库存量动态数列

5. 测定长期趋势的意义在于（   ）。
   A. 认识现象发展变化的总趋势
   B. 计算现象持续上升或持续下降的具体数量或速度
   C. 按此趋势预测未来
   D. 为研究包含有长期趋势的季节变动分析提供依据

6. 简单算术平均法适合于计算（   ）。
   A. 时期数列的动态平均数
   B. 间隔相等的间段时点数列的动态平均数
   C. 间隔相等的连续时点数列的动态平均数
   D. 间隔不等的连续时点数列的动态平均数

7. 利用最小平方法测定长期趋势时需具备的条件是（   ）。
   A. 使趋势值 Y_t 与实际值之差的和等于零，即 $\sum(y-y_t)=0$
   B. 实际值与趋势值的离差平方和最小，即 $\sum(y-y_t)^2 = 最小值$
   C. 具备显示长期趋势的多年指标数值
   D. 现象呈现不断上升或下降趋势

五、简答题

1. 时期数列与时点数列各有什么特点？
2. 简述累计增长量与逐期增长量，定基发展速度与环比发展速度之间的关系。
3. 长期趋势测定的时距扩大法、移动平均法和数学模型法各自特点是什么？

六、计算题

1. 某工厂职工人数 1 月份增减变动如下：1 日职工总数 600 人，其中非直接生产人员 150 人；14 日职工 14 人离厂，其中有 7 人为企业管理人员；22 日新来厂报到的直接生产工人 9 人。月底有 19 人离厂，其中非直接生产工人有 3 人。试分别计算本月该厂非直接生产人员及直接生产工人的平均人数。（要求列表计算）

2. 某商店各个月末商品库存额资料如下：

万元

月末	1	2	3	4	5	6	7	8	9	10	11	12
库存额	41	43	45	49	46	56	60	57	54	51	45	40

要求：计算该商店第一季度及全年的平均商品库存额。（已知：年初库存额为 39 万元）

3. 某企业 2005 年第二季度职工人数及产值资料如下：

	4 月	5 月	6 月	7 月
产 值/百元	302	420	490	—
月初人数/人	50	52	55	58

要求：(1) 编制第二季度各月劳动生产率的动态数列。
(2) 计算第二季度的月平均劳动生产率。
(3) 计算第二季度的劳动生产率。

4. 某企业产品产量如下表所示。试计算表中各动态分析指标各年的数值，并填入表内相应格中。

年份		2000	2001	2002	2003	2004
产品产量/万吨		340	410	431	458	482
增长量/万吨	逐期累计					
发展速度/%	定基环比					
增长速度/%	定基环比					
增长 1% 的绝对值/万吨						

求 2000 年到 2004 年期间该企业的产品产量的平均发展水平、平均发展速度和平均增长速度。并就表中数字写出下列各种关系：
①发展速度和增长速度的关系；②定基发展速度和环比发展速度的关系；③增长 1% 的绝对值与前期发展水平的关系；④增长量、增长速度与增长 1% 绝对值的关系；⑤逐期增长量与累计增长量的关系；⑥平均发展速度与环比发展速度的关系；⑦平均发展速度与平均增长速度的关系。

七、技能题

1. 某企业产品产量资料如下表所示。试利用半数平均法和最小二乘法配合趋势直线并作图，并据此预测 2006 年的产品产量。

年份	1997	1998	1999	2000	2001	2002	2003	2004
产品产量/万吨	375	480	581	674	795	902	1009	1115

2. 某企业某产品历年各月的销售量资料如下表所示。

千克

月份 年份	1	2	3	4	5	6	7	8	9	10	11	12
2002	45	40	35	31	32	37	60	77	82	73	47	43
2003	60	45	41	36	40	45	68	85	90	79	55	51
2004	67	53	47	45	49	53	77	93	99	91	67	63

要求:(1)用按月平均法计算季节比率。

(2)已知2005年8月、9月该商品销售量分别为92千克、98千克,试预测该年10月、11月该商品的销售量。

第9章 统计图

【教学目的和要求】

统计图是表现统计资料的重要形式,也是统计分析研究的重要方法。它在宣传教育、劳动竞赛、计划经营管理等方面起着重要作用,具有简明具体、生动形象、通俗易懂、一目了然等特点。统计工作者必须掌握这门统计业务技术,才能更好地做好统计服务工作。要求学生通过本章的学习,能明确绘制统计图的基本要求、程序和方法,初步绘制出各种类型的统计图。

9.1 统计图的概念、作用和种类

9.1.1 统计图的概念

统计图是指以几何图形或具体符号来呈现资料整理结果,表达统计数量关系的一种重要工具。一个完整的统计图一般由以下四部分构成:

(1)标题。统计图一般包括图表标题、数值轴(X、Y)标题。

(2)坐标轴和网格线。坐标轴和网格线构造了绘图区的骨架,借助坐标轴和网格线,我们可以更容易读懂统计图。

(3)图表区和绘图区。统计表的所有内容都在图表区内,包括绘图区,统计图绘制在绘图区内。

(4)图例。图例用来标明图表中的数据系列,我们用不同颜色的线条来区别不同的数据系列,在图例中对其进行说明。

9.1.2 统计图的作用

统计图的作用主要是表现统计资料。它把统计资料直观形象、生动具体地表现出来,使人一目了然;在统计分析方面,统计图能将比较复杂的现象,用一种简明扼要的形式表现出来,它也是统计分析的重要方法。利用统计图,可以表明现象之间的对比关系;分析现象总体内部的结构,反映现象的发展趋势;揭示现象间的依存关系;说明总体单位分配状况;显示现象在地区上的分布;分析检查计划的完成情况等。

9.1.3 统计图的种类

统计图的种类很多,主要包括条形图、面积图、曲线图、象形图和统计地图等,分别用来表示频数分布、时间序列的变化、相关关系等方面。在实际工作中,要根据统计研究的目的和数据类型来选择适当的统计图。下面介绍几种常用的统计图。

1. 条形图

条形图是以宽度相等而长短、高低不同的条形,来表示统计数值大小的图形,可以直观地说明变量数列的变化趋势。这种图形绘制简单,表现形式明确,在实际工作中应用较广泛。根据目的不同,条形图可绘制成单式条形图、复式条形图或结构条形图。根据排列形式不同,条形图可分为横排条形图与纵列条形图。横排条形图又称为水平条形图或带形图;纵列条形图又称为垂直条形图或柱形图。

2. 面积图

面积图实际上是折线图的另一表现形式,它使用折线和分类轴(X轴)组成的面积以及两条折线之间的面积来显示数据系列的值。面积图除了具备折线图的特点,强调数据随时间的变化以外,还可通过显示数据的面积来分析部分与整体的关系。

3. 曲线图

曲线图使用曲线的升降来表示数值大小和发展变化的图形。它用于反映统计资料的动态发展变化,以表现研究对象的变化状态和趋势。曲线图分为动态曲线图、计划完成情况曲线图和分配曲线图等。

动态曲线图是反映不同时期发展水平变动的图形,从曲线的斜度还可反映发展速度的快慢。

计划完成情况曲线图是用不同线条来代表计划数和实际数,以反映计划完成情况的图形。

分配曲线图是用曲线的升降起伏,反映总体单位在总体分组中的分配情况及次数分配变化的规律性。分配曲线图也叫次数分布图,它是分配数列的图形表示法。

4. 象形图

象形图先根据所要比较指标的数值绘成条形图或平面图,再在图中画以具体的象形,用象形的大小或个数来比较统计指标的数值,见图9.1.1。象形图鲜明生动,富有表现力。它主要用于表示统计指标及显示现象的发展变化情况。

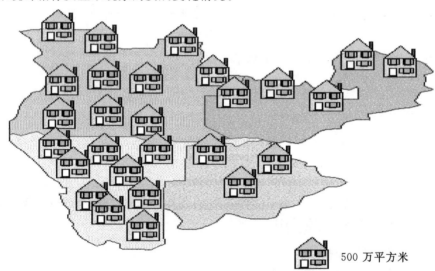

图 9.1.1 象形图

5. 统计地图

统计地图是以地图为底景,对社会现象有关地理分布的资料进行图示。它或者用大小不同的实物图形(或符号),或者用不同线纹(或颜色),或者用圆点的多少(每一圆点代表一定数值)等,表示不同的分组数值,用以反映数量关系在地区上的分布状况。它是一般地图与统计图形的结合,可形象地反映、揭示统计项目和同一项目内不同统计标准间的同一性和差异性,以分析它们在自然和社会经济现象中的分布特征。主要表现各种社会经济现象的特征、规模、水平、结构、地理分布、相互依存关系及其发展趋势,包括分级统计图、图表统计图、定位统计图。

1) 分级统计地图

分级统计地图按行政区划或经济区划,以不同深浅的颜色或疏密不等的晕线表示现象相对指标差异的图件(见图9.1.2)。分级统计地图是等值区域制图中使用最广泛的一种形式。其原始数据是比率量表的形式,为了某种需要把它处理成间隔量表的形式。分级可用等差、等比、标准差或任意分级方法,统称分级比值法。它只表示各统计单位之间差异,而不反映统计单位内部的差别。统计单位愈大,表示现象分布的程度就愈概略;统计单位愈小,显示的现象分布就愈接近实际。

2) 图表统计地图

图表统计地图以图表、图形显示各统计单位内现象的总和以及内部结构的图件(见图9.1.3)。

3) 定位统计地图

定位统计地图以统计图表表示相应点的特殊现象和变化规律(见图9.1.4),一般有柱状图表、曲线图表以及玫瑰图表等。

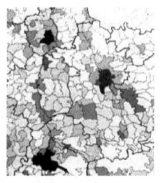

图9.1.2 分级统计地图

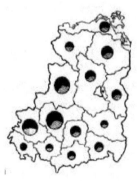

图9.1.3 图表统计地图

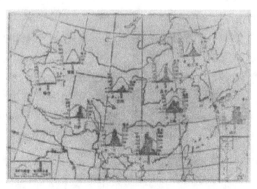

图9.1.4 定位统计地图

9.2 绘制统计图的要求和程序

1. 绘制统计图的要求

(1)根据制图的目的选择合适的资料、图式和表达方法。务必图式恰当、重点分明、主题突出。

(2)根据资料情况确定合适的坐标、尺度和比例。统计图中常用平面直角坐标系,图形一般绘制在第一象限,当出现负值时常利用第四象限表现。横轴绘制现象的时间、空间和原因、变量值以及组别;相应指标数值往往绘制在纵轴上,纵轴表现为尺度轴。

(3)标题(图题)和文字说明(图目)要扼要、准确。

(4)装饰得当,对图形布局、形态、线条、字体、色彩、镶边、衬底等都要认真选择和缮绘以加强统计图的表现力和吸引力。

2. 绘制统计图的程序

(1)根据目的和要求,搜集并审核统计资料。

(2)确定图案形式。

(3)对资料进行分析、加工和计算。如计算百分比、确定比例尺度、图形长度等。

(4)绘制草图。

(5)书写图名,加注数字、图例及文字说明。如绘制单位、日期、资料来源等。

(6)审核草图。

(7)正式绘制图形。

(8)全面检查图形,发现差错或遗漏,予以纠正。

9.3 条形图、面积图、曲线图、象形图和统计地图的绘制方法

9.3.1 条形图的绘制方法

(1)画出轮廓线。

(2)绘制基线。先画出一个直角坐标,以坐标轴为基线。如画制横条形图,以纵坐标为基线;画制纵条形图,以横坐标为基线。基线是条形的起点线,宜用粗线段表示。

(3)绘制尺度线。以横(纵)坐标轴为基线,以纵(横)坐标轴为尺度线。尺度与基线相垂直,尺度一般从零开始,全部尺度以等距表示。

(4)把各指标数值按照比例尺度绘制各条形,条形间按数值大小、时间先后或重要程度等排列,条形间间隔必须相等,一般不超过条形宽度。对不同性质的条形,以不同的线纹或颜色区别。

(5)作出必要说明,如标题、单位、图例、资料来源及附表等。

【例1】(1)选择横轴与纵轴表示的数据;(2)根据所给数据画出小矩形。图9.3.1为2014年某市男子篮球队队员的年龄分布图

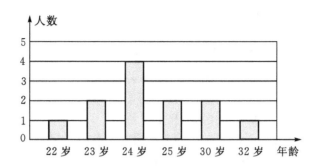

图 9.3.1　2014年某市男子篮球队队员的年龄分布图

9.3.2　面积图的绘制方法

面积图是以面积的大小来说明问题的。它可以用来比较统计指标,也可以用来说明总体结构及其在时间上的变化,还可以用来表述由两个因素构成的复杂经济现象。常见的面积图有正方形图、长方形图、圆形图等。

1. 正方形图的绘制方法

正方形图是用正方形面积的大小来表明统计资料的。其绘图步骤如下:

(1)将统计指标的数值开平方,因为正方形面积是一边长的平方。

(2)根据各数值平方根之比,确定边长。

(3)根据边长在同一水平线上分别画出相应的正方形。

正方形图如果用来表示面积之类的资料,要比条形图更形象化,但表示其他资料则不如条形图明显。方形里都要画线纹或着色,并加注数字和适当的文字说明,必要时,还可以适当美化,但不能用尺度线。

2. 长方形图的绘制方法

长方形图是用长方形面积的大小来表示总指标数值的图式。它以长方形的长和宽,分别表示构成总指标数值的两个因素指标的数值。这样,长方形图就能表明现象之间的依存关系,如果把两个或两个以上的长方形图加以比较,则不仅可以看出各经济现象本身的变化,还可以看出各因素的变化对于经济现象发展的影响。

长方形图的绘制方法步骤如下:

(1)根据统计资料按适当比例确定长方形的长和宽。

(2)根据长方形的长和宽作出图形。

(3)在长方形的底面及左侧注明长、宽分别代表的名称和数字,并在长方形内写上长和宽的乘积,即总收获量的数字。

(4)在长方形内绘出线纹或着色。

3. 圆形图的绘制方法

圆形图是以一个或几个圆形面积的大小来表示指标数值大小,或对指标数值进行互相比较的一种图形。圆形图也可以用整个圆形的面积代表被研究现象的总体,而以圆形内的扇形面积来说明总体的构成。所以圆形图又分为圆形结构图和圆形面积图两种。

1)圆形结构图

它是以圆形中的扇形面积的大小来表示统计资料的总体结构及其变化的图形。

圆形结构图的绘制方法如下：

(1)画出圆形。取一定长度为半径，用圆规画圆。

(2)分出扇形。根据资料算出总体各组成部分应占的圆心角度数，即以各组成部分所占总体的比重指标分别乘以3.6°，因每1%的圆心角为3.6°。据此，利用量角器绘出总体各组成部分所应占的扇形面积。

(3)在适当的位置上写出图题、图例、资料来源等。

如果用两个或多个圆形表示现象的结构在不同时间上的变化时，各个圆形图的绘制方法也与上图相同。为了便于比较各圆形，各个圆形的半径应该相等，并在同一条水平线上。同时，各组成部分的扇形面积在圆形内的排列顺序要一致。

2)圆形面积图

它是用整个圆面积表示统计资料，并以圆面积的大小来表示指标大小的图形。

圆形面积图的绘制方法如下：

(1)先计算各圆形面积的半径。方法是求出各年货场面积的平方根，再假定以圆形半径的每厘米相当于货场面积平方根，由此求出代表每年货场面积的圆形半径。

(2)根据算出的半径，在同一水平线上，画出各个圆形。

9.3.3 曲线图的绘制方法

曲线图可分为动态曲线图、分配曲线图、依存关系曲线图和计划执行情况曲线图。动态曲线图的主要作用是以曲线的升降来说明被研究现象在时间上的变动情况；分配曲线图(亦称分配数列图)的作用是表明被研究现象间的变动以及分配情况；依存关系曲线图(亦称相关曲线图)的作用则在于分析研究现象与现象间的相互依存关系。在实际应用上，动态曲线图最为广泛。

1. 动态曲线图绘制方法

动态曲线图就是把动态数列的统计资料图示出来，以观察它的发展趋势。表明一种现象动态的曲线图叫单式动态曲线图；表明两种或两种以上现象动态的曲线图叫复式动态曲线图。

1)单式动态曲线图

单式动态曲线图的绘制方法如下：

(1)确定基线和尺度线，方法与条形图相似。

(2)画坐标格。按基线的各等分点画出与尺度线平行的各线，再按尺度线的各等分点画出与基线平行的各线，即形成坐标格。由于最低数值是32%，而各年增长幅度未超过10%，为使曲线表现得更加集中醒目，可用破格法将"0"点以上到32%以下部分略去。

画坐标格时，应保持动态数列的相等间隔。即使有时因资料不全或有不拟表现的资料，为了正确表明现象发展的趋势，亦应注意使动态数列相隔的距离与年份间隔相一致。只是坐标格不一定要机械地全部画出来。

(3)定坐标点。根据各项指标的时间标目位置和数列性质来确定坐标点的位置。

时间标目写在两条纵指导线中间时，必须根据数列性质分别确定：

①绝对数动态数列中的时期数列的坐标点应定在两条纵指导线的中间位置上；时点数列则应根据各特定的时点来确定，期初数列应定在左侧指导线上，期末数列应定在右侧指导线上。

②相对数动态数列和平均数动态数列的坐标点均应定在两条纵指导线的中间位置上。时间标目写在纵指导线下时,不论数列性质如何,其坐标点均应定在纵指导线上。

(4)画曲线。把各坐标点用直线联结起来,即绘成曲线,为了醒目,曲线可适当粗一些。动态曲线图也可以适当配些象形画或宣传画。

绘制动态曲线图时,还可以把它和象形图结合起来。

2)复式动态曲线图

复式动态曲线图的绘制方法与单式动态曲线图一样,只是要在一幅图上表现几种现象,绘出几条曲线,以便比较。

复式动态曲线图也可以不用坐标格,而配些象形画直接绘制,这样显得更生动活泼些。

复式动态曲线图,通过两条有一定关系的动态曲线的比较,还能将某些现象的差异程度(距离),以及这个差异程度在不同时间上的发展情况反映出来,这种图形称为距限曲线图。例如:历年岁入和岁出的比较,最高工资和最低工资的比较,出生婴儿与死亡婴儿的比较等,都可以用距限曲线图来表示。

复式动态曲线图还常用来说明计划的执行情况。

该图绘制方法基本上和动态曲线图相同。图中横轴表示月份,纵轴表示产值累计数。实际完成的曲线按月累计产值绘制,计划线可看成是各月平均数,故表现为直线的形式。

2. 分配曲线图绘制方法

分配曲线图是表示次数分配状况的线形图,又称为分配多边图。分配曲线图的绘制方法与动态曲线图大致相同,也要利用直角坐标。横坐标表示分组或组距数值,纵坐标表示各组的次数。由于分配数列的形式不同,因而它们的图示方法也有所不同。现分别说明如下:

在分组分配数列中,各组的数值可以直线的高度来表明,用直线把相邻各直线的顶端连接起来,即绘成分配曲线图。

3. 依存关系曲线图(相关曲线图)绘制方法

依存关系曲线图是用来揭示现象之间依存关系的线形图,它表明某一现象变动和另一现象变动的依存关系。例如:工业新技术推广程度与劳动生产率提高的关系;农场规模大小和单位面积产量的关系;商业企业商品销售额大小和流通费用率的关系;等等。

依存关系曲线图的绘制方法与上述两种曲线图的主要区别在于,横轴上所表示的是发生影响的现象,而纵轴上所表示的是被影响的现象。

9.3.4 象形图的绘制方法

先将要表示的资料画成条形图、平面图或立体图,再在图上画出具体形象。常用的象形图有平面象形图和单位象形图等。

1. 平面象形图

平面象形图是以实物面积的大小来表示统计指标数量大小的一种图形。为了使面积大小与指标数值一致,通常是以各种几何图形(正方形、长方形、三角形、圆形等)的面积为基础加以形象化绘制而成。

平面象形图的绘制步骤:根据图示形象选定平面图,根据图示指标数值画出平面轮廓,以平面轮廓为基础画出象形图。

2. 单位象形图

单位象形图是以实物形象的个数多少来表示统计指标数值的一种图形。

单位象形图的绘制步骤：根据统计资料选择合适的、能反映资料性质特点的形象，根据指标数值决定单位形象代表的数量，推算出各指标数值所需的单位形象个数，决定排列形式，使其均匀地、整齐地排列，最后绘出象形，即成为单位象形图。

9.3.5 统计地图的绘制方法

统计地图的绘制步骤：先画一张简明地图作底景，然后根据统计资料在地图上的适当位置绘出点、圆、线纹等相应的统计图形。

习题九

1. 什么是统计图？它有何作用？
2. 试述统计图绘制的程序。

第 10 章 统计分析报告

【教学目的和要求】

本章主要阐述统计分析报告的意义、特点、要求及写作的一般步骤。要求学生通过本章的学习,了解统计分析报告的特点、类型及写作的一般步骤,选准题目,掌握可靠资料,讲究写作技巧。(本章内容由各教学班根据本专业的教学特点选学,可不列入考试范围)

10.1 统计分析报告的意义和特点

统计分析报告是对研究过程进行表述的文章,是统计分析结果的最终形式。统计分析研究成果有多种表达形式,如口头报告、在有关问题讨论会上的报告、黑板报、墙报、广播等。但最主要的形式还是写书面的统计分析报告,因为书面的统计分析报告,可以较详细、系统地把分析的结果表达出来,同时,这种分析报告印发后,可以在较大的范围内发挥作用。而且,书面的统计分析资料,还便于资料的积累和以后查阅。

统计分析报告是根据统计学的原理和方法,运用大量统计数据来反映、研究和分析社会经济活动现状、成因、本质和规律,并做出结论,提出解决问题办法的一种统计应用文体。统计分析报告是统计分析研究过程中所形成的论点、论据、结论的集中表现,它不同于一般的总结报告、议论文、叙述文和说明文,更不同于小说、诗歌和散文,它乃是运用统计资料和统计方法、数字与文字相结合,对客观事物进行分析研究结果的表现。

1. 统计分析报告的意义

(1)统计分析报告是衡量统计工作水平的综合标准。

前面我们讲过统计分析报告是统计工作的最终成果。在一定意义上,也就是统计设计、统计调查、统计整理、统计分析与统计分析写作全部工作水平的综合。前面几个环节是统计的基础工作,统计分析才是出成果的阶段。一般来说,高质量的统计分析报告,来自高质量的统计设计、统计调查、统计整理、统计分析和统计分析写作。但是,如果仅有较好的写作水平,统计设计、统计调查、统计整理和统计分析都是低质量的,也不可能产生高质量的统计分析报告。因此,统计分析报告写不好,当然是统计工作水平不高的表现。更重要的是,应该看到,还要具备方方面面的科学文化知识,包括统计专业知识。需要掌握党和国家的方针政策,需要具备较强的观察能力、思维能力、创新能力、组织能力、等等。所以,统计分析报告的质量如何,也就反映了统计工作水平如何,这是一个非常重要的综合标准。另外,统计分析的结果虽可以用多种形式表达(如表格式、图形式、文章式等),但只有文章式——统计分析报告为最好,也最为常用。因此,统计分析报告也是表现统计成果的好形式。

(2)统计分析报告是传播统计信息的有效工具

现代社会是信息的时代,信息已成为重要资源。统计信息又是社会信息的主体,而且是最全面、最稳定、较准确的信息。统计信息要通过载体传播,而统计分析报告是主要载体之一,适合于报刊杂志上发表,传播条件比较简便,具有较大的信息覆盖面,是传播统计信息的有效工具。

(3)统计分析报告是政府决策的重要依据。

现代社会经济管理必须科学决策,而科学的决策又必须依据准确、真实的统计数据。统计分析报告把原始资料信息加工成决策信息,它比一般的统计资料,更能深入地反映客观实现实际,更便于党政领导和社会各界接受利用。因而,统计分析报告是党政领导决策的重要依据。

(4)统计分析报告是统计服务与统计监督的主要手段。

统计分析报告把数据、情况、问题、建议等融为一体,既有定量分析,又有定性分析,比一般的统计数据更集中、更系统、更鲜明、更生动地反映了客观实际,又便于人们阅读、理解和利用,是表现统计成果的好形式与传播统计信息的有效工具,自然也就成了统计服务与统计监督的主要手段。

(5)统计分析报告是增进社会了解,提高统计社会地位的主要窗口。

由于历史的原因、体制的原因等,一般人缺乏统计知识,对统计不够了解,对统计工作不够重视,认为"统计是三分统计,七分估计",统计工作只是加加减减,填个表而已,把统计置于可有可无的地位。要改变这种状况,一方面要加强统计宣传工作,扩大统计的影响,提高人们的认识;另一方面,则要提高统计工作水平,写好统计分析报告,做好统计服务和统计监督工作,提高统计工作的社会地位。

(6)统计分析报告有利于促进统计工作自身的发展。

统计分析报告的质量,反映了统计工作的水平。在统计分析报告的写作过程中,能有效地检验统计工作各个环节的工作质量,发现问题,及时改进,使统计工作得到改善、加强和提高。另外,经常撰写统计分析报告,能综合锻炼提高写作人员的素质,全面增长统计人员的才干。总之,写好统计分析报告十分重要,那种认为"统计报表是硬任务,统计分析是软任务"的说法,是完全错误的,是万万要不得的。

2. 统计分析报告的特点

1) *明确的目的性*

统计分析报告主要针对各级党政领导和社会各界普遍关心的难点、热点、焦点问题进行分析,只有这样才有的放矢,针对性强。

2) *准确的数量性*

统计分析报告利用统计部门的优势,从数量方面来表现事物的规模、水平、构成、速度、质量、效益等情况,主要以统计数字为主体,用简洁的文字来分析叙述事物量的方面及其关系,并把定量分析与定性分析结合起来。

3) *强烈的时效性*

失去了时效性,也就失去了实用性,统计分析报告写得再好,也成了无效劳动。要保证统计分析报告的时效性,统计人员要有"一叶知秋"、"见微知著"的敏感,要有争分夺秒的时间观念,要有连续作战的工作作风。争取"雪中送炭",避免"雨后送伞",把统计分析报告提供在领导决策之前和社会各界需要之时。

4) *严密的逻辑性*

统计分析报告在结构上的突出特点是脉络清晰、层次分明。一般是先摆数据、事实,进行各种科学的分析,进而揭明问题,亮出观点,最后有针对性地提出建议、办法和措施。统计分报告的行文,通常是先后有序,主次分明,详略得当,联系紧密,做到统计资料与基本观点统一,结构形式与文章内容统一,数据、情况、问题和建议融为一体。

5) 浅显的通俗性

统计分析报告属于应用文体,基本表达方式是以事实来叙述,让数字说话,在阐述中议论,在议论中分析。在表现事物时,不是用夸张、虚构、想象等手法,而是用较少的文字、精确的数据,言简意赅、精练准确地表达丰富的内涵。

10.2 统计分析报告的写作要求与写作程序

10.2.1 统计分析报告的写作要求

统计分析报告的写作要求主要有:

(1) 选题准确,能紧密结合经济形势,配合党的中心任务,反映方针、政策的执行情况和效果,对党政领导的决策能起积极的作用;

(2) 资料可靠,观点鲜明,分析深刻,提出一定见解;

(3) 时效性强,反映情况及时;

(4) 主题突出,结构严谨,条理清晰,文字简洁。

这些要求的内涵指两个方面:一是指统计分析报告的内容、分析水平、时间观念和写作技巧;二是指统计分析报告在实际工作中发挥的作用。概括地说,就是统计分析报告要具备五个特性,即目的性、数量性、时效性、逻辑性和通俗性。

以上是最基本、最起码的要求。要进一步提高统计分析报告的写作水平,还应在"新"和"深"上下功夫。所谓"新",是指创新,不仅内容有新意,形式也要新颖。要有创新,就要树立新观念,选择新视角,研究新课题,挖掘新事物、新思想,反映新情况、新特点、新动态,写出新成就、新问题,分析新原因,总结新经验,提出新建议。所谓"深",是指深入透彻。要掌握丰富的资料,进行深入的分析,以对事物有深层次的认识。

10.2.2 统计分析报告的写作程序

1. 拟定提纲

拟定提纲前要做好以下工作:一是明确主题;二是提出说明主题的各种观点和依据;三是分析形成主题观点的主要因素有哪些,与主题相矛盾的有哪些;四是找出解决问题的办法(建议);五是形成以主题思路为主导的完整的、有结构的、分层的、较为具体的统计分析报告提纲框架。

2. 准备资料

准备的资料主要包括反映和表现主题特征的材料、形成主题特征的各种要素材料、显示主题一般特征的典型材料、整理同主题对立的论点以便批驳的材料。具体来说,可涵盖如下内容:

(1) 统计资料。这是写作统计分析报告用得最多,也是最主要的材料,可分为以下几种材料:①定期报表资料,主要指当年的定期报表数字资料,也包括定期的原始记录资料;②一次性调查资料,指统计普查、抽样调查、重点调查典型调查的数字资料;③统计整理资料,主要指历史统计资料和统计台帐资料。仍是数字资料;④统计分析资料,指已经印发的各种统计分析素材及统计分析报告；⑤统计图表资料，指各种形式的统计图；⑥统计书刊，指统计部门编印的有统计资料内容的书刊，如《统计年鉴》、《统计》杂志、《中国国情国力》杂志、《统计月报》、《中国信息》等。

（2）调查资料。这是在特定的统计调查中所取得的情况或资料。是指在统计报表之外的，尚未写成统计分析资料的情况。主要有以下调查方法：观察法、访谈法、问卷法、座谈法等。

（3）业务材料。这是反映社会经济有关业务活动情况的文字材料。这些材料大多来自各业务部门以及有关的业务会议。比如计划会议、财政会议、经济工作会议等。

（4）见闻材料。这是通过非统计调查的日常见闻所取得的活情况。这种活情况，一是指有文字记载的，如报刊发表的一些社会现象；二是指没有文字记载的，是作者耳闻目睹的某些社会现象（如在街上发生的一些突发事件等）。这些并非特意调查的见闻，有时也成为统计分析报告的材料。

（5）政策法规。这是党和政府的有关方针、政策、法律、条例、规定、决定、决议等文件材料。

（6）有关言论。这是革命导师、领袖、党政领导、古今中外的专家、学者的有关言论。这也是统计分析报告论事说理的重要材料。

（7）书籍材料。这是有关的教科书、论著、专著、资料书与参考性的工具书等。在书籍材料中，主要是理论材料。

（8）报刊材料。这是报纸、期刊发表的各类材料，其中包括内部的、不定期的报刊材料。

（9）横向材料。这是指同类地区以及市际、省际、国际之间的材料。有了这种材料，在写作统计分析报告时就便于进行横向比较。

此外，还要掌握一些必要的文学材料，如诗歌、成语、典故、谚语等。这些文学材料若在写作中运用得好，必能增加统计分析报告的生动性与可读性。

3. 构思统计分析报告的结构

统计分析报告的结构是指文章内部的组织构造，它是统计分析报告的"骨骼"。结构的好坏，直接影响效果的表达。统计分析报告的结构没有固定的模式，由于写作目的、反映内容、表现的角度和认识的水平不同，因而形式也有所不同。根据客观事物的发展规律，表现为纵式结构和横式结构两种基本类型。

纵式结构是按照时间顺序、发展阶段和逻辑关系安排材料。它的特点是把整体纵向展开分为几个部分，每部分有较严格的位置顺序，各部分之间具有发展或递进关系，一层深入一层。

横向结构是按照事物的组成部分或侧面平列地安排材料。它的特点是把整体横向展开为几个部分，通过由此及彼的横向联系，共同表现分析现象整体和分析报告的基本观点。各部分之间是平等并列的关系，一般没有严格的先后顺序。

1) 鲜明的标题

标题是全篇文章或各个组成部分的名称。它在统计分析报告中居于首要、醒目的地位，是统计分析报告最简明、最有力的概括和体现，是作者与读者传递统计分析信息的第一个通道，也是统计分析信息发生作用的起点。

根据标题的位置与作用，可分为总标题和分标题。总标题是概括全篇文章的名称，位于文章之首，在表达形式上以一个完整句子出现，是分析报告的精华所在。分标题是分别穿插在分析报告全文某层次的小标题，在统计分析报告中不仅发挥着某一层次的"题眼"作用，同时也反映了文章层次的结构类型。

标题与文章的观点、材料和结构是密切相关的。无论是总标题还是分标题,都要符合确切、简洁和新颖的要求。

2)合理的布局

从报告的开头到结尾要时刻抓住主题,紧紧围绕主题来进行分析,并且能够连贯地有序地阐述主题、论证主题,达到层次清楚、条理分明、论证透彻、无懈可击。具体包括:

(1)开头。开头有叙事开头、提问开头、背景开头、主题开头。千万不可离题太远,最好找出能够很快引向论证主题和最易于动人的开头语。

起笔点题。一开始就点出基本事实。

亮出观点。开门见山,提出一个大家关心的问题,引出文章的主要内容和基本观点。

强调意义。通过议论说明事件的重要性、突出该文章的中心内容、作用和意义。

总说全文。这种开头,把全文所要阐述的内容作概括地介绍。使读者在开始既能了解总的情况,也为全文的论述定下基本的格局。

无论采用何种方式,其主要阐述统计调查的基本情况,主要包括以下内容:一是简要说明调查目的和调查背景;二是介绍调查对象和调查内容,包括调查对象、时间、地点、调查要点及所要解答的问题;三是简要介绍调查研究的方法。

(2)正文。正文是统计分析报告的主要部分,它决定着整个调查报告质量的高低和作用的大小。这一部分着重通过对调查获得的资料进行分组整理并总结其规律性,说明调查现象的现状、发展变化、存在的问题,并具体分析成因和提出解决办法。

正文的内容主要分两部分。第一部分是对调查对象基本资料的分析,说明调查对象的基本情况、构成分布等。这部分内容有时也可直接在概要中说明。第二部分是调查内容的具体分析部分。这一部分是正文的主要内容,由于内容一般较多,因此经常使用概括性或提示性的小标题来划分结构。正文部分应该有理有据,采用统计分析方法,根据调查内容反映的情况进行深入分析和研究。在分析问题的排列上要充分考虑问题之间的逻辑联系以及问题的重要性,一般把重要的问题写在前,非重点写在后。

(3)结尾。结尾是统计分析报告的结束语。结尾与开头同等重要,它是对全文的综合与总结、深化与提高,是得出结论、提出建议、解决矛盾的重要所在。这部分应与正文部分的论述紧密对应,不可提出无论据的结论,提出的建议应考虑合理性和可操作性。好的结尾,可以帮助读者加深认识、明确题旨、引起思考。

10.3 统计分析报告的选题

选题是编写统计分析报告的第一步,也是决定统计分析报告价值的重要条件。因为只有明确了写"什么",才能考虑"怎么写"。题目选好了,就可以起到事半功倍的效果,发挥良好作用。如果只是为了完成任务而应付式地撰写分析报告,玩数字游戏,主题思想不明确,或选题过时,无现实意义,那么,写的篇数再多,也毫无价值可言。

如何选准题目呢?从统计分析报告的角度来讲,必须遵循选题的原则,选好课题的内容,讲究选题的方法,突出选题的要点。

1. 选题的原则

选择题目应该遵循以下几条原则:一是要根据社会经济发展的实际情况来选题;二是根据

服务对象的需要来选题；三是要根据本身的工作条件来选题。

2. 选题的内容

在实际写作统计分析报告时，可以参考以下内容来选题：

（1）围绕方针政策选题。可以从以下几个方面来选择题目：①研究社会经济发展中的新苗头、新动向和新情况，为制订新的政策提供依据；②研究政策贯彻执行情况，反映新成就、新经验；③研究政策执行中的新问题，分析原因，提出建议，为检验和校正政策提供依据。

（2）围绕中心工作选题。所谓中心工作，就是党政领导在一段时间内集中力量开展的某项工作。应该看到，在不同时期、不同地区、不同部门和单位，其中心工作是不同的，比如"深入推进上海自贸试验区建设，全面深化改革开放"是上海市当前及今后一段时期的主要工作任务。

（3）围绕重点选题，所谓重点，就是在全局中处于举足轻重地位的某些部位或某项工作。

（4）围绕经济效益选题。提高经济效益是经济发展的重要问题，应当做为写作统计分析报告的经常课题。

（5）围绕人民生活选题。社会主义生产的目的，是不断满足社会和人民日益增长的物质和文化生活的需要。如人民生活状况如何，城乡居民收入与外省的差距有多大。

（6）围绕民意选题。社会主义国家是人民当家作主。对党和政府的方针政策，出台的一些重大问题的看法和意见，真实地表达人民群众的意向和要求。

（7）围绕横向比较选题。

（8）围绕较大变化选题。

（9）围绕薄弱环节选题。

（10）围绕形势宣传选题。

（11）围绕重要会议选题。

（12）围绕发展战略选题。

（13）围绕理论研究选题。

（14）围绕空白来选题。

总之，要根据实际情况来选题，不要为了分析而分析。当然选题中还要对主观条件加以考虑，如课题所需资料的来源渠道是否畅通，干部力量是否能胜任，时间是否赶得上领导决策的需要等。

3. 选题的方法

统计分析报告的课题虽然很多，但不等于随便什么都可以写，而是抓住政府和社会各界需要知道、了解他们尚未认识或尚未充分认识的社会经济情况。这是主观与客观应该结合之点，常常表现为"注意点"、"矛盾点"和"发生点"。统计分析报告的选题应该抓住这"三点"。

1）注意点

注意点是指党政领导和社会各界比较关注的热点问题。比如说，从全国来说，第一季度要总结工作，提出新的任务，制定年度工作计划，要开一些重要的会议，如每年的中央经济工作会议，会议的中心议题就成为"注意点"。到了第四季度要预计计划完成情况，做好下一年度的各项准备工作，此时的"注意点"又转移到本年计划的完成情况上来了。

2）矛盾点

矛盾点是指问题比较集中，事情比较关键，影响比较大或争论比较多，但长期得不到很好解决的社会难点问题。例如，近年来的市场疲软、扩大内需、开拓农村市场、下岗职工再就业、商品房投诉等问题。

3) 发生点

发生点是指事物处于萌芽状态,还未被多数人认识之时,也即人们所说的新情况、新问题、新趋势。如近年来开展的消费信贷、商品房抵押贷款等。抓住"发生点"来写作统计分析报告,意义是很大的。

总之,只要能抓住这"三点"来进行选题,统计分析报告就能发挥积极的作用,取得较好的社会效益。要抓好这"三点",必须做到"六经常",即:

(1) 经常深入实际,深入群众,深入生产第一线,了解情况;
(2) 经常了解党政领导的意图和工作动向;
(3) 经常走访有关主管部门;
(4) 经常研究统计资料;
(5) 加强理论学习,经常阅读报刊;
(6) 经常讨论研究,发挥集体智慧。

4. 选题应注意的问题

统计分析报告与其他文章一样,选题准确与否,是成败的关键,也直接关系到文章质量的高低。但是,在实际工作中,如果对此没有予以应有的重视,在选题上没有很好地下一番苦功夫去进行研究,就会使文章在选题方面出现许多弊病,这主要表现在以下几个方面。

1) 选题赶潮流

选题必须遵循创新的原则,这是撰写统计分析报告的一个很重要原则,但这个原则必须建立在联系实际的基础上。那种没有以大量的材料为基础,不以事实为依据,一味赶"时髦"的选题,内容必定是空洞的、没有什么说服力的。如,目前各级企业都强调要发展规模经济,积极推动组建企业集团。有的统计人员为了赶时髦,不管企业本身规模大小、有何优势,也盲目跟着提要发展本企业的集团性公司;有的甚至连企业集团的含义、组织管理也未弄懂,以为建立厂际间横向联系也就构成了企业集团,结果材料和观点不统一,名不副实。

2) 选题过大过难

有的统计人员热衷于写大文章,以为选大题目,写出来的文章质量就一定高;文章愈长,说服力愈强。其实这种认识未必正确。另外,有的统计人员急于出成果,想一鸣惊人,所选的课题难度很大,但由于自己的水平不够或资料不足,使写作难以成功。如《市经济改革与经济效益剖析》这样一个大题目,就要求写作者不仅要掌握该市大量的统计数据资料,而且要有一定的分析研究问题的综合能力;或者还应将文章分成几个专题形式,才能把问题分析和研究得比较透彻。

3) 选题范围不当

有的统计人员在选题上不能别出心裁,不善思考,选题随人流,人云亦云。你写"我市的经济效益分析",我写"我县的经济效益分析"。你分析几点原因,提出几条对策,我也分析几点原因,提出几条对策。这种不根据实际情况进行分析,盲目抄袭别人的观点和分析的做法是十分有害的,它不仅使得结论不符合实际,而且还有可能出现完全相反或错误的结论。

因此,在选题中,必须从本身实际出发,注意根据本地区或单位、本企业的需要选择好合适的题材。掌握好选题原则,运用好选题方法,就可以选出既有实用性、又有可行性和针对性的题目。解决了写什么的问题,就为撰写统计分析报告打下了一个良好的基础。

一般情况下,最好是结合自己的专业工作,选择自己熟悉的、适合自己业务水平的、各项资料也比较齐全的课题来写。这样,成功的把握较大。切不可好高骛远,选题过大过难,以至力不从心,半途而废,既使勉强写出来了,也不会有较好的质量。

10.4 统计分析报告的写作技巧

1. 主题突出

主题是统计分析报告的中心思想或基本论点。它像一根红线贯穿于全文,是文章的灵魂与统帅。统计分析报告要根据统计研究的任务,抓住要解决的主要矛盾及矛盾的主要方面,开展分析工作。内容要紧扣主题,从统计资料反映的复杂社会经济现象中,抓住重点问题,突出主题思想加以阐述。

2. 结构严谨

结构要严谨,是指统计分析报告内容的组织、构造精当细密,无懈可击,甚至达到"匠心经营,天衣无缝"的地步。这就要求首先要思想周密,没有"挂一漏万"、"顾此失彼";其次要组织严谨,没有"颠三倒四"、"破绽百出"。因此,结构能否严谨,首先取决于作者思想认识和思路是否清晰、严密。作者只有充分认识与掌握事物发展的内在规律,才能把它顺理成章地表达出来。

3. 语言精练

统计分析报告的质量高低,首先在于内容正确;其次还要讲究词章问题。如果用词烦琐,语言不通,词不达意,就不能较好地表述分析的结果。所以,写一篇较好的分析报告,要善于用典型的事例、确凿的数据、简练的辞藻、生动的语言来说明问题,切忌文字游戏、词句堆砌、形式排比、华而不实。

4. 认真修改

写统计分析报告与其他文章一样,必须反复研究和反复修改,做到用词恰当,符合实际。统计分析报告要进行反复研究和修改的目的,是为了检查观点是否符合政策,材料是否真实可靠,文章结构是否严密,文字是否言简意明,表达是否准确得当。只有反复修改,才能写出好的统计分析报告。

10.5 统计分析报告的类型

统计分析报告按其内容与作用的不同分为如下几个类型。

1. 统计公报

统计公报,是政府统计机构通过报刊向社会公众公布一个年度国民经济和社会发展情况的统计分析报告。一般是由国家、省一级以及计划单列的省辖市一级的统计局发布的。如国家统计局关于《中华人民共和国 2013 年国民经济和社会发展统计公报》。

2. 进度统计分析报告

进度统计分析报告主要以定期报表为依据,反映社会经济的发展情况,分析其影响和形成的原因。如月度分析、季度分析和年度分析。从时间上看,它可分为定期和不定期的、期中的和期末的统计分析报告;从内容上看,它又可分为专题和综合统计分析报告两种。进度型统计分析报告具有时效性强、重点突出、形式灵活的特点。它以最快的速度、短小精悍的内容、简明扼要的语言、鲜明的观点,反映重要指标的动态,说明其进程快慢的主要原因,列示各单位完成高低和快慢的次序,作为领导掌握情况、指导工作、解决问题、鼓励先进、鞭策后进的"监测器"。

3. 综合统计分析报告

综合统计分析报告是从客观的角度,利用大量丰富的统计资料,对国民经济和社会发展的规模、水平、结构和比例关系、经济效益以及发展变化状况,进行综合分析研究所形成的一种统计分析报告。综合统计分析报告具有完整性、全面性、系统性和综合性的特点。既要各方面照顾到,又要重点突出。那种现象罗列、头绪纷繁、杂乱无序的分析方法为综合分析所排斥。

4. 专题统计分析报告

专题统计分析报告是对社会经济现象的某一方面、某一问题、某一因素、某一环节进行专门的、深入研究的一种分析报告。它涉及的领域十分宽广,但目标集中,内容单一,矛盾突出,要求把问题的本质、内在联系、发展变化的来龙去脉等充分揭示出来,作为解决矛盾的依据。不像综合分析报告那样,要反映事物的全貌。正因为如此,专题统计分析报告更要求突破时间和空间的限制,根据党政领导决策需要和随时急需了解的、群众关注的、社会经济发展过程中的突发性问题、倾向性问题、新情况、新问题灵活选题,做到重点突出,认识深刻。它具有题材广泛、内容专一、针对性强的特点。要求在"深"、"新"上狠下功夫,一定要有深度,有新意,有时观点和建议要有超前性。

5. 调查报告

调查报告是根据调查的目的、要求,深入到调查单位进行实际调查后所写成的报告。深入实际,进行调查研究,是各级领导、各部门了解情况,指导工作经常采用的一种工作方法。它具有选题灵活、取材直接的特点。

【例文】

东北地区 2009 年经济形势分析报告
国家发展改革委东北振兴司
(二○一○年二月十二日)

2009 年是新世纪以来我国经济发展最为困难的一年,面对严峻复杂的国内外经济形势,东北地区老工业基地深入贯彻落实科学发展观,认真落实党中央、国务院各项决策部署,经济增长基本保持了振兴战略以来的良好态势,保增长、调结构、促改革、惠民生取得显著成效,老工业基地站上了全面振兴的新起点。

一、2009 年经济运行的基本情况

2009 年东北地区经济运行状况与全国类似,年初经济出现明显下滑,其后不断回升向好,全年整体上依然保持较快增长势头。总体上看,国际金融危机并未伤及东北经济的基本面,东北避免了出现大规模企业停产和职工下岗的局面,经济形势比预料的要好,有些方面比全国其他地区还略好,老工业基地振兴的成果经受住了金融危机的冲击和检验。

(一)地区经济不断回升向好。预计 2009 年全年,东北三省实现地区生产总值 30556.8 亿元,同比增长 12.6%,高出全国平均 3.9 个百分点。其中辽、吉、黑三省地区生产总值增速分别为 13.1%、13.3% 和 11.1%,辽宁省增速与 2008 年持平,吉林、黑龙江省分别比 2008 年降低 2.7 个和 0.7 个百分点。从 2009 年各季度情况看,经济增长逐季加快。辽、吉、黑三省全年地区生产总值增速与前三季度相比分别加快 0.4 个、1.2 个和 1.3 个百分点,与上半年相比分别加快 1.6 个、1.6 个和 2.2 个百分点，经济回升向好的态势比全国更为明显。

（二）农业生产基本保持稳定。在吉林和辽宁西部地区遭遇历史罕见的严重旱情的情况下，粮食生产仍然获得较好收成，三省粮食总产量达 1680.8 亿斤，比上年下降 5.8%，但仍属于历史上产量较高的年份。其中黑龙江省粮食总产达 870.6 亿斤，比上年增加 3%，跃居全国第二位，再创历史新高。辽宁、吉林两省受严重旱情影响，粮食产量分别为 318.2 亿斤和 492 亿斤，比上年下降 14.5% 和 13.4%。畜牧养殖业稳步发展，牲畜存栏和蛋、奶产量平稳增长。

（三）工业经济速度效益同步回升。2009 年，东北三省规模以上工业实现增加值 13583.8 亿元，同比增长 15.5%，与 2008 年相比下降 1 个百分点，但仍高出全国 4.5 个百分点。其中辽、吉、黑三省规模以上工业增加值增速分别为 16.8%、16.8% 和 12.1%，高出全国 5.8 个、5.8 个和 1.1 个百分点。从分月的情况看，工业生产回升上扬态势明显。工业经济效益大幅下滑的态势也得到扭转，辽、吉、黑三省规模以上工业分别实现利润 934.6 亿元、475.1 亿元和 860.1 亿元，其中辽宁和吉林两省同比分别增长 92.9% 和 34.7%，黑龙江省同比下降 40.0%，与上半年三省规模以上工业利润同比分别下降 0.7%、33.7%、58.9% 的状况相比，有了较大改观。企业亏损面同比也有所下降。

（四）投资增速保持高位但有所下滑。2009 年，东北地区全社会固定资产投资 25363.5 亿元，同比增长 31.5%，高出全国 1.4 个百分点。其中，辽、吉、黑三省全社会固定资产投资分别完成 13074.9 亿元、7259.5 亿元和 5029.1 亿元，分别增长 30.5%、29.5% 和 37.6%，辽宁、黑龙江两省分别高于全国 0.4 个和 7.5 个百分点，吉林省低于全国 0.6 个百分点。与上半年和前三季度相比，三省投资增速均有一定幅度下降。

（五）消费需求对经济增长支撑力明显增强。2009 年，东北地区社会消费品零售总额 12171.7 亿元，同比增长 18.7%，高出全国 3.2 个百分点，占全国消费品零售总额的 9.7%，比上年提高 0.3 个百分点。其中，辽、吉、黑三省社会消费品零售总额分别为 5812.6 亿元、2957.3 亿元和 3401.8 亿元，分别增长 18.2%、19.0% 和 19.2%，均高于全国增长水平。地区消费活跃，对各地经济增长的支撑力显著增强。

（六）财政收支状况不断改观。2009 年，东北三省实现地方财政一般预算收入 2719.7 亿元，同比增长 15.4%，高出全国财政收入增速 3.7 个百分点。辽、吉、黑三省地方财政一般预算收入分别为 1591 亿元、487.1 亿元和 641.6 亿元，同比增长 17.3%、15.2% 和 10.9%，增速比上半年分别提高 3.5 个、2.7 个和 9.1 个百分点；地方财政一般预算支出分别为 2681.6 亿元、1479.2 亿元和 1877.7 亿元，分别增长 24.5%、25.3% 和 21.7%，增速比上年分别下降 4.6 个、2 个和 1.5 个百分点，财政收支矛盾有所缓解。

（七）金融对地方经济支持力度加大。2009 年，东北地区金融机构本外币各项贷款余额为 28668.2 亿元，比年初增加 4579.5 亿元。辽、吉、黑三省本外币各项贷款余额分别为 16222.1 亿元、6300.4 亿元、6145.7 亿元，同比分别增长 31.8%、28.6%、34.2%。辽宁省全年新增贷款为 2008 年的两倍，黑龙江省贷款增速为 20 年来最高速度。

（八）外来投资规模显著增加。2009 年，东北三省实际利用外商直接投资 214.38 亿美元，同比增长 21.3%，明显好于全国平均状况（全国同比下降 2.6%），占全国利用外商直接投资的比例由 2008 年的 19.0% 增至 23.7%。其中辽宁省实际利用外商直接投资为 154.4 亿美元，增长 28.5%，位居全国第三，与前两位省份差距不断缩小。辽宁省、吉林省全年分别引进省外内资 2500 亿元、1656 亿元，同比分别增长 30%、35.5%。东北地区对国内外资金的吸引力显著增强,"资金洼地"效应更加明显。

(九)城乡居民收入稳步增长。2009年,辽、吉、黑三省城镇居民人均可支配收入分别为15 800元、14 006元和12 566元,同比分别增长9.8%、9.2%和8.5%,辽宁、吉林省分别高于全国1个、0.4个百分点,黑龙江省低于全国0.3个百分点;农民人均现金收入分别为6000元、5266元和5207元,同比分别增长7.6%、6.8%和7.2%,增速分别低于全国0.6个、1.4个和1个百分点。

(十)民生状况不断改善。2009年,辽宁、吉林和黑龙江省分别实现新增就业114.7万人、48万人和74.9万人,城镇登记失业率分别为3.9%、3.95%和4.27%,均低于全年控制目标。社会保障体系进一步完善,基本养老、医疗、失业三大保险参保人数继续大幅攀升。保障性住房建设力度加大,棚户区改造、廉租房和经济适用房建设步伐加快。教育、卫生、文化等各项社会事业稳步发展。

二、经济运行中存在的突出矛盾和问题

虽然2009年东北地区经济整体上保持了较快增长,但经济运行仍然不稳定、不巩固、不平衡,一些长期存在的结构性矛盾在金融危机的冲击下更加凸显,部分问题还比较严重。

(一)出口形势仍未有实质性改观。2009年以来,东北地区出口一直处于大幅下滑状态,形势比全国更为严峻,全年东北三省出口466.5亿美元,下降26.7%,降幅高出全国10.7个百分点。辽、吉、黑三省出口分别为334.4亿、31.3亿和100.8亿美元,同比分别下降20.5%、34.4%和40%。传统大宗商品出口普遍下降,钢材、成品油、农产品等支柱产业产品出口受到较大冲击。黑龙江受俄罗斯市场需求萎缩影响,对俄出口订单持续减少,对该省出口造成严重影响。

(二)投资持续快速增长后劲不足。从全年投资变化情况看,三省投资增速基本都处于持续减缓态势,这与全国投资增速变动情况明显不同。下半年以来,东北地区新开工项目个数和投资规模增幅出现减缓,项目储备和接续能力明显不足,企业自有资金和地方配套资金无法及时到位,影响了投资的稳定增长。如果后续投资不能跟进、民间投资不能激活,投资对经济增长的支撑力将减弱,东北经济快速增长的态势将可能受到较大影响。

(三)农业增长和农民增收难度较大。从去年东北粮食生产情况看,种植业仍未摆脱靠天吃饭的境地,东北农业基础条件特别是水利设施落后的矛盾比较突出,一旦遭遇旱情便造成粮食明显减产。农业种养效益偏低,农产品价格波动,农民持续增收难度加大,三省2009年农民人均纯收入增速均低于全国平均水平,应该引起重视。

(四)产业结构优化升级任务艰巨。受市场需求有所好转的影响,东北地区钢铁、冶金、化工等高载能行业生产开始回升,一些落后产能恢复生产,新上项目也存在着领域集中、技术和产品趋同的问题,一些产能过剩行业投资出现增长。新兴产业发展滞缓,仍未形成具有较大增长潜力和较强竞争优势的新兴产业集群。

三、下一步的工作建议

2010年是实施"十一五"规划的最后一年,也是谋划"十二五"长远发展、推进东北地区等老工业基地全面振兴的关键之年。东北地区等老工业基地振兴工作要深入贯彻落实科学发展观,全面落实《国务院关于进一步实施东北地区等老工业基地振兴战略的若干意见》,推动东北地区等老工业基地在应对国际金融危机中实现新的跨越,加快形成具有独特优势和竞争力的新的增长极。

（一）继续保持投资较快增长。东北当前的发展阶段和产业结构特点决定了未来一段时期，投资仍然是保增长、调结构的有力支撑。为此，要继续把扩大投资作为应对危机保增长的重要举措，继续发挥好投资对拉动经济和调整结构的重要作用。要组织实施好中央投资项目建设，切实落实地方配套资金，加强项目监管。进一步优化投资结构，在基础设施、粮食产能工程和民生工程等重点领域谋划一批重大建设项目并力争尽快组织实施。围绕增强投资增长的内生动力，鼓励民间投资，注重强化政府投资和激活社会资金的有效结合，拓宽投资渠道，继续保持信贷资金的适度增长。

（二）推进外贸出口，尽快实现恢复性增长。要采取措施力保传统出口市场，积极开拓新兴市场，优化出口产品结构，进一步提升出口产品的竞争力，推进对外贸易多元化发展。积极壮大经贸主体，扶持一批企业做大做强，整顿和规范贸易方式，带动东北地区对外贸易拓宽领域、提升层次。在东北四省区开展跨境贸易人民币结算试点业务，推动地区外贸发展。

（三）大力改善农业基础条件。针对东北农业发展特点，抓紧研究制定加快东北地区现代农业发展的政策措施。加强水利设施建设和维护，适度实施跨流域和区域引水工程，加强东北地区中西部水源工程和旱田灌溉、东部灌区建设。合理开发利用地下水资源。积极开展农业节水灌溉。推进大中型灌区田间工程、小型灌区和末级渠系的节水改造，推广高效节水灌溉技术，对农民购置节水设备给予补贴，探索建立农业灌溉工程运行管理经费的财政补贴机制。稳定东北农产品价格，适时对东北地区玉米、大豆继续实行国家收储政策，研究推进农民持续增收的有效途径。

（四）加快推进产业结构调整。利用分离设立的东北地区等老工业基地调整改造专项资金，以及其他中央预算内投资，加大结构调整力度，在继续做优做强装备制造、原材料、农产品加工等支柱产业的基础上，积极在新能源、节能环保、新材料、医药、生物工程、海洋工程等领域选择一批老工业基地具有发展基础的新兴产业方向，依托既有产业基础和科研人才优势，采取有效措施，加大支持力度，推动尽快培育出具有竞争优势的新兴产业。加快发展现代服务业，突出抓好以现代物流、服务外包、金融、旅游为重点的服务业，进一步扩大规模、拓宽领域、提升质量。

（五）推动东北民营经济和中小企业加快发展。落实融资、财税及市场准入等方面的政策，积极支持民间资本进入基础设施、公用事业、金融服务和社会事业等领域。推动国有资本、民营资本和外资经济的融合，积极发展混合所有制经济。允许职工在企业改制中持有一定比例股份。扶持重点民营企业加快发展，改善投资环境，大力引进沿海地区民营企业到东北投资兴业。认真贯彻落实《国务院关于进一步促进中小企业发展的若干意见》，加大对中小企业的资金政策扶持，引导金融机构加大对中小企业支持，提高中小企业经营管理水平和市场竞争力。继续推动中小企业信用体系和信用担保体系建设，支持东北中小企业信用在担保公司及其分支机构扩展业务。

（摘自 http://www.sdpc.gov.cn/jjxsfx/t20100222_335121.htm）

【简析】

这篇经济形势分析报告，从繁多的统计数据中抓住主要数据概括经济形势特点，具有鲜明的目的性和较强的针对性。调查组成员深入基层，采用科学的方法，进行了周密地调查，收集了大量丰富的资料，并进行了甄选、整理，按照调查报告的一般结构格式撰写。全篇包括基本情况、存在的问题及下一步工作建议。

该篇报告主题明确,中心突出,观点鲜明,结构严谨,层次分明,材料充实,数据可靠;阐述的成绩具体,问题清楚,建议可行。为有关部门制定政策提供了可信的参考依据,是一篇符合要求的好报告。

习题十

1. 什么是统计分析报告?它有哪些意义?
2. 统计分析报告的类型主要有哪些,各有何特点?
3. 统计分析报告的基本要求有哪些?
4. 统计分析报告的写作一般要经过哪几个步骤?
5. 统计分析报告选题时应注意什么问题?

第 11 章　Excel 在统计中的应用

【教学目的和要求】

介绍 Excel 统计工具和 Excel 函数在统计中的应用,要求学生通过 Excel 实例的学习,掌握处理、分析统计数据的方法。

前面章节中提到统计学要用到很多繁琐的计算公式和分析方法,如果用手工和查表完成,工作量是巨大的而且容易出错。Excel 就能轻松解决这一问题,它里面有许多统计计算和制表绘图的功能,其中主要包括 19 个数据分析工具和 78 个统计功能以及 Excel 宏。现在将结合以前的章节内容用 Excel2003 进行分析介绍。

11.1　Excel 在统计分析中的应用

11.1.1　数据分析工具

Excel 有 19 种统计工具,单击"工具"菜单下的"数据分析"命令,打开"数据分析"对话框(见图 11.1.1),如果"工具"菜单下没有出现"数据分析",可在"工具"菜单下选择"加载宏",在"分析工具库"前面方框中打上"√"中(见图 11.1.2),单击"确定"即可安装。本教材只对其中常用统计工具进行举例介绍。

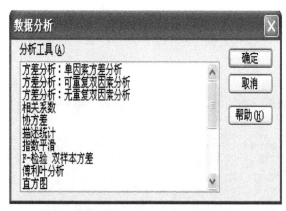

图 11.1.1　数据分析对话框

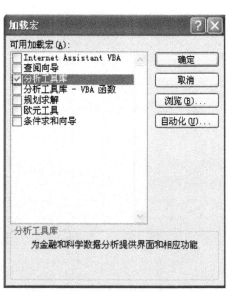

图 11.1.2　加载宏对话框

准备资料:在 Excel 中输入如图 11.1.3 中 A、B 两列数据。

操作步骤:在图 11.1.1 中对话框里,点击要用的工具,如"描述统计"[①],按"确定"键,即可得到另一个对话框,在输入区域键入数据区域,并在输出选项中选择结果放置的单元格,见图 11.1.3,单击"确定",即可得到最后结果,见图 11.1.4。

图 11.1.3　描述统计对话框

图 11.1.4　描述统计计算结果

其他的数据分析工具,如相关系数、直方图、移动平均等,在后面章节中将作陆续介绍。

如果想用"帮助"功能,可从"数据分析"对话框,即图 11.1.1 中选择要用的工具,然后在下一个出现的对话框中单击"帮助"按钮,即可根据提示进行操作。

11.1.2　统计功能

Excel 中的有许多自带功能(预先定义的公式),其中统计功能是对数据分析工具的补充。要说明的是,数据分析工具产生的结果是数据,而统计功能产生的结果是公式,可通过 Excel 里的"粘贴函数"来实现。

单击"插入"菜单栏下的"函数"命令或单击工具栏里的"f_x"命令,调出如图 11.1.5 所示"插入函数"对话框。在"或选择类别"下拉菜单中单击"统计","选择函数"下即出现 78 种统计功能。上下移动垂直滚动条可以找到要用的工具,如图 11.1.5 中显示的就是"AVEDEV"的

---

① "描述统计"分析工具用于生成数据源区域中数据的单变量统计分析报表,提供有关数据趋中性和易变性的信息

对话框,用来计算一组数据的均值,这些统计函数将在以后章节中陆续介绍。

11.1.3 图表导向功能

"图表向导"功能是指对统计数据进行更有效和直观的整理和显示。单击"插入"菜单栏下的"图表"命令或单击工具栏上的图表向导按钮" "出现如图11.1.6"图表向导"对话框,左边窗格中是14种图表类型,单击一种类型,右边会出现当前所选图表的子类型。以图示为例,当前选中"柱形图",右边就提供了七种子图表类型,包括簇状柱形图、堆积柱形图等。

图 11.1.5 插入函数对话框

创建图表分为以下步骤
(1)选择一种图表类型;
(2)输入图表数据来源区域;
(3)输入图表选项(如标题、横轴和纵轴标题等);
(4)选择图表放置位置;
(5)生成图表。

现以图11.1.3中的数据为例说明作图步骤。
(1)选中A1～B15区域数据,单击工具栏上的"图表向导",得到图11.1.6"图表类型"对话框,在"图表类型"中选择"XY散点图",在右边的"子图表类型"中选择"折线散点图",见图11.1.7,单击"下一步",进入图表"源数据"对话框。

图 11.1.6 插入函数对话框

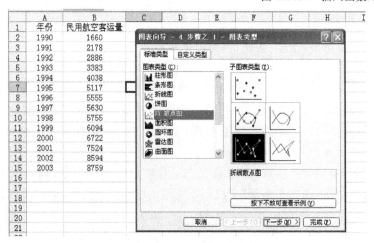

图 11.1.7 步骤一:选择图表类型对话框

(2)显示图表"源数据"对话框,若开始选的数据源不对,可在此单击"数据区域"右边的折叠键(带红箭头按钮),重新拖动鼠标选择区域,再单击折叠键展开,见图 11.1.8,单击"下一步",进入"图表选项"对话框。

(3)如图 11.1.9,这里有五个选项卡,可依次选择图表的"标题"、"坐标轴"、"网格线"、"图例"、"数据标志"。此处在"标题"中输入图表标题"1990－2003 年我国民用航空客运量";在"数值(X)轴"输入"年份","数值(Y)轴"输入"客运量"。点击"坐标轴",将坐标轴(X)(Y)都选上。点击"网格线",在"数值(Y)轴"下选"主要网格线"。在"图例"中,选择"显示图例",并在"位置"下选择"底部"。在"数据标志"下选择"无",点击"下一步",进入"图表位置"对话框,见图 11.1.10。

图 11.1.8　步骤二:选择数据区域

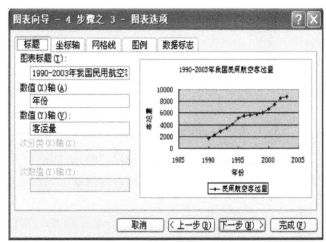

图 11.1.9　步骤三:图表选项

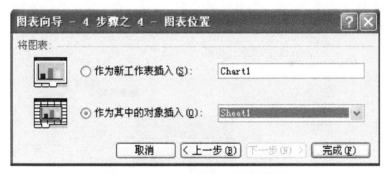

图 11.1.10　步骤四:图表位置

(4)选完了所有选项后,要选择将图表摆放的位置,如选"作为新工作表插入",则图表另存在一名为"Chart1"的工作表里,不跟源数据在一起;如选"作为其中的对象插入"(本例中选此项),图表则摆放在和源数据同一个工作表里。单击"完成",图表生成见图 11.1.11,要想使用其他修饰功能,右击图表空白处,在下拉菜单中选择"图表区格式"(或双击图表)。

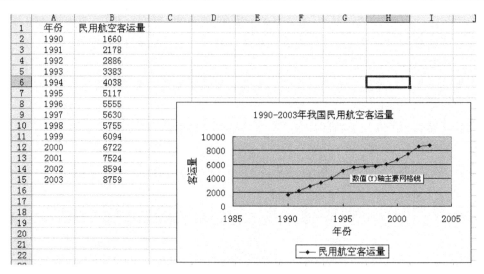

图 11.1.11　图表向导生成结果

11.1.4　趋势线功能

趋势线是用来寻找图表中数据关系，以图形的方式显示了数据的预测趋势，同时还可以用来分析预测问题。它是在已制图表的基础上添加趋势线的，所以是 Excel 制图工具的一部分，但由于使用的简便性和其他附加功能，所以在此作专门介绍。

在"图表类型"中（见图 11.1.7）有 7 种类型可以添加趋势线，包括面积图、条形图、气泡图、柱状图、折线图、股价图和散点图。例如，要为图 11.1.11 添加一条趋势线，先选中图表，菜单栏就会出现"图表"类，单击"图表"，从下拉菜单中单击"添加趋势线"，出现对话框，点击"类型"，选择一种线型，此处选"线性"，则可得到图 11.1.12。趋势线在回归分析、时间数列分析中都有广泛应用，本教材将在后面 11.4 和 11.5 节陆续介绍。

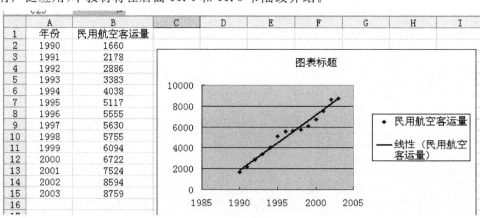

图 11.1.12　线性趋势线添加效果图

11.1.5　Excel 宏

Excel 宏就是指由一系列的 Visual Basic 语言代码构成的程序语言，即 Visual Basic for

Application(VBA),用于编写具有一定功能的函数、过程。简单地说,宏就是利用编制好的宏程序进行统计运算,来完成枯燥的、频繁的重复性工作。如 Excel 中的命令"数据分析"就是装在"工具"菜单的"加载宏"中,可单击"加载宏",在对话框中选择"分析工具库","数据分析"就可出现在"工具"菜单的下拉菜单中,这时就可选择宏程序进行统计运算了。

11.2 Excel 在整理和显示数据中的应用

我们用各种方法取得的统计数据,必须经过加工整理,使之系统化、条理化,才能符合统计分析的要求。所以本节先介绍整理数据的技术和方法,然后介绍显示数据的技术和方法。

11.2.1 使用 Excel 整理数据

在 Excel 统计函数中,FREQUENCY 函数可用于对数据进行分类和分组,数据分析工具中的"直方图",可以一次完成分组、计算频数和频率,绘制柱形图和累积频率折线图等全部操作。

1. 使用 FREQUENCY 函数

FREQUENCY 函数就是计算数值在某个区域内的出现频率,然后返回一个垂直数组。可对定性数据进行统计分类和对定量数据进行统计分组。现在举例介绍。

【例1】 大华工厂 30 个工人看管机器的数量如下。请使用 Excel 工作表对数据进行分组整理,并制作三线表式的频数分布表,用柱形图显示其分布状况。

| 5 | 4 | 2 | 4 | 3 | 4 | 3 | 4 | 5 | 4 | 2 | 4 | 3 | 4 | 2 | 6 |
| 5 | 4 | 2 | 5 | 3 | 4 | 5 | 3 | 2 | 4 | 3 | 6 | 3 | 5 | 4 |

制作频数分布表操作步骤如下:

(1)录入原始数据和分组值。将原始数据输入 A2~A31 单元格中,按出现的数据代表值分组,(此处取单变量值数据为分组标志值,如此题中的 2、3、4、5、6,若是组距分值,则应给出各组数据中的实际上限值,即非重叠值),将指定的分组标志值输入 B2~B6 单元格中,作为分组界限。

(2)选定放置分组结果区域,输入函数各选项。选定 C2~C6 单元格,单击"fx"函数按钮,在弹出的对话框中选"统计"类,在"函数名"列表中选择 FREQUENCY 函数,回车后进入对话框,输入各函数选项后,如图 11.2.1 所示。

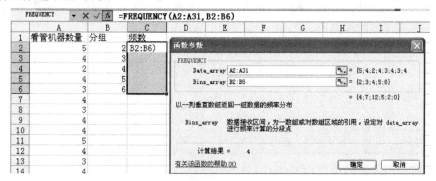

图 11.2.1 FREQUENCY 函数对话框

FREQUENCY 函数语法形式为

FREQUENCY(data_array,bins_array),data_array 框中输入待分组的原数据区域,本例可单击折叠键选择输入 A2:A31,另一个是 bins_array,可在框中输入分组标志。注意的是:此处要求按组距的非重叠上限分组,不接受非数值字符的分组标志,本例可输入 B2~B6,输入完毕后,对话框中就已经给出频数分布 4,7,12,5,2(后面的 0 表示没有其他)。

(3)生成频数分布数据。按 Ctrl+Shift+Enter 组合键,Excel 才能将各组频数 4,7,12,5,2 记入指定的 C2~C6 单元格中(按回车键无效)。

(4)列表计算频率、累积频数和累积频率,见图 11.2.2。

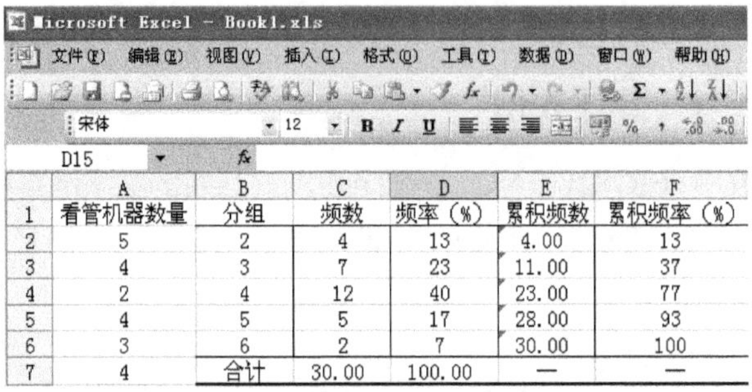

A 看管机器数量	B 分组	C 频数	D 频率(%)	E 累积频数	F 累积频率(%)
5	2	4	13	4.00	13
4	3	7	23	11.00	37
2	4	12	40	23.00	77
4	5	5	17	28.00	93
6	3	2	6	30.00	100
4		合计	30.00	100.00	—	—

图 11.2.2 例 1 频数分布表

频数分布表中的项目计算方法:先求 C 列合计数,单击 C7 单元格,输入"=SUM(C2:C6)",回车可得到合计数"30"。

计算各组频率:单击 D2 单元格,输入"=C2*100/30",回车后得到频率"13",利用填充柄功能按住鼠标左键拖至 D7 单元格后,放开鼠标,即可得到 D2~D7 单元格频率。

计算累积频数。单击 E2 单元格,输入"=C2",得到"4",再单击 E3,输入"=E2+C3",回车后得到"11",利用填充柄功能按住鼠标左键拖至 E6 单元格后,放开鼠标,即可得到 E2~E6 单元格累积频数。

计算累计频率。单击 F2 单元格,输入"=E2*100/30",得到"13",利用填充柄功能按住鼠标左键拖至 F6 单元格后,放开鼠标,即可得到 F2~F6 单元格累积频率。

2.使用"直方图"工具整理数据

使用"直方图"分析工具也可以将调查所得的数据分组,计算样本单位在各组出现的频数和频率,绘制频数分布柱形图和累积频率折线图。是画成以组距为底边、以频数为高度的一系列连接起来的直方型矩形图。

【例 2】某百货公司连续 40 天的商品销售如下(单位:万元)。

41	25	29	47	38	34	30	38	43	40
46	36	45	37	37	36	45	43	33	44
47	35	28	46	34	30	37	44	26	38
48	44	42	36	37	37	49	39	42	32

根据上面的数据进行适当的分组,编制频数分析表,并绘制频数分布的直方图。操作方法与步骤如下:

(1)在 Excel 工作表中,将以上数据输入 A1~A41 单元格中,调整为升序排列。

(2)进行分类或分组,确定组数和组距。输入分组标志,但只能按组的"边界值"(各组数据中的实际上限值,即非重叠值)分组,且不能有非数值的字符(如"××以下"或"××以上"的字符出现),本例各组的实际上限值为28,32,36,40,44,48,将这些值依次输入 B2~B7 单元格中。

(3)在"工具"菜单中单击"数据分析"命令,在弹出的对话框"分析工具"列表中选择"直方图",打开"直方图"对话框。

(4)在如图 11.2.3 所示对话框中依次输入信息,"输入区域"方框中键入"＄A＄1：＄A＄41","接收区域"方框中键入"＄B＄1：＄B＄7","输出区域"中选择"＄C＄1",选择"累积百分率"和"图表输出"复选框。单击"确定",即可得到图 11.2.4 所示的分组表和直方图。如果选择"柏拉图"复选框,则输出按降序排列的频率(频数)和累计%(累积频率)等信息,以及一个按降序排列的柱形图,如图 11.2.5 所示。

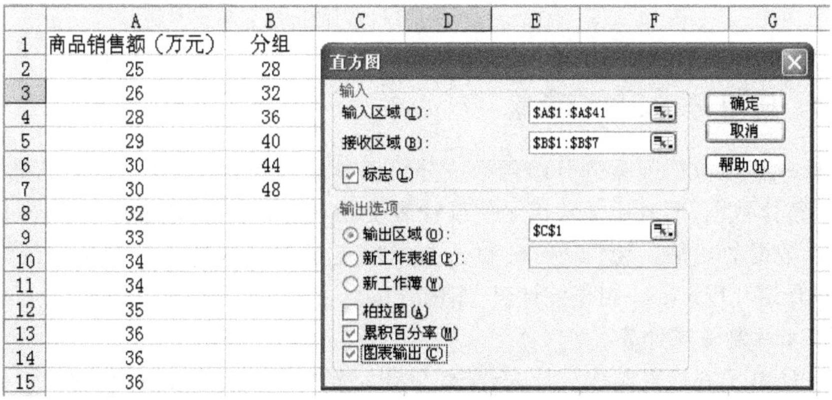

图 11.2.3 直方图对话框

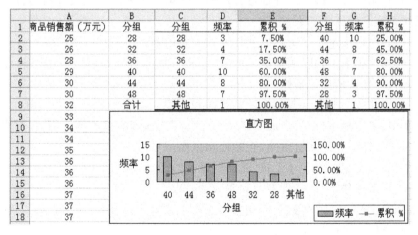

图 11.2.4 商品销售额的分组表和直方图

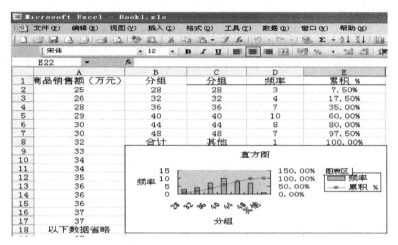

图 11.2.5 商品销售额按降序排列的分组表和直方图

11.2.2 使用 Excel 显示数据

使用 Excel 整理数据因受到分组函数或分组工具的限制,只能得到分组表和相应的统计图,无法显示整体数据,而且也无法满足使统计表美观、醒目,便于对比的要求,所以还需要借助 Excel 显示数据的功能。使用 Excel 显示数据也是通过编制统计表和绘制统计图来实现的,下面专门介绍利用 Excel 制作统计表、图的方法。

1. 使用 Excel 制作统计表

使用 Excel 电子表格来制作统计表,美观、醒目、操作简单,输入原始数据后,可利用丰富的格式功能(如字体的样式与大小、数字的格式、行高与列宽、边框的样式、图案与颜色、对象的对齐、网络线的有无等)进行修饰,并通过合理的操作组合来实现编制统计表的目的。

制作统计表的操作步骤如下:

(1)在工作表内选中某个区域输入统计表的原始内容。

(2)制作表线。单击"格式"菜单栏下的"单元格"命令,打开"边框"对话框画出顶线、分隔线、合计线、底线等必要的粗细横线。

(3)定义文字和数字的格式并相应调整行高和列宽。文字和数字的格式既可以单击工具按钮也可以利用"单元格"对话框里的"数字"和"字体"选项卡实现调整;行高和列宽的调整,可用鼠标单击列或行标记之间的分隔线,直接拖动鼠标。

(4)对齐数字与文字,可用"单元格"对话框里的"对齐"命令。

(5)进一步调整操作,使之达到专业和美观的要求。

下面,结合表 11.2.1 中的数据,介绍使用 Excel 编制统计表的技巧与方法,演示使用 Excel 编制统计表的具体操作步骤。

表 11.2.1　2002 年三个直辖市运输线路长度统计表　　km

地 区	铁路营业里程	内河航道里程	公路里程
天津	681.6	443	9696
上海	256.5	2037	6286
重庆	718.2	2324	31060
合 计	1656.3	4804	47042

资料来源:《中国统计年鉴 2003》,第 571 页,北京,中国统计出版社,2003。

(1)输入原始文字和数值　在工作表的 A1～D6 区域输入上述统计表的原始文字和数值,如图 11.2.6 所示。

(2)制作表线。选中 A2～D2 区域,单击"格式"菜单栏下的"单元格"命令,打开"单元格格式"对话框,选择"边框",如图 11.2.7 所示。

①先在"线条样式"下选择一种较粗的线型定义顶线(箭头所示①),单击边框的顶线(箭头所示②);然后选择一条较细线(箭头所示③),单击边框的底线(箭头所示④)。

	A	B	C	D
1	2002年三个直辖市运输线路长度统计表　(单位:km)			
2	地 区	铁路营业里程	内河航道里程	公路里程
3	天津	681.6	443	9696
4	上海	256.5	2037	6286
5	重庆	718.2	2324	31060
6	合 计	1656.3	4804	47042

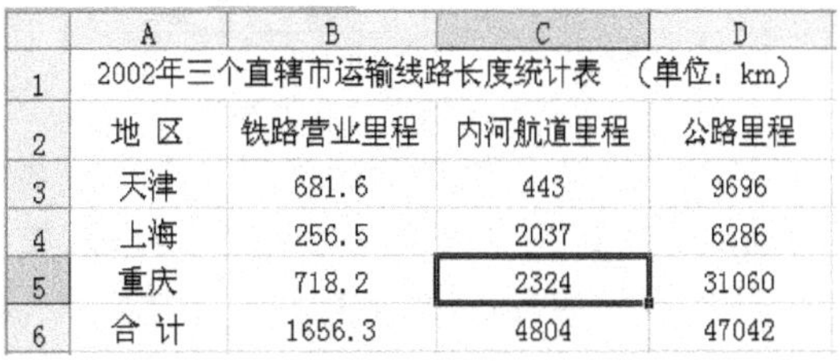

图 11.2.6　输入原始文字和数值

②以同样的方法选定 A6～D6 区域,照图 11.2.8 所示箭头顺序操作,可以看出底部分隔线和底线的操作,与上述顶线和分隔线所选边框操作相同,只是所选线型的顺序相反(上细下粗)。结果如图 11.2.9。

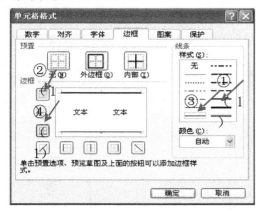

图 11.2.7　绘制 A2～D2 的顶线和分隔线

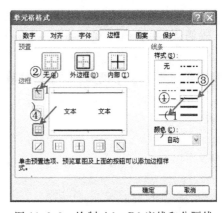

图 11.2.8　绘制 A6～D6 底线和分隔线

③选定 B2～C6 区域,先在"线条样式"下选择一种较细的线型画列分隔线(箭头①),然后依次单击右图中方框里的三个按钮(箭头②),如图 11.2.10 所示,单击"确定",结果如图 11.2.11 所示。

	A	B	C	D
1	2002年三个直辖市运输线路长度统计表　(单位:km)			
2	地 区	铁路营业里程	内河航道里程	公路里程
3	天津	681.6	443	9696
4	上海	256.5	2037	6286
5	重庆	718.2	2324	31060
6	合 计	1656.3	4804	47042
7				

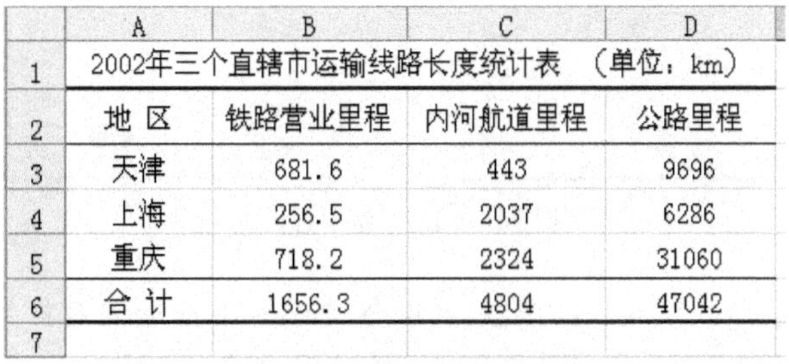

图 11.2.9　底线和分隔线的设置结果

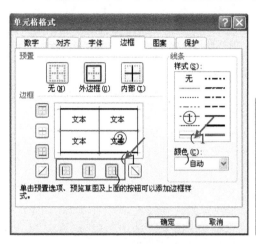

图 11.2.10 绘制中间列分隔线　　　　图 11.2.11 统计表

(3)定义文字和数字的格式。选定区域后,可直接单击工具栏定义文字和数字的格式按钮,也可通过"单元格格式"里的"数字"和"字体"选项卡实现调整;行高和列宽的调整,可用鼠标单击列或行标记之间的分隔线,直接拖动鼠标,也可双击列或行边界,确定与单元格内容宽度相适应的列宽或行高,如图 11.2.12 所示。

(4)对齐数字与文字,既可利用工具栏上的对齐按钮,也可选择"格式"菜单"单元格"命令下的"单元格格式"对话框里的"对齐"选项卡。如图 11.2.13 此处都选居中所示。

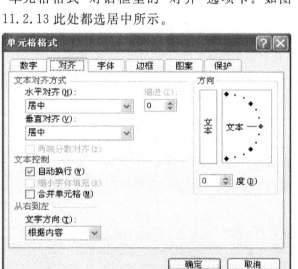

图 11.2.13 对齐对话框

图 11.2.14 去除网格线

(5)进一步调整操作,使之达到专业和美观的要求。如需去除网络线,可单击"工具"下的"选项"命令,将"网络线"复选框去除(见图 11.2.14),另外可利用"单元格格式"对话框里的

"字体"、"图案"等选项卡对文字和背景进行设置。

2. 使用 Excel 制作统计图

统计图以直观的形式反映统计数据,能够形象地表达数据间的关系。在 Excel 中制作的统计图,可以方便地嵌入文字报告、幻灯片以及多媒体作品中。

Excel 共提供了 14 种不同的基本图形,每种基本图形又包含了多种子类型。面对如此繁多的图表类型,用户应根据资料性质和分析目的选用合适的图形。下面按图表分类进行说明。

(1)柱形图:用等宽直条的长短来表示相互独立的各指标数值的大小。

(2)饼图:用于显示工作表中每一组成部分的数值相对于综合数值的大小,也就是用圆形的扇形面积表达内部构成比。

(3)线图:用线段的上升和下降来表示某事物在时间上的发展变化,或某个变量随另一变量变化的情况,适用于连续型资料。其中的折线图可以用来描述频数(频率)或累积频数(频率)分布。

(4)散点图:用点的密集度和分布趋势表达两变量之间的相关关系,用于双变量资料。

(5)直方图:用于表示连续变量的频数分布,以各矩形(宽度为组距)的面积代表各组段的频数。

(6)百分比条形图:用长条中各段的长度表达各部分的比重。

用 Excel 制作统计图的具体方法参看 11.1 节的"图表向导功能"介绍。

11.3 Excel 在计算描述统计指标中的应用

本节先介绍用 Excel 计算总量指标和相对指标的方法,然后介绍使用 Excel 函数计算平均指标和变异指标的方法,最后介绍使用 Excel 描述统计工具计算各类指标。

11.3.1 总量指标和相对指标的计算

总量指标的具体表现是绝对数,通常通过对总体各单位数值进行汇总得到,所以最常用的是求和运算。在 Excel 中有两种方式,可以得到求和数值:一是直接单击工具栏的自动求和按钮"Σ",二是利用 SUM 函数。相对指标的具体表现是相对数,通常由两个绝对数相对比求得,在 Excel 中可直接输入公式进行计算。下面举例介绍

【例 1】试根据图 11.3.1 中 B 列资料计算国内生产总值及各产业在国内生产总值中所占比重。

操作方法如下:

(1)计算 B 列合计数,即绝对数。单击 B5 单元格,输入"=SUM(B2:B4)",回车后,可得国内生产总值。

(2)计算 C 列相对数。单击 C2 单元格,输入"=B2*100/116898.4",回车后可得第一产业所占比重 14.64,然后将鼠标指标移至 C2 单元格右下角实心小方块(填充柄)上,当指针变成"+"形时,按住鼠标左键向下拖至 C5 单元格后,放开鼠标,即可得到其他产业所占比重。

	A	B	C
1	产业类型	生产总值/亿元	各产业比重
2	第一产业	17092.1	14.62
3	第二产业	61131.3	52.29
4	第三产业	38675.0	33.08
5	合计	116898.4	100.00

图 11.3.1 各产业总量指标和相对指标

至于其他相对指标,如计划完成相对数、强度相对数等,只需要在计算时输入对应的计算公式即可。

11.3.2 平均指标的计算

1. 算术平均数的计算

根据资料是否分组,未分组资料可用 AVERAGE 函数计算,分组资料可直接用加权算术平均数的公式计算。

1) 用未分组数据计算算术平均数

【例2】某车间 30 名职工工资收入未分组的资料如下(单位:元)。

1320	1400	1420	1430	1460	1380
1350	1400	1430	1510	1420	1390
1350	1420	1470	1430	1420	1390
1360	1420	1470	1430	1420	1380
1390	1460	1480	1440	1420	1380

试计算本车间职工在比赛中平均加工零件个数。

操作方法:此例为未分组资料,直接用 AVERAGE 函数计算算术平均数。

(1)将原始数据依次输入 Excel 工作表的 A2～A31 单元格。

(2)单击工作表其他任一单元格,输入"=AVERAGE(A2:A31)",回车即可得到计算结果 1414.67。

2) 用分组数据计算算术平均数

仍以例 2 说明计算步骤。

(1)将原始数据分组整理,见图 11.3.2 所示的 A、B、C 列。

(2)计算各组职工工资额,并求出 30 名职工工资总额。单击 D2 单元格,输入"=B2*C2",回车确认,得出第一组职工工资额 4020 元,然后利用填充柄功能按住鼠标左键向下拖至 D6 单元格,松开鼠标,即可得到其他各组职工工资额。单击 D7 单元格,并单击工具栏求和按钮"∑",可得到工资总额 42440 元。

	A	B	C	D
1	月工资分组	组中值 (x)	频数 (f)	fx
2	1320～1360	1340	3	4020
3	1360～1400	1380	7	9660
4	1400～1440	1420	13	18460
5	1440～1480	1460	5	7300
6	1480～1520	1500	2	3000
7	合计	—	30	42440

图 11.3.2 某车间职工月平均工资计算表

(3)单击表外其他任一单元格,输入"=D7/C7",回车即可得到 30 名职工月平均工资 1414.67 元。

2. 调和平均数的计算

调和平均数的计算同算术平均数一样要根据分组情况分别计算,未分组资料用 HARMEAN 函数,分组资料可直接根据加权调和平均数公式计算。

1) 用未分组数据计算调和平均数

【例3】 某种蔬菜早市2.5元/kg,中午2.2元/kg,晚上2.0元/kg;如果早、中、晚各买1元钱的蔬菜,问该种蔬菜的平均单价是多少?

解:在 Excel 工作表中任一单元格单击,输入"＝HARMEAN(2.5,2.2,2)",回车确认,得到平均单价是2.21元。

2) 用未分组数据计算调和平均数

操作步骤:①录入原始数据;②求出总体单位数;③求出平均数。

【例4】 某农产品采购站采购情况表如下,已输入 Excel 工作表的 A、B、C 列,见图11.3.3。

	A	B	C	D
1		某农产品采购站采购情况表		
2	批次	价格x/元	采购金额m/元	采购量m/x/kg
3	第一批	60	18000	300
4	第二批	54	27000	500
5	第三批	50	11000	220
6	合计	—	56000	1020
7				
8		平均价格	54.90	

图 11.3.3　某农产品采购站采购情况表

在 D2 单元格输入"采购量 m/x/kg",现要求出每一批采购量,单击 D3 单元格,输入"＝C3/B3",回车后得到第一批采购量,然后利用填充柄拖至 D5 单元格,放开鼠标,可得到其他各批准采购量。再求总体单位数,单击 D6 单元格,单击求和按钮"∑",回车确认,得到三批采购总量1020 kg。

单击表外任一单元格,输入"＝C6/D6",回车即可得到该产品平均采购价格54.9元。

3. 几何平均数的计算

几何平均数的计算,未分组资料用 GEOMEAN 函数计算,语法形式为
GEOMEAN(number1,number2,...),

Number1,number2,可以选择用逗号分隔参与相乘的数值的形式,也可以引用数据区域的形式。分组资料可用 POWER 函数,结合加权几何平均数的公式计算。POWER(number, power),Number 是底数,可以为任意实数。Power 是指数,底数按该指数次幂乘方。例如"＝POWER(4,5/4)",即求4的5/4次方,现举例说明。

【例5】 某投资银行某笔投资的年利率是按复利计算的,25年的年利率分配:1年为3%,4年为5%,8年为8%,10年为10%,2年为15%。求这25年的平均年利率。

操作方法:单击任一单元格,输入"＝POWER(1.03 * 1.05^4 * 1.08^8 * 1.1^10 * 1.15^2, 1/25)－100%",回车得到年利率为8.65%。

4. 众数的计算

未分组资料直接用 MODE 函数,分组资料使用公式计算众数。

(1) 根据未分组资料用 MODE 函数。MODE 函数的语法形式为 MODE(number1, number2,...)

将原始数据输入到一列中,单击数据区域外任一单元格,输入"＝MODE(数据区域)",例如将数值输入为 A2～A30,则可输入"＝MODE(A2:A30)"。

(2)根据分组数据计算众数。直接在单元格中将有关数值输入众数的计算公式。现以例6举例说明。

【例6】 某储蓄机构的商业贷款资料如下表。

贷款额/万元	贷款户数/户	累积频数	
		向上累积	向下累积
20 以下	16	16	120
20～40	28	44	104
40～60	45	89	76
60～80	21	110	31
80～100	10	120	10
合　计	120	—	—

按前述利用下限公式计算众数,众数所在组是 45,下限 40,众数组与前一组频数之差为 45－28＝17,众数组与后一组频数之差为 45－21＝24,众数组距为 60－40＝20,单击任一单元格,输入"＝40＋(17/(17＋24))20)",回车后即可得到众数为 48.3 万元。

5. 中位数的计算

未分组资料用 MEDIAN 函数计算中位数,分组资料可将相关数值代入计算。

(1)未分组资料,用 MEDIAN 函数,语法形式为(number1,number2,...),操作方法同 MODE 函数。

(2)分组资料运用中位数计算公式,直接代入数值。操作方法与求分组资料众数相似,可对照输入。

11.3.3　变异指标的计算

变异指标主要有全距、方差和标准差、变异系数等,这些指标计算方法不同,涵义各异。下面仍以例 2 为例分别介绍如何用 Excel 来计算变异指标。将原始数据输入 Excel 工作表中 A2～A31 单元格中。

1. 全距的计算

在工作表中单击其他任一单元格(如 B2),输入"MAX(A2:A31)－MIN(A2:A31)",如图 11.3.4,回车后得到全距 190。

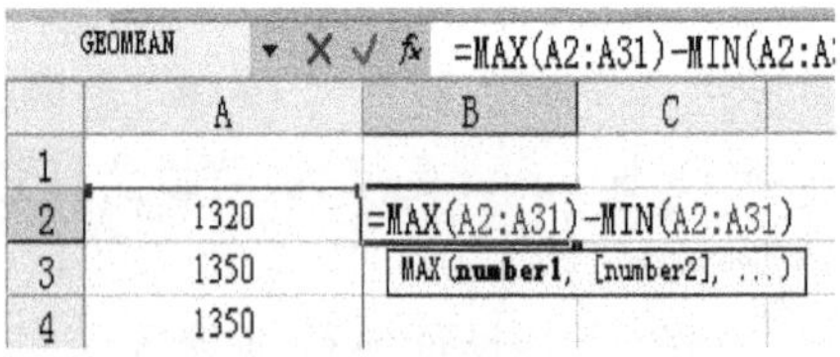

图 11.3.4　使用 Excel 计算全距

2. 方差和标准差的计算

在 Excel 中,各有两个方差和标准差,根据计算范围是采用样本还是总量,分别采用如下函数计算。

$$函数\begin{cases}样本\begin{cases}方差:VAR\\标准差:STDEV\end{cases}\\总体\begin{cases}方差:VARP\\标准差:STDEVP\end{cases}\end{cases}$$

1)根据未分组资料计算样本方差和标准差

(1)单击数据区域外的任一单元格,输入"=VAR(A2:A31)",回车后,可得到样本方差的计算结果为17777.47。

(2)单击数据区域外的任一单元格,输入"=STDEV(A2:A31)",回车后,可得到样本标准差的计算结果为42.16。

2)根据分组资料计算样本方差和标准差

根据样本标准差公式,运用前面章节中学到的求算术平均数和求和函数方法,利用 Excel 表依次求出 $\bar{x}$,$\sum f(x-\bar{x})^2$,$\sum f - 1$,代入公式即可。

$$S = \sqrt{\frac{\sum f(x-\bar{x})^2}{\sum f - 1}}$$

样本方差 $= S^2$

总体方差 σ^2 和标准差 σ 的计算与样本方差和标准差的计算步骤一样,不同的是计算标准差时,根号下的分母由"$\sum f - 1$"换成"$\sum f$"。

3. 标准差系数的计算

标准差系数是标准差与其算术平均数之比,直接使用公式计算。

11.3.4 使用描述统计工具计算各类指标

使用 Excel 描述统计工具,根据原始数据,可以一次性计算出平均数、样本标准差、样本方差、求和、计数等十几个描述数据分布规律与分布形态的统计指标。以本章例2数据为例,详细介绍 Excel 使用描述统计工具计算这些指标的方法与步骤。

(1)将原始数据输入 A 列,若有多组数列,可依次输入 B、C、D……列。

(2)选择"工具"下的"数据分析"对话框,选择"描述统计"单击"确定",进入"描述统计"对话框。

(3)如图 11.3.5 输入各选项。

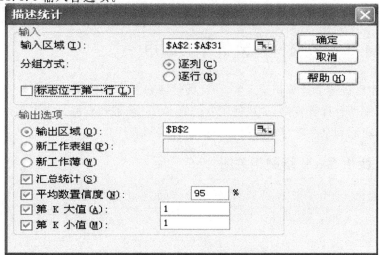

图 11.3.5 "描述统计"对话框

各选项含义说明如下：

(1)"输入区域"：进行统计分析的源数据区域，如本题中为 A2～A31，若有多组数据，数据区域中间用逗号隔开；根据输入数据区域情况，选择"逐列"还是"逐行"，本题选"逐列"。如果第一行是标志项（横标题），则选上"标志位于第一行"，如果输入区域没有标志项，系统将在输出区域自动加上"列 1"作为标志（两组或多组数据分别加上"列 2"、"列 3"……），本题不选。

(2)"输出选项"：选择一个存放输出结果的位置，三者只能选择其一：

①"输出区域"：在有源数据的工作表内选一个单元格作起始位置，可单击带箭头的折叠键然后用鼠标进行选择，此处为 B2。

②新工作表组：放到一个新的工作表里。

③新工作簿：另外新建一个 Excel 文件存放。

(3)"汇总统计"：系统会给出平均差、标准误差、中值、模式、标准偏差、样本方差、峰值、偏斜度、区域、最小值、最大值、求和、计数等系列指标值。

(4)"平均数置信度"：用样本平均数估计总体平均数的可信程序。系统默认为"95％"，可更改。

(5)"第 K 大值"、"第 K 小值"：给出所有数据中第 K 个最大值或最小值，系统默认为"1"，可更改。

如图 11.3.5 所示各项选定后，单击"确定"，即可得到图 11.3.6 所示计算结果。指标含义如下：

①"平均"：样本平均数。

	A	B	C
1	职工工资		
2	1320		列1
3	1350		
4	1350	平均	1414.67
5	1360	标准误差	7.70
6	1390	中位数	1420.00
7	1400	众数	1420.00
8	1400	标准差	42.16
9	1420	方差	1777.47
10	1420	峰度	0.13
11	1460	偏度	-0.01
12	1420	区域	190.00
13	1430	最小值	1320.00
14	1470	最大值	1510.00
15	1470	求和	42440.00
16	1480	观测数	30.00
17	1430	最大(1)	1510.00
18	1510	最小(1)	1320.00
19	1430	置信度(95.0%)	15.74

图 11.3.6 "描述统计"对话框

②"标准误差"：标准偏差除以样本单位数方根。

③"峰度"：描述频数分布数列的特征指标之一，若值小于 3，频数分布曲线较"矮胖"；大于 3，分布曲线较"瘦高"。本题小于 1.8，分布曲线呈 U 形。

④"偏度"：描述频数分布数列的另一指标，其值小于 0，分布曲线向左偏斜；大于 0，向右偏斜；其值越趋近于 0，分布曲线越接近正态分布。本题偏度为 -0.01，分布曲线略微向左偏斜。

11.4 Excel 在相关与回归分析中的应用

前面章节中已讲述了计算相关系数、一元线性回归方程的参数 a 和 b 等方法，如果根据公式计算，公式繁多而且计算复杂，如果使用专门的 Excel 函数和数据分析工具计算相关系数和进行回归分析，将起到事半功倍的效果。下面结合实例进行介绍。

11.4.1 使用 Excel 绘制相关图

【例 1】根据图 11.4.1 中 A、B 列数据（单位：万元），绘制相关图。

第11章　Excel在统计中的应用

图11.4.1　工作表

制作相关图的步骤如下：
(1)选择区域A1:B11,如图11.4.1所示。
(2)点击EXCEL图表向导。
(3)在"图表类型"中选择"XY散点图",如图11.4.2所示。

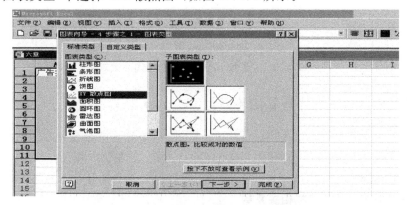

图11.4.2　散点图的制作—选图表类型

(4)在"子图表类型"中选择第一种散点图,并点击"下一步",即可得到图11.4.3和图11.4.4。

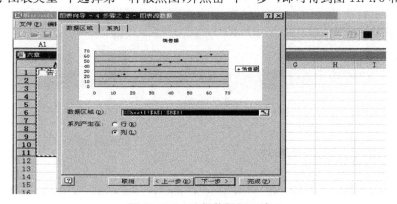

图11.4.3　选择数据源区域

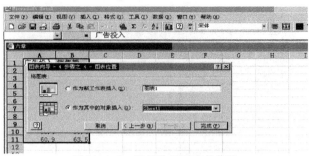

图 11.4.4 选择放置图表的位置

(5)点击"完成",并对图形进行修饰编辑,最后得到如图 11.4.5 所示广告投入与月平均销售额之间的散点图(稍作调整)。

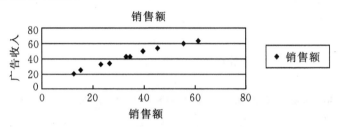

图 11.4.5 广告投入与月平均销售额的散点图

11.4.2 使用权 Excel 计算相关系数

在 Excel 中,CORREL 函数和 PEARSON 函数提供了计算两个变量之间的相关系数的方法,在"数据分析"中还提供了计算相关系数的专用工具。现在仍以图 11.4.1 为例,介绍上述三种计算相关系数的方法。

1. 利用 CORREL 函数计算相关系数

(1)首先,点击 EXCEL 函数图钮"fx",选择"统计"函数;在"函数名"中点击"CORREL"函数,单击"确定",进入函数向导。

(2)在"Array1"中输入第一个变量"广告投入"的数据区域 A2:A11,在"Array2"中输入第二个变量"月均销售额"的数据区域 B2:B11,即可在当前光标所在单元格显示函数的计算结果,如图 11.4.6 所示。回车后,调整为保留 4 位小数,即可得相关系数 r 的值 0.9942。

图 11.4.6 使用 CORREL 函数计算相关系数

2. 利用 PEARSON 函数计算相关系数

PEARSON 函数返回 Pearson(皮尔逊)乘积矩相关系数 r,反映两个数据集合之间的线性相关程度。利用此函数计算相关系数的步骤与 CORREL 函数完全一样,计算结果也相同,如图 11.4.7 所示。

图 11.4.7 使用 PEARSON 函数计算相关系数

3. 利用数据分析工具计算相关系数

单击"工具"菜单栏下的"数据分析",从其对话框中选择"相关系数",回车后进入相关系数对话框。具体项目输入如下:

"输入区域":单击折叠键(带红箭头按钮),折叠起相关系数对话框,然后用鼠标选定两个变量的数据区域(此处 A1~B11,光标为虚线框),选好后单击折叠键,展开相关系数对话框。

"分组方式":数据存放位置,此处选"逐列",并在"分组方式"下选择"标志位于第一行"。

"输出区域":选择数据区域外的任一单元格作为相关系数表第一行第一列的输出区域,此处选择 C2 单元格。选好后,如图 11.4.8 所示。

图 11.4.8 "相关系数"分析工具对话框   图 11.4.9 生成的相关系数表

单击确定后,在指定位置生成本题相关系数表,相关系数约为 0.9942,见图 11.4.9。

根据前面相关系数知识,$0.7 < r < 1$,表明两个变量高度线性正相关,所以本题中广告投入和销售额之间的关系为高度线性正相关。

11.4.3 使用 Excel 进行回归分析

Excel 提供了两种回归分析的工具:工作表函数(见表 11.4.1)和"数据分析"下的"回归"

工具,二者区别在于,工作表函数只提供数据,而"回归"工具能同时提供数据和图表。

表 11.4.1 常用工作表函数

函数名	定 义	语 法 格 式
INTERCEPT	一元线性回归方程截距 a 的函数	INTERCEPT(known_y's,known_x's)
SLOPE	一元线性回归方程斜率 b 的函数	SLOPE(known_y's,known_x's)
LINEST	一元或多元线性回归方程参数的函数	LINEST(known_y's,known_x's,const,stats)

相关函数说明:

(1)自变量和因变量数据个数要相同,否则将返回错误值。

(2)函数参数说明如下:

"known_y's,known_x's":分别表示因变量 y 与自变量 x 的数据引用区域。其中,LINEST 函数的回归方程表达式与常规表达式不同,用 $y = mx + b$ 表示。式中 m 表示斜率,b 表示截距。利用 LINEST 函数不仅能计算截距 b 和斜率 m,还能计算其他统计指标,如估计标准误差 S_e、相关系数 r 的平方值等。

"Const":为一逻辑值,用于指定是否将截距 b 强制设为 0。

①若要求返回正常截距 b 的值,输入"TRUE",表达式为 $y = mx + b$。

②若要求截距 $b=0$,输入"FALSE",表达式为 $y = mx$。

"Stats":为一逻辑值,指定是否返回附加回归统计值。

①若返回附加回归统计值,输入"TRUE"。

②若只返回系数 m 和常量 b,输入"FALSE"或省略。

下面以图 11.4.10 中的数据为例分别进行介绍。

	A	B
1	广告投入(万元)x	销售额(万元)y
2	12.5	21.2
3	15.3	23.9
4	23.2	32.9
5	26.4	34.1
6	33.5	42.5
7	34.4	43.2
8	39.4	49.0
9	45.2	52.8
10	55.4	59.4
11	60.9	63.5

图 11.4.10 用于回归分析的原始数据

1. 利用 INTERCEPT(求 a 的值)函数和 SLOPE 函数分别计算截距 a 和斜率 b

(1)单击任一空单元格放置 a 的值,再单击函数按钮"f_x",在"搜索函数"里输入"INTERCEPT"后按"转到",此时光标定位在 INTERCEPT 函数上,单击"确定",进入 INTERCEPT 函数对话框。

(2)如图 11.4.11 所示输入 x,y 数据区域,对话框即显示计算结果,回车后得到 a 的值:

11.615(经整理保留三位小数)。

图 11.4.11　使用 INTERCEPT 函数计算回归方程截距

(3)利用 SLOPE 函数计算斜率 b 的方法与 INTERCEPT 完全一样。如图 11.4.12 所示，计算结果约为 0.885(整理后保留三位小数)。故回归方程为 $y=11.615+0.885x$，可以根据此表达式由已知广告投入额可预测销售额。

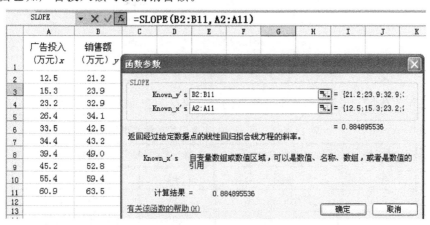

图 11.4.12　使用 SLOPE 函数计算回归方程的斜率

2. 利用 LINEST 函数计算回归参数

(1)先选定一矩形区域放置计算结果，注意的是因为此函数返回的是数组(5 行)，有几个变量，就选几列，此题中要选定空白的 5 行 2 列单元格放置返回结果，本例可选定 A、B 两列 13～17 行。然后单击函数按钮"f_x"，在"搜索函数"里输入"LINEST"后按"转到"，此时光标定位在 LINEST 函数上，单击"确定"，进入对话框。

(2)在对话框里"known_y's"框中输入因变量(y)的数据区域"B2:B11"，在"known_x's"框中输入自变量(x)的数据区域"A2:A11"，在"Const"和"Stats"框中输入"TRUE"(先后表示返回截距 b 的正常值、返回多个统计指标)，如图 11.4.13 所示。

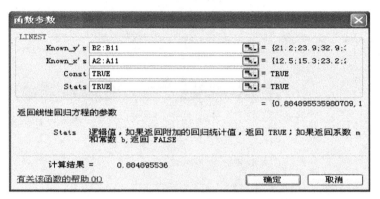

图 11.4.13　LINEST 函数回归分析对话框

(3)按"Ctrl＋Shift＋Enter"组合键结束操作(注意:按"确定"键或回车无效,只返回一个单值,不能返回表示多个指标的数组),结果如图 11.4.14 所示(经整理保留四位小数)。

	A	B
13	0.8849	11.6149
14	0.0338	1.2802
15	0.9884	1.6300
16	683.4680	8.0000
17	1815.9295	21.2555

图 11.4.14　LINEST 函数回归分析返回计算结果

对图中相关数据的说明:具体统计指标的含义可统一查询 Excel 帮助系统,见表 11.4.2。

表 11.4.2　用 11.4.14 中相关数据的说明

单元格	指标名称	单元格	指标名称
A13	斜率 m	B13	截距 b
A14	斜率的标准差	B14	截距的自由度
A15	判定系数 r^2	B15	估计标准误差
A16	F 统计量	B16	自由度
A17	回归平方和	B17	剩余平方和

此题用 LINEST 计算的回归方程表达式为 $y=11.615+0.885x$,与前面函数计算结果一致。

3. 利用"回归"工具进行回归分析

(1)单击"工具"菜单中的"数据分析"命令,从其对话框的"分析工具"中,选择"回归",单击"确定",打开"回归"对话框。

(2)依照图 11.4.15 输入各选项。

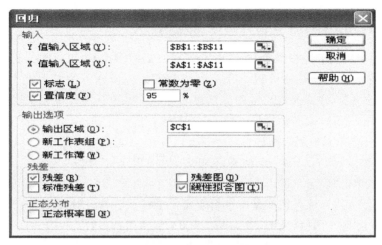

图 11.4.15 "回归"工具对话框

按"确定"后,可得到图 11.4.16 所示回归分析结果(略作调整,并增加一些文字说明)。

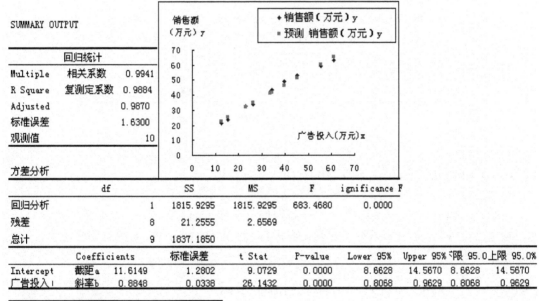

图 11.4.16 "回归"工具分析结果示意图

11.4.4 使用 Excel 计算估计标准误差 S_e

计算估计标准误差的方法很多,可以由 LINEST 函数求出,也可以根据公式计算,还可以使用专门计算估计标准误差的函数 STEYX。STEYX 的操作方法与前述 INTERCEPT 和 SLOPE 函数完全一样,主要是在参数中分别输入 y 和 x 数据区域。下面仍图 11.4.9 中的数据为例,介绍使用 STEYX 计算估计标准误差的方法。

(1)选定任一空单元格用来存放 S_e。

(2)单击函数按钮"f_x",在"搜索函数"里输入"STEYX"后按"转到",此时光标定位在 STEYX 函数上,单击"确定",进入 STEYX 对话框。

(3)依照图 11.4.15,输入因变量 y 和自变量 x 的输入数据区域,回车后,即在选定单元格中显示估计标准误差 S_e 的值(见图 11.4.17):1.63(保留两位小数)。

图 11.4.17　使用 STEYX 函数计算估计标准误差

11.5　Excel 在时间数列分析中的应用

进行时间数列的基础分析,需计算一系列的分析指标,包括水平分析指标和速度分析指标。这些指标既可以用 Excel 的公式和函数求得,也可以使用 Excel 专门的趋势拟合、指数平滑的数据分析工具。

11.5.1　使用 Excel 计算时间数列水平指标

1. 发展水平和平均发展水平

时间数列中各个时间的实际数值称为发展水平。将各个时间的数值进行平均,可以求得平均发展水平,其数值又称序时平均数。下面举例说明序时平均数的计算方法。

【例1】将 1984—1994 年我国相关经济指标数据录入 Excel 中,如图 11.5.1 所示,分别计算 1984—1994 年国民生产总值平均发展水平,1988—1994 年平均人口数,1990—1994 年第三产业在国内生产总值中的比重。

	A	B	C	D	E
1	年份	国民生产总值（亿元）	国内生产总值（亿元）	第三产业生产总值（亿元）	年末总人口数（人）
2	1984	7204.8			
3	1985	8994.6			
4	1986	10210.9			
5	1987	11956.4			
6	1988	14922.3			111026
7	1989	16904.9			112704
8	1990	18544.7	18530.7	5796.3	114333
9	1991	21665.8	21617.8	7227	115823
10	1992	26651.4	26635.4	9135.9	117171
11	1993	34476.7	34515.1	11204.5	118517
12	1994	44918	45005.5	14308	119850

图 11.5.1　我国若干国民经济指标时间数列

1）用 Excel 计算时期数列的序时平均数

国民生产总值属于时期数列，故可用 AVERAGE 函数计算序时平均数。单击 B13 单元格，输入"＝AVERAGE(B2:B12)"，回车后即可得出结果：19677.32（保留两位小数）。

2）用 Excel 计算时点数列的序时平均数

年末总人口数属于时点数列，由于图中"年末总人口数"属于间隔相等的间断时点数列，故可应用公式计算。单击 E13 单元格，输入"＝SUM(E6/2,E7,E8,E9,E10,E11,E12/2)/(7－1)"，回车后即得出结果：115664.33（保留两位小数）。如果时点的间隔不等，则需要以间隔长短作为权数进行加权计算。公式为：

$$\bar{a}=\frac{\dfrac{a_1+a_2}{2}f_1+\dfrac{a_2+a_3}{2}f_2+\cdots\cdots+\dfrac{a_{n-1}+a_n}{2}f_{n-1}}{\sum f}$$

3）用 Excel 计算相对数或平均数时间数列的序时平均数

相对数或平均数是由两个绝对数对比形成的，所以计算相对数或平均数时间数列的序时平均数时，可以先按绝对数时间数列的方法分别计算其分子和分母的序时平均数，然后将分子和分母的序时平均数进行对比求得。

如 1990—1994 年第三产业在国内生产总值中的比重 ＝ $\dfrac{\text{第三产业序时平均数}}{\text{国内生产总值序时平均数}}$

单击 C13 单元格，输入"＝AVERAGE(C8:C12)"，回车后得到国内生产总值序时平均数为 29260.9，利用填充柄拖至 D13，得到第三产业序时平均数为 9534.34，单击任一单元格，输入"＝9534.34*100/29260.9"，回车后，即得出比重为 32.6%，见图 11.5.2。

	A	B	C	D
1	年份	国民生产总值（亿元）	逐期增长量	累积增长量
2	1984	7204.8	—	—
3	1985	8994.6	1789.8	1789.8
4	1986	10210.9	1216.3	3006.1
5	1987	11956.4	1745.5	4751.6
6	1988	14922.3	2965.9	7717.5
7	1989	16904.9	1982.6	9700.1
8	1990	18544.7	1639.8	11339.9
9	1991	21665.8	3121.1	14461
10	1992	26651.4	4985.6	19446.6
11	1993	34476.7	7825.3	27271.9
12	1994	44918	10441.3	37713.2
13	平均数	19677.31818		
14	平均增长量		4190.36	

图 11.5.2　序时平均数分析结果

2. 用 Excel 计算逐期增长量、累积增长量和平均增长量

以图 11.5.3 为例，介绍国民生产总值的上述指标的计算步骤。

	A	B	C	D	E
1	年份	国民生产总值（亿元）	国内生产总值（亿元）	第三产业生产总值（亿元）	年末总人口数（人）
2	1984	7204.8			
3	1985	8994.6			
4	1986	10210.9			
5	1987	11956.4			
6	1988	14922.3			111026
7	1989	16904.9			112704
8	1990	18544.7	18530.7	5796.3	114333
9	1991	21665.8	21617.8	7227	115823
10	1992	26651.4	26635.4	9135.9	117171
11	1993	34476.7	34515.1	11204.5	118517
12	1994	44918	45005.5	14308	119850
13	平均数	19677.31818	29260.9	9534.34	115664.3333
14					
15					
16	第三产业占国内生产总值的比重			32.58389181	

图 11.5.3 增长量的计算结果

（1）逐期增长量：单击 C3 单元格，输入"＝B3－B2"，回车后得到 1985 年的增长量为 1789.8，再运用填充柄拖至 C12，以后几年的增长量就自动计算在相应单元格里。

（2）累积增长量：单击 D3 单元格，输入"＝B3－7204.8"，回车后得到 1985 年累积增长量为 1789.8，与 1985 年逐期增长量是相同的。利用填充柄拖至 D12，以后几年的累积增长量就自动计算在相应单元格里了。

（3）平均增长量：等于累计增长量/$n-1$，本题中单击任一单元格，输入"＝D2/(10－1)"，回车后得到 4190.36。

11.5.2 用 Excel 计算时间数列速度指标

1. 用 Excel 计算发展速度与增长速度

仍用例 1 中的数据为例，计算国民生产总值的发展速度和增长速度。

1）发展速度

（1）环比发展速度计算方法为：单击 C4 单元格，输入"＝B4＊100/B3"，回车得到 124.8，利用填充柄拖至 C13，得到其他年份发展速度。

（2）定基比发展速度计算方法为：单击 D4 单元格，输入"B4/7204.8＊100"，回车得到 124.8，利用填充柄拖至 D13，得到其他年份发展速度。

2）增长速度

环比增长速度计算方法为：单击 E4 单元格，输入"＝C4－100"，回车得到 24.8，利用填充柄拖至 E13，得到其他年份增长速度。

定基比增长速度计算方法为：单击 F4 单元格，输入"＝D4－100"，回车得到 24.8，利用填充柄拖至 F13，得到其他年份增长速度。

2. 用 Excel 计算平均发展速度与平均增长速度

平均发展速度是环比发展速度的平均数，计算方法主要是几何平均法（又称水平法），平均增长速度等于平均发展速度减基数求得，在这里我们选用 GEOMEAN 函数，单击 C15 单元格，单击函数按钮"f_x"，在函数对话框里找到 GEOMEAN 函数，数据区域输入"C4:C13"，回

车后可得 120.08，平均增长速度为 1.2008-1=0.2008，见图 11.5.4。

	A	B	C	D	E	F
1	年份	国民生产总值（亿元）	发展速度（%）		增长速度（%）	
2			环比	定基比	环比	定基比
3	1984	7204.8	—			
4	1985	8994.6	124.8	124.8	24.8	24.8
5	1986	10210.9	113.5	141.7	13.5	41.7
6	1987	11956.4	117.1	166.0	17.1	66.0
7	1988	14922.3	124.8	207.1	24.8	107.1
8	1989	16904.9	113.3	234.6	13.3	134.6
9	1990	18544.7	109.7	257.4	9.7	157.4
10	1991	21665.8	116.8	300.7	16.8	200.7
11	1992	26651.4	123.0	369.9	23.0	269.9
12	1993	34476.7	129.4	478.5	29.4	378.5
13	1994	44918	130.3	623.4	30.3	523.4
14						
15	平均发展速度		120.08			
16	平均增长速度		20.08			

图 11.5.4　我国 1984—1994 年国民生产总值经济指标

11.5.3　使用 Excel 进行长期趋势测定

Excel 中有专门用于长期趋势测定的数据分析工具：移动平均法、最小二乘法和指数平滑，本章结合实例着重介绍前两种方法。

1. 移动平均法

仍以本节例 1 为例，介绍移动平均法的计算步骤。

在"工具"菜单中点击"数据分析"选项，从其对话框的"分析工具"列表中，选择"移动平均"项，回车进入"移动平均"对话框见图 11.5.5。依次在"输入区域"用折叠键选择原始数据所在的单元格区域"B3:B13"，在"间隔"里输入"4"（默认值为 3，5 项移动平均输入 5），在"输出区域"输入放置计算结果的位置，此处选 C3 单元格。若要给出移动平均统计图，可选择"图表输出"，若要同时给出移动平均值和原数据的标准差，可单击"标准误差"。单击"确定"后，结果如图 11.5.6 所示。

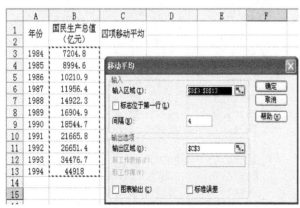

图 11.5.5　"移动平均"对话框　　　　图 11.5.6　四项移动平均计算结果

2. 最小二乘法

最小二乘法（又称最小平方法）是一种数学优化技术。它通过最小化误差的平方和寻找数据的最佳函数匹配。利用最小二乘法可以简便地求得未知的数据,并使得这些求得的数据与实际数据之间误差的平方和为最小。

用最小二乘法测定长期趋势,与回归分析中所用的方法一样,不同的是这里是以时间为自变量,分析动态指标随时间变动而变动的规律。具体可使用"数据分析"工具中的"回归分析"工具,可以一次给出各年的趋势值,同时给出趋势线图。由于在 11.4 节中已经详细介绍过"回归分析"工具使用方法,这里只作简单介绍。

仍以本节例 1 的资料为例介绍用最小二乘法测定长期趋势。

在 B 列插入一新列,输入"年序号",同时在 B 列单元格依次输入"1,2,…,11"。在"工具"菜单中单击"数据分析"选项,从其对话框 "分析工具"列表中选择"回归",再按回车键进入回归分析对话框,在"Y 值输入区域"和"X 值输入区域"分别输入国民生产总值和年序号,在"输出区域"选择结果输出位置,如要求给出趋势值和趋势线图,可选中"残差"和"线性拟合图"复选框,如图 11.5.7 所示。回车确认后,在指定的输出区域输出多个统计指标和拟合趋势直线图(回归分析中已出现),利用剪贴板功能将残差表中的预测值移到 D 列,即可得到国民生产总值的回归趋势值,结果如图 11.5.8 所示。

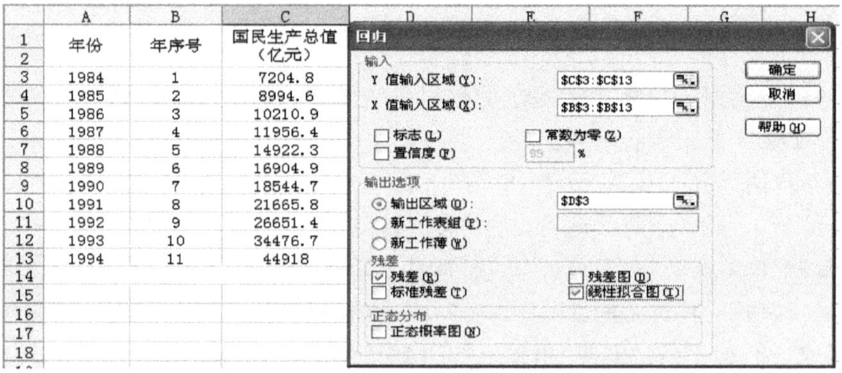

图 11.5.7 用"回归"工具测定趋势值对话框

	A	B	C	D
1	年份	年序号	国民生产总值	预测值
2			(亿元)	
3	1984	1	7204.8	3183.81
4	1985	2	8994.6	6482.51
5	1986	3	10210.9	9781.22
6	1987	4	11956.4	13079.92
7	1988	5	14922.3	16378.62
8	1989	6	16904.9	19677.32
9	1990	7	18544.7	22976.02
10	1991	8	21665.8	26274.72
11	1992	9	26651.4	29573.42
12	1993	10	34476.7	32872.12
13	1994	11	44918	36170.82

图 11.5.8 最小二乘法结果示意图

习题十一

1. 大华公司 30 名工人 2006 年 5 月份工资资料如下。

元

1200	1500	1400	2000	1560	1500	1700	800	950	1000
1250	1630	1800	1500	1680	1290	900	1520	1680	1400
950	1280	1200	1690	1960	1820	1600	1650	1750	1820

要求:对上述资料按 1000 以下、1000～1200、1200～1400、1400～1600、1600～1800、1800～2000 进行分组,列出各组的频数和频率,并对频数和频率进行向上累计和向下累计。

2. 王大伯的家离菜市场很近,每天早、中、晚餐的蔬菜均可随时到该菜市场去购买。一天,王大伯早、中、晚分别到菜市场去买西红柿,早、中、晚西红柿的价格每千克分别为 2 元、1.8 元和 1.5 元。如果王大伯早、中、晚分别花 1 元钱购买西红柿,问王大伯这一天所购买西红柿的平均价格是多少?

3. 张华用一笔钱投资于某公司基金,投资的红利是按复利计算的,10 年中年红利率的分配情况是:5 年为 10%,3 年为 8%,2 年为 2%。求张华 10 年期间的年平均红利率是多少?

4. 某高校管理学院两个教研室各有 7 位老师,其年龄资料如下:

工商管理教研室:27 32 36 40 43 48 51
财务管理教研室:26 30 32 38 41 46 52

要求:分别计算两教研室教师年龄的平均数、全距、平均差、方差、标准差以及标准差系数。

5. 某种产品的产量与单位成本的资料如下

产量(千件)	单位成本(元/件)
2	73
3	72
4	71
3	73
4	69
5	68

要求:(1)计算相关系数 r,判断其相关方向和程度;
(2)建立直线回归方程。

6. 某地区 1994—2000 年各年末人口数资料如下。

年份	年末人口数/万人
1994	21
1995	25
1996	30
1997	36
1998	44
1999	53
2000	59

要求：用最小二乘法来拟合这些数据，并预测 2002 年的年末人口数。

7. 某地高校教育经费 x 与高校学生人数 y 连续六年的统计资料如下：

教育经费 x/万元	316	343	373	393	418	255
在校学生数 y/万人	11	16	18	20	22	25

根据上述资料：
(1)建立直线回归方程，并估计教育经费为 500 万元的在校生人数。
(2)计算回归估计标准误差 S_e。

8. 某地从 1995—2001 年各年 7 月 1 日零时统计的人口资料如下。

年　份	1995	1996	1997	1998	1999	2000	2001
7 月 1 日人口数/万人	23	23	24	25	25	26	27

要求：计算各年 7 月 1 日零时平均人口数。

9. 某公司 2009 年职工人数的时点资料如下：

日期	1 月 1 日	3 月 31 日	5 月 1 日	11 月 1 日	12 月 31 日
人数/人	3020	3260	2950	3200	3270

要求：计算该公司 2009 年全年职工平均人数。

10. 某城市 2001 年至 2004 年风景旅游人数资料如下

万人

年份	第 1 季度	第 2 季度	第 3 季度	第 4 季度
2001 年	52	62	82	43
2002 年	61	73	95	55
2003 年	77	87	114	64
2004 年	86	103	128	78

要求：利用移动平均法试分析其长期趋势。

附录1 正态分布概率表

t	F(t)	t	F(t)	t	F(t)	t	F(t)	t	F(t)
0.00	0.0000	0.39	0.3035	0.78	0.5646	1.17	0.7580	1.56	0.8812
0.01	0.0080	0.40	0.3108	0.79	0.5705	1.18	0.7620	1.57	0.8836
0.02	0.0160	0.41	0.3182	0.80	0.5763	1.19	0.7660	1.58	0.8859
0.03	0.0239	0.42	0.3255	0.81	0.5821	1.20	0.7699	1.59	0.8882
0.04	0.0319	0.43	0.3328	0.82	0.5878	1.21	0.7737	1.60	0.8904
0.05	0.0399	0.44	0.3401	0.83	0.5935	1.22	0.7775	1.61	0.8926
0.06	0.0478	0.45	0.3473	0.84	0.5991	1.23	0.7813	1.62	0.8948
0.07	0.0558	0.46	0.3545	0.85	0.6047	1.24	0.7850	1.63	0.8969
0.08	0.0638	0.47	0.3616	0.86	0.6102	1.25	0.7887	1.64	0.8990
0.09	0.0717	0.48	0.3688	0.87	0.6157	1.26	0.7923	1.65	0.9011
0.10	0.0797	0.49	0.3759	0.88	0.6211	1.27	0.7959	1.66	0.9031
0.11	0.0876	0.50	0.3829	0.89	0.6265	1.28	0.7995	1.67	0.9051
0.12	0.0955	0.51	0.3899	0.90	0.6319	1.29	0.8030	1.68	0.9070
0.13	0.1103	0.52	0.3969	0.91	0.6372	1.30	0.8064	1.69	0.9090
0.14	0.1111	0.53	0.4039	0.92	0.6424	1.31	0.8098	1.70	0.9109
0.15	0.1192	0.54	0.4108	0.93	0.6476	1.32	0.8132	1.71	0.9127
0.16	0.1271	0.55	0.4177	0.94	0.6528	1.33	0.8165	1.72	0.9146
0.17	0.1350	0.56	0.4245	0.95	0.6579	1.34	0.8198	1.73	0.9164
0.18	0.1428	0.57	0.4313	0.96	0.6629	1.35	0.8230	1.74	0.9181
0.19	0.1507	0.58	0.4381	0.97	0.6680	1.36	0.8262	1.75	0.9199
0.20	0.1585	0.59	0.4448	0.98	0.6729	1.37	0.8293	1.76	0.9216
0.21	0.1663	0.60	0.4515	0.99	0.6778	1.38	0.8324	1.77	0.9233
0.22	0.1741	0.61	0.4581	1.00	0.6827	1.39	0.8355	1.78	0.9249
0.23	0.1819	0.62	0.4647	1.01	0.6875	1.40	0.8385	1.79	0.9265
0.24	0.1897	0.63	0.4713	1.02	0.6923	1.41	0.8415	1.80	0.9281
0.25	0.1974	0.64	0.4778	1.03	0.6970	1.42	0.8444	1.81	0.9297
0.26	0.2051	0.65	0.4843	1.04	0.7017	1.43	0.8473	1.82	0.9312
0.27	0.2128	0.66	0.4907	1.05	0.7063	1.44	0.8501	1.83	0.9328
0.28	0.2205	0.67	0.4971	1.06	0.7109	1.45	0.8529	1.84	0.9342
0.29	0.2282	0.68	0.5035	1.07	0.7154	1.46	0.8557	1.85	0.9357

t	$F(t)$	t	$F(t)$	t	$F(t)$	t	$F(t)$	t	$F(t)$
0.30	0.2358	0.69	0.5098	1.08	0.7199	1.47	0.8584	1.86	0.9371
0.31	0.2434	0.70	0.5161	1.09	0.7243	1.48	0.8611	1.87	0.9385
0.32	0.2510	0.71	0.5223	1.10	0.7287	1.49	0.8638	1.88	0.9399
0.33	0.2586	0.72	0.5285	1.11	0.7330	1.50	0.8664	1.89	0.9412
0.34	0.2661	0.73	0.5346	1.12	0.7373	1.51	0.8690	1.90	0.9426
0.35	0.2737	0.74	0.5407	1.13	0.7415	1.52	0.8715	1.92	0.9439
0.36	0.2812	0.75	0.5467	1.14	0.7457	1.53	0.8740	1.93	0.9451
0.37	0.2886	0.76	0.5527	1.15	0.7499	1.54	0.8764	1.94	0.9464
0.38	0.2961	0.77	0.5587	1.16	0.7540	1.55	0.8789	1.95	0.9476
1.96	0.9500	2.18	0.9707	2.44	0.9853	2.70	0.9931	2.96	0.9969
1.97	0.9512	2.20	0.9722	2.46	0.9861	2.72	0.9935	2.98	0.9971
1.98	0.9523	2.22	0.9736	2.48	0.9869	2.74	0.9939	3.00	0.9973
1.99	0.9534	2.24	0.9749	2.50	0.9876	2.76	0.9942	3.20	0.9986
2.00	0.9545	2.26	0.9762	2.52	0.9883	2.78	0.9946	3.40	0.9993
2.02	0.9566	2.28	0.9774	2.54	0.9889	2.80	0.9949	3.60	0.99968
2.04	0.9587	2.30	0.9786	2.56	0.9895	2.82	0.9952	3.80	0.99986
2.06	0.9606	2.32	0.9797	2.58	0.9901	2.84	0.9955	4.00	0.99994
2.08	0.9625	2.34	0.9807	2.60	0.9907	2.86	0.9958	4.50	0.999993
2.10	0.9643	2.36	0.9817	2.62	0.9912	2.88	0.9960	5.00	0.999999
2.12	0.9660	2.38	0.9827	2.64	0.9917	2.90	0.9962		
2.14	0.9676	2.40	0.9836	2.66	0.9922	2.92	0.9965		
2.16	0.9692	2.42	0.9845	2.68	0.9926	2.94	0.9967		

附录2 基础统计及应用课程标准

一、课程的性质

基础统计及应用是为高职高专院校经济与管理类各专业学生开设的一门必修的重要的基础课,也是经济管理工作者和经济研究人员所必备的一门知识。它研究如何用科学的方法去搜集、整理、分析国民经济和社会发展的实际数据,并通过统计所特有的统计指标和指标体系,表明所研究的社会经济现象的规模、水平、速度、比例和效益,以反映社会经济现象发展规律在一定时间、地点、条件下的作用,描述社会经济现象数量之间的联系关系和变动规律,也是进一步学习其他相关学科的基础。

该课程的开出在政治经济学、经济数学基础、基础会计学课程之后。设置本课程的目的,一方面是为了进一步学习专业统计和计量经济课程奠定理论和方法基础。另一方面也为学习经济与管理学科各专业的后继课程和进行社会经济问题研究提供数量分析方法。

二、课程的教学目的和要求

考虑到经济与管理学科各专业把本课做为基础课开设,本课的内容既包括统计方法,也包括必要的社会经济指标核算的基本知识。使学生能掌握统计学的基本知识和技能,能运用所学的统计理论对社会经济现象进行调查研究,并能运用统计方法分析、研究有关经济问题,为国民经济的管理提供真实可靠的数字资料,提高经济管理水平。因此,在教学上要通过本课程的学习,使学生能够掌握统计学的基本原理、基本方法及基本统计指标的核算,并能运用所学知识,完成对统计资料的搜集、整理和分析,提高学生对社会经济问题的数量分析能力。

在经济与管理学科各专业的教学中,对统计知识的需求不一样,因此有的内容对不同的专业有不同的要求,具体的要求将在各章的教学内容中加以说明

在各章的教学要求中,有关基本概念、基本理论的内容按"了解、一般理解、重点理解"三个层次要求;有关指标的基本公式、计算方法及数量分析方法等内容按"会、掌握、熟练掌握"三个层次要求。

三、纲要目录与教学要求

第1章 统计总论

教学目的和要求:

本章从总体上对统计学提供基本的认识,要求学生通过本章的学习,了解社会经济统计学的学科性质、研究对象和国家统计的职能、统计研究的基本方法,重点掌握统计学中的几个基本概念。

纲要目录:

(一)统计的产生和发展

1.统计的产生和发展。

2.统计学形成和发展。
3.统计的涵义。
(二)统计学的研究对象和方法
1.统计学的研究对象。
2.社会经济统计的特点。
3.统计工作过程。
4.统计的研究方法。
5.统计的职能。
(三)统计的基本概念
1.统计总体。
2.总体单位。
3.单位标志与标志表现。
4.统计指标和指标体系。

第 2 章 统计调查

教学目的和要求：

本章阐述统计调查的意义、种类、调查方案及调查的各种方法等问题，要求学生通过本章的学习，了解统计调查的基本任务和要求，重点掌握统计调查的方法和调查方案的制订。

纲要目录：

(一)统计调查的基本任务和要求

(二)统计调查的种类

1.统计调查根据被研究总体的范围，分为全面调查和非全面调查。
2.统计调查按调查登记的时间是否连续，分为连续调查和不连续调查。
3.统计调查按所搜集资料的来源分为直接调查、凭证调查和询问调查。

(三)统计调查方案

统计调查方案应包括：调查目的、调查对象、调查项目、调查表、调查时间和时限、调查的组织工作等内容。

(四)统计调查方法（各种统计调查方法的特点及应用条件）

1.普查。
2.抽样调查。
3.统计报表。
4.重点调查。
5.典型调查。

第 3 章　统计整理

教学目的和要求：

统计整理是统计工作过程中的中间环节，它既是统计调查的继续，又是统计分析的前提。要求学生通过本章的学习，了解统计整理的概念和内容、统计分组、分配数列及统计表等概念和内容，重点掌握统计分组的方法，在分组的基础上进行次数分配数列的编制，并学会用统计表来表示统计资料。

纲要目录：

(一)统计整理的概念和内容
1.统计整理的概念。
2.统计资料整理的主要内容和步骤。
(二)统计分组
1.统计分组的概念及分类。
2.分组标志的选择。
3.统计分组的方法。
(1)品质标志分组的方法。
(2)数量标志分组的方法。按数量标志分组即选择反映事物数量差异的数量标志作为分组标志进行分组,确定各组在数量上的差别,并通过数量上的变化来区分各组的不同类型和性质。数量标志分组有单项式分组和组距式分组两种形式。
(3)组距、组数的确定;组限的表示方法;组中值的含义及计算
(三)统计分布
1.统计分布的概念、组成要素及分类。
2.变量分配数列的编制。
(四)统计表:统计表的构成和种类

第4章 综合指标

教学目的和要求:

广义上说,所有的统计指标都可以称为综合指标。根据综合指标数字的表现形式,可将综合指标分为三大类即总量指标、相对指标和平均指标。本章对这三种基本的综合指标作了详细的介绍。要求学生通过本章的学习,了解各种综合指标的概念、作用及种类,理解各种综合指标的特点和应用场合并熟练掌握其计算方法,能作简单的分析。

纲要目录:

(一)总量指标
1.总量指标的概念。
2.总量指标的种类。
(1)按其反映总体内容的不同,分为总体单位总量和总体标志总量。
(2)按其反映时间状况的不同,分为时期指标和时点指标。
(3)按其计量单位的不同,分为实物指标、价值指标和劳动量指标。
(二)相对指标
1.相对指标的概念、作用和表现形式。
2.相对指标的种类及计算方法。
(1)结构相对指标。
(2)比例相对指标。
(3)比较相对指标。
(4)强度相对指标。
(5)动态相对指标。
(6)计划完成程度相对指标。
①计划数为绝对数时,计划完成程度相对数的计算;

②计划数为相对数时,计划完成程度相对数的计算;
3. 相对指标的应用
(三)平均指标
1. 平均指标的概念和作用
2. 平均指标的计算
(1)算术平均数。
算术平均数的基本形式;算术平均数与强度相对数的区别;简单算术平均数;加权算术平均数;加权算术平均数的计算;权数对平均数的影响作用;权数的选择;简单算术平均数与加权算术平均数的关系。
(2)调和平均数的计算。
调和平均数的概念;加权调和平均数与加权算术平均数的关系;加权调和平均数的计算;根据相对数或平均数的资料求平均。
(3)众数、中位数的概念和作用。
(四)变异指标
1 变异指标的概念、作用和种类。
2. 变异指标计算。
(1)全距的概念和特点。
(2)平均差的概念和特点。
(3)标准差的概念、特点及计算。
(4)变异系数的意义和计算。
(五)综合指标的运用。

第五章 抽样估计

教学目的和要求:本章目的在于提供一套利用抽样资料来推断总体的数量特征的方法。要求学生通过本章的学习,掌握抽样推断中的基本原理和方法,能够利用样本资料推断总体指标。学习中应重点掌握抽样误差的计算、简单随机抽样下总体参数的区间估计及简单随机抽样下样本单位数的计算。

纲要目录:
(一)抽样推断的意义及特点
(二)抽样的基本概念
1. 总体和样本。
2. 参数和统计量。
3. 样本容量和样本个数。
4. 重复抽样和不重复抽样。
(三)抽样误差
1. 抽样误差的意义,影响抽样误差大小的因素
2. 抽样平均误差。
(1)抽样平均误差的意义。
(2)抽样平均误差的计算。
(3)重复抽样和不重复抽样条件下抽样平均误差的区别

3.抽样极限误差。
(1)抽样极限误差的概念。
(2)抽样极限误差的计算。
(3)抽样极限误差与概率度、抽样平均误差的关系。
(四)抽样估计方法
1.总体参数点估计,点估计的特点与方法
2.总体参数的区间估计
(1)区间估计的基本特点。
(2)区间估计的方法。
(五)抽样组织设计
1.简单随机抽样。
(1)简单随机抽样的概念和特点。
(2)简单随机抽样的计算。
(3)样本单位数计算。
2.类型抽样的概念和特点。
3.等距抽样的概念和特点。
4.整群抽样的概念和特点

第6章 相关分析

教学目的和要求:

相关分析是研究变量之间相互关系的重要统计方法。要求学生通过本章的学习,了解相关分析的意义、相关的种类、回归分析的意义,理解回归与相关的区别和联系,熟练掌握相关系数的计算和应用,掌握简单线性回归方程的建立、应用和分析方法,并能对实际问题进行分析。

纲要目录:

(一)相关的概念和种类
1.相关的概念。
2.相关的种类。
(1)按相关的程度分,有完全相关、不完全相关和不相关。
(2)按相关的性质分,有正相关和负相关。
(3)按相关的形式分,有线性相关和非线性相关。
(4)按影响因素多少分,有单相关和复相关。
(二)相关系数
1.相关系数的概念。
2.相关系数的计算。
3.相关系数的性质和应用。
(三)回归分析
1.回归分析的意义。
2.相关与回归的区别和联系。
3.简单线性回归方程的建立及求解。
(1)配合回归直线。

(2)回归系数的意义。
(3)利用回归方程进行预测。
4.估计标准误差的概念和作用。

第7章 指数分析

教学目的和要求：

指数分析法是实际中广泛应用的一种统计分析方法。要求学生通过本章的学习，了解指数的基本概念和基本原理，掌握总指数两种形式的编制方法，并能利用指数体系进行因素分析。

纲要目录：

(一)指数的概念及种类

1.指数的概念及作用。

广义指数的概念，狭义指数的概念，指数的作用。

2.指数的种类。

(1)按其所反映的对象范围的不同，分为个体指数和总指数。

(2)按其所反映的指标性质不同，分为数量指标指数和质量指标指数。

(3)按其计算方法和计算公式的表现形式不同，可分为综合指数、平均指数。

(二)综合指数

1.综合指数的概念。

2.综合指数的特点。

3.综合指数的计算及分析。

(1)数量指标指数，编制时的一般原则是将同度量因素的时期固定在基期。

(2)质量指标指数，编制时的一般原则是将同度量因素的时期固定在报告期。

(三)平均指数

1.平均指数的概念。

2.平均指数的计算。

(1)加权算术平均指数。

(2)加权调和平均指数。

(四)因素分析

1.因素分析的意义。

2.因素分析的内容和步骤。

3.因素分析的具体形式。

(1)总量指标因素分析，简单现象总体总量指标变动的因素分析；复杂现象总体总量指标变动的因素分析(综合指数体系的利用)

(2)平均指标变动的因素分析，本部分内容可由各教学班根据本专业的教学特点选学，不列入考试范围。

第8章 动态数列

教学目的和要求：

动态数列分析是认识事物的发展规律的重要的统计分析方法。要求学生通过本章的学习，了解动态数列的概念、种类及编制原则，掌握现象发展水平指标和现象发展速度指标的计算，了解时间数列的影响因素，掌握直线趋势测定的各种方法。

纲要目录：
(一)动态数列的概念和种类
1.动态数列的概念。
2.动态数列的种类。
(1)总量指标动态数列。
(2)相对指标动态数列。
(3)平均指标动态数列。
3.编制动态数列的原则。
(二)现象发展水平指标
1.发展水平。
2.平均发展水平。
(1)由总量指标动态数列计算序时平均数：由时期数列计算，由时点数列计算，掌握每天数字资料时的计算，时点间隔相等时的计算，时点间隔不相等时的计算。
(2)由相对指标或平均指标动态数列计算序时平均数。
(三)现象发展的速度指标
1.发展速度：定基发展速度与环比发展速度及相互关系，定基发展速度与环比发展速度的计算。
2.增长量。
(1)逐期增长量与累积增长量及相互关系。
(2)平均增长量。
(3)增长量的计算。
3.增长速度：定基增长速度和环比增长速度。
4.平均发展速度和平均增长速度。
(1)平均发展速度的计算；几何平均法的计算，方程式法的概念，两种方法的不同点。
(2)平均增长速度的计算。
(四)现象变动的趋势分析
本部分内容可由各教学班根据本专业的教学特点选学，不列入考试范围。
1.影响动态数列的四个因素。
2.直线趋势的测定方法。
(1)时距扩大法。
(2)移动平均法。
(3)最小平方法。
3.季节变动的测定。
(1)季节变动的概念。
(2)按月平均法和趋势剔除法的不同特点。

第9章 统计图

教学目的和要求：
统计图是表现统计资料的重要形式，也是统计分析研究的重要方法。它在宣传教育、劳动竞赛、计划经营管理等方面起着重要作用，具有简明具体、生动形象、通俗易懂、一目了然等特点。统计工作者必须掌握这门统计业务技术,才能更好地做好统计服务工作。要求学生通过本章的学习,能明确绘制统计图的基本要求、程序和方法,初步绘制出各种类型的统计图。

纲要目录:

(1)统计图的概念、作用和种类。

(2)统计地图绘制统计图的要求和程序。

(3)条形图、面积图、曲线图、象形图和统计地图的绘制方法。

第10章 统计分析报告

教学目的和要求:

本章主要阐述统计分析报告的意义特点要求及写作的一般步骤。要求学生通过本章的学习,了解统计分析报告的特点、类型及写作的一般步骤,选准题目,掌握可靠资料、讲究写作技巧。(本章内容由各教学班根据本专业的教学特点选学,可不列入考试范围)

纲要目录:

(一)统计分析报告的意义和特点

1.统计分析报告的意义。

2.统计分析报告的特点:明确的目的性,准确的数量性,强烈的时效性 严密的逻辑性 浅显的通俗性。

(二)统计分析报告的要求与写作程序

1.统计分析报告的要求。

2.统计分析报告的写作程序。

(三)统计分析报告的选题

1.选题的原则。

2.选题的内容。

3.选题的方法。

4.选题应注意的问题。

5.资料的使用。

(四)统计分析报告的写作技巧

1.主题突出。

2.结构严谨。

3.语言精练。

4.认真修改。

(五)统计分析报告的类型

1.统计公报。

2.进度统计分析报告。

3.综合统计分析报告。

4.专业统计分析报告。

5.调查报告。

第11章 Excel在统计中的应用

教学目的和要求:

介绍Excel统计工具和Excel函数在统计中的应用,要求学生通过Excel实例的学习,掌握处理、分析统计数据的方法。

纲要目录：

(一)Excel 在统计分析中的应用

1. 数据分析工具。

2. 统计功能。

3. 图表导向功能。

4. 趋势线功能。

5. Excel 宏。

(二)Excel 在整理和显示数据中的应用

1. 使用 Excel 整理数据。

2. 使用 Excel 显示数据。

(1)使用 Excel 制作统计表。

(2)使用 Excel 制作统计图。

(三)Excel 在计算描述统计指标中的应用

1. 总量指标与相对指标的计算。

2. 平均指标的计算。

3. 变异指标的计算。

4. 使用描述统计工具计算各类指标。

(四)Excel 在相关与回归分析中的应用

1. 使用 Excel 绘制相关图。

2. 使用 Excel 计算相关系数。

3. 使用 Excel 进行回归分析。

4. 使用 Excel 计算估计标准误差。

(五)Excel 在时间数列分析中的应用

1. 使用 Excel 计算时间数列水平指标。

2. 使用 Excel 计算时间数列速度指标。

3. 使用 Excel 进行长期趋势测定。

实验题

附录：统计用表

四、习题类型

各章习题位于本章内容之后，类型：①填空题；②判断题；③单项选择题；④多项选择题；⑤简答题；⑥计算题。答案集中放在书后。

五、本课程课时划分

章节	课时数	备注
第1章 统计总论	3	
第2章 统计调查	3	

章节	课时数	备注
第3章 统计整理	6	
第4章 综合指标	8	
第5章 抽样估计	6	
第6章 相关分析	6	
第7章 指数分析	6	
第8章 时间数列	6	
第9章 统计图	4	
第10章 统计分析报告	4	
第11章 Excel在统计中的应用	12	实验课
	8	习题课
合　计	72	

附录3　习题参考答案

习题一

一、判断题

1.×；2.×；3.×；4.×；5.√。

二、填空题

1.统计工作,统计资料,统计学；2.数量特征,数量关系,数量方面；3.实践,理论；4.统计分组法,综合指标法；5.统计调查,统计分析；6.统计总体,总体单位；7.品质标志,男或女；8.总体范围,指标数值；9.信息,咨询；10.日本,欧美,前苏联。

三、单项选择题

1.D；2.B；3.A；4.B；5.D。

四、多项选择题

1.ABC；2.ABCDE；3.BCDE；4.ABCE；5.ABCDE。

五、简答题

1.答：品质标志表明单位属性方面的特征,其标志表现只能用语言文字等来表示,不能用数量来表示。数量标志表明单位数量方面的特征,其标志表现可用数值表示,就是标志值。可变的数量标志又称为变量,其标志值就是变量值。

2.答：(1)概念明显不同,标志是说明总体单位的属性,一般不具有综合性；指标是说明总体综合数量特征的,具有综合性质。

(2)指标都可以用数量来表示；而标志不是都可用数量来表示的,品质标志只能用语言文字表示。

(3)指标数值是由各单位的标志值汇总或计算得来的,指标是在标志的基础上形成的,又是确定标志的依据。

(4)随研究目的的不同,指标与标志之间可以互相转化。

习题二

一、单项选择题

1.B；2.A；3.A；4.C；5.C；6.D；7.D；8.A；9.B；10.A。

二、判断题

1.√；2.×；3.√；4.×；5.×。

三、简答题(略)

习题三

一、单项选择题

1. A；2. C；3. B；4. C；5. C；6. C；7. B；8. B；9. C；10. A。

二、判断题

1. ×；2. √；3. ×；4. ×；5. ×。

三、简答题 （略）

四、计算题

成绩分组	学生人数/人	比率/%
60 分以下	2	5.0
60～75	11	27.5
76～89	19	47.5
90～100	8	20.0
合　　计	40	100.0

习题四

一、填空题

1. 时点；2. 时期指标；时点指标；3. 相对指标，平均指标；4. 时期，可以，时点，不可；5. 综合性，概括性；6. 结构相对指标，比例相对指标，计划完成程度相对指标，比较相对指标，强度相对指标；7. 有名数，无名数，有名数，无名数；8. 水平法，累计法；9. 比例，结构；10. 比较相对，动态相对；11. 算术平均数，调和平均数，几何平均数；12. 各组变量值，各组次数；13. 倒数平均数，算术平均数；14. $\dfrac{\sum f}{2}$；15. 变异指标。

二、判断题

1. √；2. √；3. ×；4. ×；5. √；6. √；7. ×；8. ×；9. ×；10. ×；11. √；12. ×；13. ×；14. ×；15. √；16. √；17. √；18. ×；19. √；20. ×。

三、单项选择题

1. D；2. D；3. A；4. B；5. B；6. A；7. C；8. B；9. B；10. A；11. A；12. D；13. B；14. B；15. D

四、多项选择题

1. CDE；2. BCDE；3. ACD；4. AC；5. ABC；6. BCDE；7. BCD；8. ADE；9. ACD；10. CDE；11. AB；12. CE；13. AC；14. ADE；15. ABCE；16. ACD；17. DE；18. BD

五、简答题

1. 概念不同，主要作用不同，计算公式及内容不同。

2. 时期指标的特点：①具有可加性；②指标数值的大小与所属时期的长短直接相关；③指标数值必须连续登记取得。

时点指标具有如下特点：①不具有可加性；②数值大小与登记时间的间隔长短无关；③指标数值是间断计数的。

3. 调和平均数实质上就是加权算术平均数的变形，即

$$H = \frac{\sum m}{\sum \frac{m}{x}} = \frac{\sum xf}{\sum f} = \bar{x}$$

4. 变异指标又称标志变动度指标，它反映了总体各单位某数量标志值之间的差异程度，是度量统计分布离中趋势的综合指标。
变异指标的作用：
(1)变异指标是衡量平均指标代表性的依据。
(2)变异指标可以用来衡量社会经济现象发展的稳定性和均衡性。
(3)在抽样调查中，变异指标是科学测定必要抽样数目的依据之一。
变异指标种类：全距、平均差、标准差及变异系数。

5. 相对指标反映现象的对比关系和差异程度，绝大多数的相对指标都是两个有关的总量指标数值之比，而将现象的具体规模和水平抽象化了，不能反映事物在绝对数方面的差别。因此在一般情况下，相对指标离开了据以形成对比关系的总量指标，就不能深入地说明问题。总量指标则正好相反，因此把二者结合起来，更有利于深入说明现象发展变化的情况。

六、计算题

1. (1)2008年：53.38%，46.62%；2009年：57.73%，42.27%。
(2)2008年：1.15:1；2009年：1.37:1。
(3)132%，110.69%，122.06%。
(4)123.75%，96.67%，110.65%。

2. (1)一季度：甲 111.11%，乙 136.47%。
二季度：甲 124.44%，乙 141.18%。
三季度：甲 133.33%，乙 131.76%。
计划执行进度：甲 92.22%，乙 102.35%。

3. 128%，提前两个季度完成计划。

4. 76.4分。

5. 1154元。

6. 67件/人。

7. 105.38%。

8. $\bar{x} = 1108$ 元，$M_0 = 1100$ 元，$M_e = 1104$ 元。

9. (1) $\bar{x}_甲 = 69.8$ 件，$\bar{x}_乙 = 69.5$ 件，$V_{\sigma甲} = 11.53\%$，$V_{\sigma乙} = 10.65\%$。
(2)乙班组的平均产量的代表性大

习题五

一、单项选择题
1. ABCD；2. ACE；3. ACE；4. ACDE；5. ABE；6. ADE；7. BC；8. ABCD；9. ACDE；

10. ACD。

二、简答题

（略）

三、计算题

1. (1) $M_{x重}=15, M_{x不重}=14.62$。

2. $\bar{X} \pm \Delta_{\bar{x}} = 150.3 \pm 0.26$，即 $150.04 \leqslant \bar{x} \leqslant 150.56$，这批茶叶的重量规格符合要求。

3. (1) 21.75%，极限误差不超过 3.88% 的可靠度为 95%；(2) 1232。

4. 每件产品平均重量为 $[456-1, 456+1]$，一级品率为 $[89\%-4.5\%, 89\%+4.5\%]$。

5. 1281~1319 元。

习题六

一、填空题

1. 正相关；2. 大；3. 估计标准误差；4. 回归系数，回归常数；5. 负。

二、判断题

1. √；2. √；3. √；4. ×；5. ×。

三、单项选择题

1. C；2. D；3. A；4. B；5. A。

四、多项选择题

1. BC；2. ACDE；3. BD；4. ACE；5. ABCD。

五、简答题

1. 参与相关分析的两个变量都是随机变量，是对等的关系，不必确定两变量中哪个是自变量，哪个是因变量，改变两变量的地位并不影响相关系数的数值，因此相关系数只有一个。相关系数 r 的取值范围在 -1 和 $+1$ 之间。

2. 联系：相关分析需要依靠回归分析来表现变量之间数量相关的具体形式，而回归分析则需要依靠相关分析来表现变量之间数量变化的相关程度。

区别：

(1) 在相关分析中涉及的变量不存在自变量和因变量的划分问题（变量之间没有因果关系），变量之间的关系是对等的；而在回归分析中，则必须根据研究对象的性质和研究分析的目的，对变量进行自变量和因变量的划分。

(2) 在相关分析中所有的变量都是随机变量；而在回归分析中，自变量是给定的，因变量是随机的，即因变量表现出一定的随机波动性。

(3) 相关分析主要是通过一个指标即相关系数来反映变量之间相关程度的大小，相关系数能确定两个变量之间相关方向和相关的密切程度。但不能指出两变量相互关系的具体形式，也无法从一个变量的变化来推测另一个变量的变化情况。由于变量之间是对等的，因此相关系数是唯一确定的。而在回归分析中，对于互为因果的两个变量，则有可能存在多个回归方程。

六、计算题

1. $n=5, \sum x = 348, \sum x^2 = 37514, \sum y = 19, \sum y^2 = 114.16, \sum xy = 2040.6,$

$$r = \frac{n\sum xy - \sum x \sum y}{\sqrt{\left[n\sum x^2 - (\sum x)^2\right]\left[n\sum y^2 - (\sum y)^2\right]}} = 0.96$$

2.(1) -0.9636,高度负相关。

(2) $y = 76.2366 - 1.3947x$, $b = -1.3947$,即产量每增加1万个时,单位成本平均将下降1.3947元。

(3)当产量上升为6.5万个时,单位成本为67.1711元。

(4)估计标准误差为0.5057。

习题七

一、填空题

1.数量指标指数,质量指标指数;2.个体指数,总指数;3.质量指标.数量指标;4.产量,价格;5.同度量,价格;6.平均指标指数,结构影响指数,固定构成指数;7.连乘积,等于,和;8.相对数,w,$\frac{\sum k_q w}{\sum w}$,$\frac{\sum k_p w}{\sum w}$;9.增长了33.33%;10.增长了25%;11.基期,报告期;12.加权算术,加权调和;13.同度量、权数;14.全面资料,变形,$p_0 q_0$,$p_1 q_1$;15.107.5%,110.82%,0.399万元。

二、单项选择题

1.C;2.A;3.D;4.B;5.D;6.A;7.C;8.A;9.B;10.C;11.D;12.B。

三、多项选择题

1.ACD;2.BCD;3.ACE;4.BCD;5.ABC;6.CD;7.ABC;8.BC;9.ABCD;10.ABCDE;11.ABC。

四、判断题

1.√;2.√;3.×;4.×;5.√;6.√;7.√;8.×;9.×;10.√。

五、简答题

(略)

六、计算题

1.(1)每种产品的个体成本指数、个体产量指数的计算见下表。

企业名称	单位产品成本/元		产量/万件		单位产品成本个体指数/% $K_z = z_1/z_0$	产量个体指数/% $k_q = q_1/q_0$
	基期 z_0	报告期 z_1	基期 q_0	报告期 q_1		
甲	2.5	2.3	15	15.5	92.00	103.33
乙	2.4	2.4	10	12	100.00	120.00
丙	2.2	2.1	10	15	95.45	150.00

(2)三种产品的单位成本指数、产量指数计算见表。

企业名称	单位产品成本/元		产量/万件		总成本/万元		
	基期 z_0	报告期 z_1	基期 q_0	报告期 q_1	基期 $q_0 z_0$	报告期 $q_1 z_1$	假定 $q_1 z_0$
甲	2.5	2.3	15.0	15.5	37.50	35.65	38.75
乙	2.4	2.4	10.0	12.0	24.00	28.80	28.80
丙	2.2	2.1	10.0	15.0	22.00	31.50	33.00
合计	—	—	—	—	83.50	95.95	100.55

三种产品的单位成本指数:$K_z = \sum z_1 q_1 / \sum z_0 q_1 = 95.95/100.55 = 95.43\%$

单位成本的变动对总成本的影响额 $\sum z_1 q_1 - \sum z_0 q_1 = -4.6$(万元)

(3)三种产品的总产量指数:$K_q = \sum q_1 z_0 / \sum q_0 z_0 = 100.55/83.5 = 120.42\%$

产量的变动对总成本的影响额:$\sum z_0 q_1 - \sum z_0 q_0 = 17.05$(万元)

(4)三种产品的总成本指数:$K_{qz} = \sum q_1 z_1 / \sum q_0 z_0 = 95.95/83.5 = 114.91\%$

总成本变动的绝对额:$\sum z_1 q_1 - \sum z_0 q_0 = 95.95 - 83.5 = 12.45$(万元)

2.某地区收购的三种新鲜水果产品收购价格指数(%)计算表。

产品名称	2005年		2004年		收购价格指数 K_p/%	$q_1 p_1 / K_p$
	旺季平均单价 p_1/元	收购额 $q_1 p_1$/万元	旺季平均单价 p_0/元	收购额 $q_0 p_0$/万元		
苹果	2.0	100	1.9	80	105.26	95.00
香蕉	1.6	170	1.5	150	106.67	159.37
芦柑	1.8	200	1.6	180	112.50	177.78
合计	—	470	—	410	—	432.15

(1)该地区收购的三种新鲜水果产品的收购价格指数:

$$K_p = \frac{\sum q_1 p_1}{\sum \frac{q_1 p_1}{K_p}} = \frac{470}{432.15} = 108.76\%$$

由于收购的三种新鲜水果产品价格的提高使农民增加的收益:

$$\sum q_1 p_1 - \sum \frac{q_1 p_1}{K_p} 470.0 - 432.15 = 37.85(万元)$$

由于多收购,使该地区的收购额提高的程度 $= \frac{K_{pq}}{K_p} = \frac{\frac{470}{410}}{108.76\%} = 105.40\%$

多支付的数额 $= \sum \frac{q_1 p_1}{K_p} - \sum q_0 p_0 = 432.15 - 410 = 22.15$(万元)

3.某商业企业经营的四种产品的销售量和价格指数计算表如下:

商品种类	计量单位	销售量		价格/元		销售额/元		
		基期 q_0	报告期 q_1	基期 p_0	报告期 p_1	基期 $q_0 p_0$	报告期 $q_1 p_1$	假定 $q_1 p_0$
甲	件	300	340	9	12	2 700	4 080	3 060
乙	千克	200	150	30	35	6 000	5 250	4 500
丙	千克	400	350	28	35	11 200	12 250	9 800
丁	件	500	540	10	10	5 000	5 400	5 400
合计	—	—	—	—	—	24 900	26 980	22 760

(1)销售额的总变动程度 $K_{pq} = \dfrac{\sum q_1 p_1}{\sum q_0 p_0} = \dfrac{26\ 980}{24\ 900} = 108.35\%$

由于销售额的提高而增加的绝对额：$\sum q_1 p_1 - \sum q_0 p_0 = 26\ 980 - 24\ 900 = 2080$(元)

(2)各因素分析：

销售量的变动对销售额的影响：$K_q = \dfrac{\sum q_1 p_0}{\sum q_0 p_0} = \dfrac{22\ 760}{24\ 900} = 91.41\%$

由于销售量的降低使销售额减少的绝对额：$\sum q_1 p_0 - \sum q_0 p_0 = 22\ 760 - 24\ 900 = -2140$(元)

价格的变动对销售额的影响：$K_p = \dfrac{\sum q_1 p_1}{\sum q_1 p_0} = \dfrac{26\ 980}{22\ 760} = 118.54\%$

由于价格的提高使销售额增加的绝对额 $\sum q_1 p_1 - \sum q_1 p_0 = 26\ 980 - 22\ 760 = 4220$(元)

(3)建立对等关系式：

$K_{pq} = K_q \times K_p$，即 $108.35\% = 91.41\% \times 118.54\%$，$\sum q_1 p_1 - \sum q_0 p_0 = (\sum q_1 p_0 - \sum q_0 p_0) + (\sum q_1 p_1 - \sum q_1 p_0)$ 即 2080(元) $= -2140$(元) $+ 4220$(元)。

(4)分析总结：该商业企业经营的四种产品的销售额报告期比基期提高了 8.35%，增加的绝对数额为 2080 元，是由以下两个因素共同作用导致的。其中：由于销售量降低 8.59%，从而使销售额减少的数额为 2140 元；由于价格提高 18.54%，而使销售额增加的绝对数额为 4220 元。

4. 某商店经营的三种商品的销售额及价格变动资料如下：

商品名称	商品销售额/万元		价格变动率 K_p/%	$q_1 p_1 / K_p$
	基期 $q_0 p_0$	报告期 $q_1 p_1$		
甲	80	82	101	81.19
乙	60	55	97	56.70
丙	120	140	100	140
合计	260	277	——	277.89

(1)商品价格总指数：$K_p = \dfrac{\sum q_1 p_1}{\sum \dfrac{q_1 p_1}{K_p}} = \dfrac{277}{277.89} = 99.68\%$

由于价格的降低而减少的销售额:$277-277.89=0.89$(万元)

(2) 商品销售量总指数:$K_q = \dfrac{K_{pq}}{K_p} = \dfrac{\dfrac{277}{260}}{99.68\%} = 106.88\%$

由于销售量的增加而使该商店增加的销售额:$\sum q_1 p_0 - \sum q_0 p = 277.89 - 260 = 17.89$(元)

5. 某工业企业的统计资料如下。

产品名称	计量单位	产品产值/万元		厂价个体指数 $K_p/\%$	假定产值 $q_1 p_1 / K_p$/万元	产品产量个体指数 $K_q/\%$
		基期 $q_0 p_0$	报告期 $q_1 p_1$			
甲	件	500	560	100	560	112
乙	吨	1000	1400	103	1359.22	135.92
丙	台	100	97	98	98.98	98.98
合计	—	1600	2057	—	2018.20	—

(1) 该企业三种产品的出厂价总指数:$K_p = \dfrac{\sum q_1 p_1}{\sum \dfrac{q_1 p_1}{K_p}} = \dfrac{2057}{2018.20} = 101.92\%$

(2) 产品产量总指数:$K_q = \dfrac{K_{pq}}{K_p} = \dfrac{\dfrac{2057}{1600}}{101.92\%} = 126.14\%$ 或

$K_q = \dfrac{\sum k_q p_0 q_0}{\sum p_0 q_0} = \dfrac{1.12 \times 500 + 1.3592 \times 1000 + 0.9898 \times 100}{1600} = \dfrac{2018.18}{1600} = 126.14\%$

(3) 出厂价格的变动对总产值的影响额:$\sum q_1 p_1 - \sum \dfrac{q_1 p_1}{K_p} = 2057 - 2018.20 = 38.8$(万元)

(4) 产品产量变动对总产值影响的绝对额:

$\sum q_1 p_0 - \sum q_0 p_0 = 2018.20 - 1600 = 418.2$(万元)

(5) 产品总产值变动的相对数 $= \dfrac{\sum q_1 p_1}{\sum q_0 p_0} = \dfrac{2057}{1600} = 128.56\%$

产品总产值变动绝对数:$\sum q_1 p_1 - \sum q_0 p_0 = 2057 - 1600 = 457$(万元)

6. 某公司所属两个工厂的工人平均工资指数计算表如下。

企业名称	月工资水平/元		工人人数/人		工资总额/万元		
	基期 x_0	报告期 x_1	基期 f_0	报告期 f_1	基期 $x_0 f_0$	报告期 $x_1 f_1$	假定 $x_0 f_1$
甲	1200	1500	220	240	26.4	36.0	28.8
乙	900	1000	240	500	21.6	50.0	45.0
合计	—	—	460	740	48.0	86.0	73.8

(1)两个企业工人的月工资水平变动对该公司的全体工人平均工资的影响：

相对数：$K_x = \dfrac{\sum x_1 \dfrac{f_1}{\sum f_1}}{\sum x_0 \dfrac{f_1}{\sum f_1}} = \dfrac{\dfrac{860000}{740}}{\dfrac{738000}{740}} = \dfrac{1162.16}{997.30} = 116.53\%$

绝对数 $= \dfrac{\sum x_1 f_1}{\sum f_1} - \dfrac{\sum x_0 f_1}{\sum f_1} = 1162.16 - 997.30 = 164.86(元)$

由于结构的变动对该公司的全体工人平均工资的影响：

相对数：$K_f = \dfrac{\sum x_0 \dfrac{f_1}{\sum f_1}}{\sum x_0 \dfrac{f_0}{\sum f_0}} = \dfrac{997.30}{\dfrac{480000}{460}} = \dfrac{997.30}{1043.48} = 95.58\%$

绝对数 $= \dfrac{\sum x_0 f_1}{\sum f_1} - \dfrac{\sum x_0 f_0}{\sum f_0} = 997.30 - 1043.48 = -46.18(万元)$

(2)由于工人人数的变动对工资总额的影响：

相对数 $= \sum f_1 / \sum f_0 = 740/460 = 160.87\%$

绝对数 $= (\sum f_1 - \sum f_0) \times \overline{x_0} = (740-460) \times 1043.48 = 29.22(万元)$

由于工人月工资水平的变动对总工资额的影响：

相对数 $K_x = \dfrac{\sum x_1 \dfrac{f_1}{\sum f_1}}{\sum x_0 \dfrac{f_1}{\sum f_1}} = \dfrac{1162.16}{997.30} = 116.53\%$

绝对数 $= (\dfrac{\sum x_1 f_1}{\sum f_1} - \dfrac{\sum x_0 f_1}{\sum f_1}) \times \sum f_1 = (1162.16 - 997.30) \times 740 = 12.20(万元)$

由于结构的变动对该公司的总工资额的影响：

相对数：$K_f = \dfrac{\sum x_0 \dfrac{f_1}{\sum f_1}}{\sum x_0 \dfrac{f_0}{\sum f_0}} = \dfrac{997.30}{1043.48} = 95.58\%$

绝对数 $= (\dfrac{\sum x_0 f_1}{\sum f_1} - \dfrac{\sum x_0 f_0}{\sum f_0}) \times \sum f_1 = (997.30 - 1043.48) \times 740 = -3.42(万元)$

总工资额的变动：

相对数 $= \dfrac{\sum x_1 f_1}{\sum x_0 f_0} = \dfrac{86}{48} = 179.17\%$

绝对数 $= \sum x_1 f_1 - \sum x_0 f_0 = 86 - 48 = 38(万元)$

他们之间的关系式：

相对数对等式：$\dfrac{\overline{x_1}\sum f_1}{\overline{x_0}\sum f_0} = \dfrac{\sum f_1}{\sum f_0} \times \dfrac{\sum x_0 \dfrac{f_1}{\sum f_1}}{\sum x_0 \dfrac{f_0}{\sum f_0}} \times \dfrac{\sum x_1 \dfrac{f_1}{\sum f_1}}{\sum x_0 \dfrac{f_1}{\sum f_1}}$

即：$179.17\% = 160.87\% \times 95.58\% \times 116.53\%$

绝对数对等关系式：$\overline{x_1}\sum f_1 - \overline{x_0}\sum f_0 = (\sum f_1 - \sum f_0)\overline{x_0} + (\dfrac{\sum x_0 f_1}{\sum f_1} - \dfrac{\sum x_0 f_0}{\sum f_0}) \times$

$\sum f_1 + (\dfrac{\sum x_1 f_1}{\sum f_1} - \dfrac{\sum x_0 f_1}{\sum f_1}) \times \sum f_1$

即：38万元 = 29.22万元 + (−3.42万元) + 12.20万元

(3)分析总结：该公司的工资总额报告期比基期提高79.17%，是由于工人人数的变动使其提高60.87%，人员结构的变动使其降低4.42%，工人月工资水平的变动使其提高16.53%，三者共同导致的；该公司的工资总额报告期比基期增加38万元，是由于工人人数的变动使其增加29.22万元，人员结构的变动使其减少3.42万元，工人月工资水平的变动使其增加12.20万元，三者共同作用导致。该公司的总工资额提高的太多，而且主要是由于人数的变动导致的，应进行调查。若调查的结果是由于公司报告期兼并了一个企业，导致人数增加一倍还多，这是正常的，否则，应详细调查其增加如此多的原因。

七、技能题

该地区居民消费价格指数计算表如下。

商品类型	个体指数 $K_p/\%$	权数 ω	$K_p\omega/\%$
(一)食品类	101.51	44.0	4466.44
(二)烟酒及用品	102.79	12.0	1233.48
(三)衣着	102.69	8.0	821.52
(四)家庭设备用品及服务	102.63	7.0	718.41
(五)医疗保健及个人用品	101.30	8.0	810.40
(六)交通和通信	102.94	6.0	617.64
(七)娱乐教育文化用品	107.56	6.0	645.36
(八)居住	101.50	9.0	913.5
合计	—	100	10 226.75

该地区居民消费价格指数 $K_p = \dfrac{\sum K_p \omega}{\sum \omega} = \dfrac{10\ 226.75}{100} = 102.27\%$

习题八

一、填空题

1.时间，指标数值；2.长期趋势，季节变动，循环变动，偶然因数；3.时间上可加性；4.32.825%，$\sqrt[3]{1.3285}-1$；5.4.85%；6.208；7.最末水平，累计水平；8.以一年为一周期有规律,比率;9.4,26。

二、判断题

1.√;2.×;3.√;4.×;5.×;6.√;7.√;8.√;9.×;10.×;11.×;12.√。

三、单项选择题

1.B;2.C;3.A;4.D;5.C;6.B;7.C;8.A;9.C;10.D;11.A。

四、多项选择题

1.ABCD;2.BCDE;3.ABCD;4.ABD;5.ABCD;6.AC;7.ABCD。

五、简答题

(略)

六、计算题

1.根据题意列表如下。

日期	1月1日	1月14日	1月22日	1月31日
直接生产工人数/人	450	443	452	436
非直接生产人员数/人	150	143	143	140
合计/人	600	586	595	576

此表含有两个动态数列,属于间隔不等的连续时点数列,需用加权算术平均的方法计算动态平均数:

1月份该厂非直接生产人员的平均人数:

$$\bar{a} = \frac{\sum at}{\sum t} = \frac{150 \times 13 + 143 \times 8 + 143 \times 9 + 140 \times 1}{31} = \frac{4521}{31} = 146 \text{(人)}$$

1月份该厂直接生产人员的平均人数:

$$\bar{a} = \frac{\sum at}{\sum t} = \frac{450 \times 13 + 443 \times 8 + 452 \times 9 + 436 \times 1}{31} = \frac{13898}{31} = 448 \text{(人)}$$

2.此数列为间隔相等的时点数列,需用"首末折半法"计算动态平均数。

该商店第一季度的平均商品库存额:

$$\bar{a} = \frac{\frac{a_1}{2} + a_2 + a_3 + \cdots + \frac{a_n}{2}}{n-1} = \frac{\frac{39}{2} + 41 + 43 + \frac{45}{2}}{4-1} = 42 \text{(万元)}$$

该商店全年的平均商品库存额:

$$\bar{a} = \frac{\frac{a_1}{2} + a_2 + a_3 + \cdots + \frac{a_n}{2}}{n-1} = \frac{\frac{39}{2} + 41 + 43 + 45 + 49 + 46 + 56 + 60 + 57 + 54 + 51 + 45 + \frac{40}{2}}{13-1} = 49 \text{(万元)}$$

3.某企业2005年第二季度劳动生产率情况如下。

月份	4	5	6
劳动生产率/(百元/人)	5.92	7.85	8.67

(1)第二季度的月平均劳动生产率:

$$\frac{\text{第二季度月平均产值}}{\text{第二季度的月平均人数}} = \frac{(302 + 420 + 490)/3}{(\frac{50}{2} + 52 + 55 + \frac{58}{2})/3} = 7.53 \text{(百元/人)}$$

(2)第二季度平均劳动生产率：

$$\frac{\text{第二季度产值}}{\text{第二季度的月平均人数}} = \frac{302+420+490}{(\frac{50}{2}+52+55+\frac{58}{2})/3} = 22.59(\text{百元}/\text{人})$$

4. 企业各年各动态分析指标数值如下表。

年份		2000	2001	2002	2003	2004
产品产量/万吨		340	410	431	458	482
增长量 /万吨	逐期	—	70	21	27	24
	累计	—	70	91	118	142
发展速度 /%	定基	—	120.59	126.77	134.71	141.77
	环比	—	120.59	105.12	106.27	105.24
增长速度/%	定基	—	20.59	26.77	34.71	41.77
	环比	—	20.59	5.12	6.27	5.24
增长1%的绝对值/万吨		—	3.40	4.10	4.31	4.58

2000年到2004年期间该企业的产品产量的平均发展水平=(340+410+431+458+482)/5=424.2(万吨)。

2000年到2004年期间该企业的产品产量的平均发展速度=$\sqrt[n]{\frac{a_n}{a_0}}=\sqrt[4]{1.4177}=109.12\%$。

2000年到2004年期间该企业的产品产量的平均增长速度=平均发展速度-1=9.12%。
对表中数字写出下列各种关系。
(1)发展速度和增长速度的关系：增长速度=发展速度-1。
(2)定基发展速度和环比发展速度的关系：定基发展速度=环比发展速度的连乘积。
(3)增长1%的绝对值与前期发展水平的关系：增长1%的绝对值=前期发展水平/100。
(4)增长量、增长速度与增长1%绝对值的关系：增长1%绝对值=逐期增长量/环比增长速度。
(5)逐期增长量与累计增长量的关系：累计增长量=逐期增长量之和。
(6)平均发展速度与环比发展速度的关系：平均发展速度=$\sqrt[n]{\prod\text{环比发展速度}}$。
(7)平均发展速度与平均增长速度的关系：平均增长速度=平均发展速度-1。

七、技能题

1.(1)半数平均法。

设趋势直线方程为 $y_t = a+bt$，利用 $\sum(y-y_t)=0 \Rightarrow \bar{y}-a-b\bar{t}=0$，

$\bar{t_1}=(1+2+3+4)/4=2.5$，　　$\bar{y_1}=(375+480+581+674)/4=527.5$

$\bar{t_2}=(5+6+7+8)/4=6.5$，　　$\bar{y_2}=(795+902+1\,009+1\,115)/4=955.25$

代入方程得 $\begin{cases}527.5-a-2.5b=0\\955.25-a-6.5b=0\end{cases}$，解得 $\begin{cases}a=260.15,\\b=106.94\end{cases}$，即得趋势直线方程 $y_t=206.15+106.94t$。

预测2006年的产品产量 $y_{10}=206.15+106.94\times 10=1329.55$(万吨)

(2)最小二乘法。

设趋势直线方程为 $y_t = a + bt$，利用 $\sum (y-y_t)^2 = 0 \Rightarrow a、b$ 参数公式：

$$b = \frac{n\sum ty - \sum t \sum y}{n\sum t^2 - (\sum t)^2} = \frac{8 \times 31144 - 36 \times 5931}{8 \times 204 - 36^2} = \frac{35636}{336} = 106.06$$

$$a = \bar{y} - b\bar{t} = \frac{5931}{8} - 106.06 \times \frac{36}{8} = 264.11$$

即得趋势直线方程 $y_t = 264.11 + 106.06t$。

预测 2006 年的产品产量 $y_{10} = 264.11 + 106.06 \times 10 = 1324.71$(万吨)

用图表示如下。

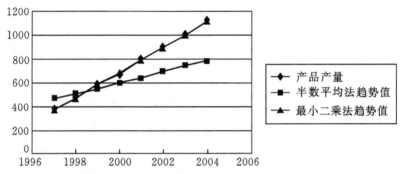

2.某企业某产品历年各月的销售量资料如下。

时间	1	2	3	4	5	6	7	8	9	10	11	12	合计
2002	45	40	35	31	32	37	60	77	82	73	47	43	602
2003	60	45	41	36	40	45	68	85	90	79	55	51	695
2004	67	53	47	45	49	53	77	93	99	91	67	63	804
合计	172	138	123	112	121	135	205	255	271	243	169	157	2101
同月平均	57.3	46.0	41.0	37.3	40.3	45.0	68.3	85.0	90.3	81.0	56.3	52.3	58.4
季节指数	98.24	78.82	70.25	63.97	69.11	77.11	117.09	145.64	154.78	138.79	95.95	89.67	1199.42
修正季节指数	98.29	78.86	70.28	64.00	69.143	77.17	117.15	145.71	154.76	138.86	96.99	89.71	1200.00

修正系数：1200/1199.42＝1.00048

预测该年 10 月份的商品销售量：(92＋98)/(145.71＋154.76)×138.86＝87.81(千克)

该年 11 月份的商品销售量：(92＋98)/(145.71＋154.76)×96.99＝61.33(千克)

习题十一

1.大华公司 30 名工人 2006 年 5 月份工资进行分组后的频数和频率，并对频数和频率进行向上累计和向下累计表情况如下。

	A	B	C	D	E	F	G	H
1	大华公司30名工人2006年5月份工资资料							
2	1200				向上累计		向下累计	
3	1250	分组	频数	频率	频数	频率（%）	频数	频率（%）
4	950	999	4	13.33	4	13.33	30	100.00
5	1500	1199	1	3.33	5	16.67	26	86.67
6	1630	1399	5	16.67	10	33.33	25	83.33
7	1280	1599	7	23.33	17	56.67	20	66.67
8	1400	1799	8	26.67	25	83.33	13	43.33
9	1800	2000	5	16.67	30	100.00	5	16.67
10	1200		30	100.00	—	—	—	—

2. 1.74 元。

3. 9.79%。

4.

	A	B	C
1		工商管理教研室	财务管理教研室
2		27	26
3		32	30
4		36	32
5		40	38
6		43	41
7		48	46
8		51	52
9	平均数	39.57	37.86
10	极差	24.00	26.00
11	平均差	6.78	7.31
12	方差	73.62	85.48
13	标准差	8.58	9.25
14	标准差系数	0.22	0.24
15			

分析：工商管理教研室的标志变异系数小于财务管理教研室，因此工商管理教研室平均数的代表性好于财务管理教研室。

5.(1)相关系数 $r=-0.9091$，产量与单位成本具有非常密切的负相关关系。

(2) $y = 77.36 - 1.82x$。

6. 71.14 万人。

7.(1)回归方程为 $y = 28.36 - 0.022x$，当教育经费 x 为 500 万元时，在校生人数 $y = 28.36 - 0.022 \times 500 = 17.36$ 万人。

(2)回归估计标准误差为 3.67。

8. 24.67 万人。

9. 3120 人。

10.

	A	B	C	D	E	F
1	年份	季度	序号	旅游人数（万人）	四项移动平均	移动平均
2	2001	1	1	52		
3		2	2	62		
4		3	3	82		60.875
5		4	4	43	59.75	63.375
6	2002	1	5	61	62	66.375
7		2	6	73	64.75	69.5
8		3	7	95	68	73
9		4	8	55	71	76.75
10	2003	1	9	77	75	80.875
11		2	10	87	78.5	84.375
12		3	11	114	83.25	86.625
13		4	12	64	85.5	89.75
14	2004	1	13	86	87.75	93.5
15		2	14	103	91.75	97
16		3	15	128	95.25	
17		4	16	78	98.75	

由图中 F 列可知，该城市旅游人数的变动趋势呈稳步增长趋势。

参考文献

[1] 曾艳平. 应用统计学[M]. 北京:机械工业出版社,2010.
[2] 田瑞等. 统计学原理与实务[M],吉林:吉林大学出版社,2009.
[3] 陈嗣成. 统计学原理[M]. 北京:首都经济贸易大学出版社,2008.
[4] 栗方忠. 统计学原理[M],大连:东北财经大学出版社,2008.
[5] 张海平,孟泽云. 统计学原理[M]. 北京:机械工业出版社,2008.
[6] 周恩荣. 应用统计学[M]. 北京:北京交通大学出版社,2007.
[7] 杜一馨. 统计学原理与实务[M]. 北京:中国时代经济出版社,2007.
[8] 吕怀珍. 统计学原理与实务[M]. 四川:西南交通大学出版社,2007.
[9] 宋建萍. 统计学原理[M],天津:天津大学出版社,2007.
[10] 余群英. 现代统计技术[M]. 北京:机械工业出版社,2006.
[11] 皮垂燕. 统计学原理[M]. 武汉:华中科技大学出版社,2005.
[12] 姚忠云. 统计学原理[M]. 广州:华南理工大学出版社,2005.
[13] 贾俊平. 统计学[M]. 北京:中国人民大学出版社,2004.
[14] 娄庆松. 统计学原理[M],北京:高等教育出版社,2004.
[15] 全国统计专业技术资格考试用书编写委员会. 统计基础理论及相关知识[M],2005.
[16] 卞毓宁. 统计学概论[M],北京:高等教育出版社,2004.
[17] 黄良文,陈仁恩. 统计学原理[M]. 北京:中央广播电视大学出版社,2004.
[18] 牛玲. 新编社会经济统计学原理[M]. 沈阳:东北大学出版社,2002.